北京市哲学社会科学项目"《热河日记》中的清代京畿文化研究"
（项目编号：16WXC019）

陈冰冰

著

《热河日记》中的18世纪京畿文化研究

上海交通大学出版社
SHANGHAI JIAO TONG UNIVERSITY PRESS

内容提要

本书是北京市哲学社科基金项目的结项成果。全书以朴趾源的《热河日记》为研究对象,重新审视18世纪中国京畿地区的社会文化,深入挖掘作品中所涉及的中华优秀传统文化。全书共分五章:第一章介绍18世纪中国对外文化政策与《热河日记》;第二章介绍灿烂辉煌的皇家文化;第三章介绍博采众长的士人文化;第四章介绍多姿多彩的休闲文化;第五章介绍繁荣兴盛的商业文化。

本书适合韩国文学及中韩文学比较相关研究者参考使用。

图书在版编目(CIP)数据

《热河日记》中的18世纪京畿文化研究 / 陈冰冰著.
上海 : 上海交通大学出版社,2025.1. — ISBN 978-7
-313-32030-8

Ⅰ. K291

中国国家版本馆 CIP 数据核字第 20245UE638 号

.

《热河日记》中的 18 世纪京畿文化研究
《REHE RIJI》ZHONG DE 18 SHIJI JINGJI WENHUA YANJIU

著　　者:陈冰冰
出版发行:上海交通大学出版社　　　　地　　址:上海市番禺路 951 号
邮政编码:200030　　　　　　　　　电　　话:021 - 64071208
印　　刷:上海万卷印刷股份有限公司　经　　销:全国新华书店
开　　本:710mm×1000mm　1/16　印　　张:14
字　　数:186 千字
版　　次:2025 年 1 月第 1 版　　　　印　　次:2025 年 1 月第 1 次印刷
书　　号:ISBN 978 - 7 - 313 - 32030 - 8
定　　价:68.00 元

前　言

　　《热河日记》是朝鲜学者朴趾源(1737—1805)的代表作品,是"燕行录"文学的集大成之作,被称为中韩纪行文学之白眉,也是域外汉籍经典作品的代表。朴趾源,字仲美,号燕岩,是朝鲜 18 世纪杰出的思想家和文学家。朴趾源生活在朝鲜李朝后期,当时经济发展滞后,社会矛盾不断加剧。以朴趾源为代表的进步学者为了改变朝鲜李朝落后的现状,开始寻求社会改革,尤其是到了 18 世纪后期,中国社会的繁荣发展给朝鲜社会带来了巨大的冲击。朴趾源以"利用厚生"为思想指导,主张"北学中国",被称为朝鲜"北学派"学者。北学派学者们倡导学习中国先进科学技术和文化,提出"经世致用""利用厚生"等进步口号,主张发展工商业,积极推进社会改革。

　　1780 年,朴趾源随其堂兄朴明源出使中国,为乾隆帝祝贺七十寿辰。在中国期间,朴趾源目睹了中国社会的繁荣发展,亲身体会到了朝鲜与中国之间的巨大差距,主张学习中国先进的科学技术和文化,改变朝鲜落后的社会现状。同时,朴趾源又以其思想家和文学家的视角,敏锐地捕捉到18 世纪中国繁荣发展的背后所隐藏的各种社会问题,并提出了自己的见解和主张。《热河日记》是朴趾源将自己在中国的见闻和思考整理编写成的燕行录作品,记载了以朴趾源为代表的朝鲜使团渡鸭绿江,过辽沈,至北京、承德,往返数千公里,历时两个多月的见闻和纪行。朴趾源通过细致的观察和敏锐的思考,以朴素而又真实的笔触勾勒出以北京为中心的京畿地区的一幅幅生动鲜活的画面,展现了政治、经济、文化等多方面的状况,是朴趾源实学思想的艺术体现。《热河日记》丰富了我们对中国古代社会的认识。通过该作品,我们可以进一步了解18世纪的中国在东亚的地位及其影响,尤其是对邻国朝鲜社会发展的重要影响和推动。

本书以朴趾源的《热河日记》为研究对象,以域外汉籍为基础,从朝鲜学者的视角,重新审视18世纪的京畿文化,了解京津冀地区的历史根源及其密不可分的关系,进一步理解京津冀一体化发展的重要性和必然性,同时也能够从历史和跨文化的角度为京津冀一体化的发展提出一些新的思路。

京畿文化形成于元明清时期,其核心地带大致相当于今天的京津冀地区,是京津冀区域共同的文化根脉。都城北京与畿辅地区和谐共生,首都的发展带动了周边城市的共同发展,而畿辅地区又为首都的发展提供了丰富的资源。同时,畿辅地区也是都城北京发展的生态屏障,畿辅地区的生态与自然关系到都城北京的生态环境,京畿地区不仅有着同根文化,在资源与生态方面也存在共生共存的重要关系。京津冀一体化有着重要的历史根源,同时也是今后发展的必然之路。京畿文化兼容并蓄、海纳百川,京畿地区为中国各民族以及中外学者提供了一个文化交流与融合的大舞台。作为京津冀区域共同文化根脉的京畿文化,不仅是都城北京发展的历史文化基础,也是京津冀一体化发展的重要参考和历史依据。

本书所论述的清代京畿文化共分为五个部分,先介绍18世纪中国的对外文化政策以及中朝之间的友好关系;然后从皇家文化、士人文化、娱乐休闲文化和商业贸易文化等四个方面具体阐述朝鲜学者朴趾源对清代京畿文化的认识与接受。

清代皇家文化部分主要从朝鲜学者的角度去分析清代统治者独尊的政治理念与智慧的民族认同。其中包括博大精深的四库学,以及《四库全书》对朝鲜李朝后期文坛及社会发展的影响;还有对以避暑山庄为代表的皇家园林的内容阐述,具体包括皇家园林的政治、军事、娱乐等多种功能以及皇家的坛庙文化等。

士人文化是朝鲜学者关注的一个重点,也是清代文化的一个重要组成部分,它与清代皇家文化交相辉映。这部分主要介绍了以琉璃厂文化为代表的宣南文化。这里不仅有丰富的藏书,还有活跃的文化交流,是朝鲜学者了解中国和世界的窗口。朝鲜学者通过与中国文人的交流,不仅了解到中国最前端的文学思潮,也接触到了最先进的西方学术,并将这些进步思想与文化带回朝鲜,推动朝鲜社会改革。

18世纪清代京畿地区的娱乐与休闲文化进入一个鼎盛时期,包括种类繁多、影响巨大的戏曲文化和以杂耍、幻戏为代表的民俗娱乐。这从侧面反映出18世纪清代社会的经济繁荣与国泰民安。经济的富足才促使人们对休闲娱乐有更多的要求,而这些内容在当时相对落后的朝鲜并不多见,因此朝鲜学者对此进行了详细记载。

最后一部分具体阐述了清代繁荣的商业文化,包括不断兴盛的商业发展和较为完善的交通运输与物流等;同时,对比朝鲜落后的社会发展,揭示北学思想在朝鲜推行的必然性,以及清代繁荣的社会发展对朝鲜李朝的社会改革所起到的巨大推动和借鉴作用。

皇家文化、士人文化、休闲文化和商业文化,这些丰富多彩的文化内容交织在一起,汇集成一幅18世纪清代京畿文化的精美画卷。画卷中又融入了中国灿烂悠久的传统文化与民族精神。华美壮丽的皇家园林、灿烂悠久的运河文化、热闹繁荣的庙会集市和异彩纷呈的戏曲说唱,都是中国优秀的文化遗产,是中国为世界文化所做出的特殊贡献。

本书以朝鲜学者的视角,从跨文化传播的角度,重新审视18世纪中国灿烂辉煌的文化历史,深入挖掘以《热河日记》为代表的域外汉籍资料中所记载的中华优秀传统文化。笔者尝试探究古典文学新的发展方向,将古典与现代、文学与文化、文学与社会合理地结合起来,让书写在古典汉籍里的文字和中国伟大的历史文化遗产活起来,跨越时空、超越国度,在立足本国的基础上,将中华优秀传统文化进一步推向世界舞台,焕发出新的时代精神。

本书融合交叉学科的研究方法,将文学与文化、文学与史学、文学与民俗相结合,综合运用多种理论与研究方法,对作品中所记载的京畿文化进行立体、全面的分析，并透过这些历史文化现象分析朝鲜学者对清代京畿文化的认识与理解。然而，要进行面面俱到、深入细致的分析与研究，研究者必须拥有丰厚的文学积淀和深厚的文化底蕴，同时要具有广博的学识。笔者深知自己学识阅历的浅薄，本着尝试和学习的态度，抛砖引玉，希望各位专家、学者对本书提出宝贵的批评意见，以便笔者在今后的研究中能够有更大的进步和提升。同时，笔者也衷心地希望本研究能够为国内外学者提供些许参考和借鉴，扩展中韩古典文学研究的思路与方向，更好地发挥古典传统文化的社会现实意义。

目 录

第一章 18世纪中国对外文化政策
　　　　与《热河日记》

　　入关以来,为了维护自身的统治地位,清廷非常注重与周边各国的友好关系,对邻国朝鲜①则奉行"抚藩字小"的基本外交政策。而朝鲜却一直将明朝奉为自己的宗主,"感戴皇明",因此对取代明朝的清廷一直持有敌对态度。为巩固与稳定自己的统治,清廷采用友好外交政策,再加上清廷励精图治,在政治、经济、文化等方面均实现了繁荣发展。这些都在潜移默化地改变着朝鲜对清廷的认知,即对清观,特别是到了朝鲜后期,北学派的出现在一定程度上促进了朝鲜与清廷关系的发展。以北学派为代表的朝鲜使臣,摒弃了朝鲜传统的"华夷观",贯彻实事求是的思想,提出学习清朝先进科技文化的北学思想。

　　朝鲜学者们在出使中国的过程中,通过对清朝社会的实地考察,真正接触到了清朝的先进技术和文化,并对清朝的统治给予了正面评价。同时,他们通过与中国文人的交游,更加真实、广泛地了解到中国社会最真实的一面。朝鲜学者一方面把朝鲜文化带到中国,另一方面把中国的先进文化和进步思想传播到朝鲜。正是这些进步的朝鲜学者使朝鲜臣民逐渐转变了固守百年的对清朝的认识,使中朝关系有了进一步好转,中朝文化也得以更好交流。

---

① 文中的"朝鲜"指的是朝鲜半岛历史上最后一个统一封建王朝——朝鲜李朝(1392—1910),又称李氏朝鲜。

第一节 18世纪中国对外文化政策

清廷定鼎中原以后,为了巩固自己的统治地位,对内,尤其是对汉族实行高压政策,对蒙古和藏等少数民族实行安抚,并通过"分而治之"的策略分散他们的势力;而对邻邦各国则采用比较开放宽松的文化政策,以实现清朝与周围各国的友好相处。跟以往的王朝相比,清朝的外交显得极为活跃和广泛,特别是与邻国朝鲜的交往。"抚藩字小"一直是清朝对朝鲜实行的基本国策,中朝两国互派使者,频繁往来。

18世纪,中国与朝鲜依然维系着宗藩关系,中朝之间的交流也是在朝贡关系体制下进行的。然而,清朝时期,中朝之间的朝贡关系与明代相比要宽松得多。清廷为缓和与朝鲜之间的矛盾,逐步放宽对朝鲜的外交政策,中朝之间的宗藩关系也达到了前所未有的和谐局面。随着中朝两国交流的日益频繁,朝鲜燕行使臣的数量不断增加,他们把在中国的见闻和感悟,以及与中国官员、文人交流的内容整理成文,回国后奏报于国王,其中有很多记录内容翔实、语言生动,被称为"燕行录"。

燕行录是朝鲜使臣或随行人员根据自己在中国的见闻整理而成的作品集。这些使行人员都具有较高的文化素质,他们精通汉文,又具有较高的文学素养。由燕行学者所撰写的燕行录作品与官方所撰写的史书相比,更具有资料的原始性,内容上也更加丰富。另外,18世纪的清廷仍然实行文化高压政策,而燕行学者由于没有身份上的限制,所记载的内容也就更具有真实性,一定程度上弥补了史料中的一些不足。所以,通过朝鲜的燕行录来了解清朝的社会发展和文化状况,具有非常重要的史料价值,既可以丰富以史书为基础的先前研究,也能够通过这些作品把握朝鲜民众的思想情感,更加清楚地了解中朝之间外交关系的发展与演变。

18世纪最具代表性的燕行录作品就是金昌业(1658—1721)的《老稼斋燕行日记》(1712)、洪大容(1731—1783)的《湛轩燕记》(1765)、朴齐家(1750—1805)的《北学议》(1778)、李德懋(1741—1793)的《青庄馆全书》

（1778）、朴趾源（1737—1805）的《热河日记》（1780）等。这一部分内容主要是通过朝鲜史料，尤其是以上述作品为代表的燕行录来展示18世纪中朝友好外交关系的，同时进一步分析朝鲜对清朝看法的转变，并研究朝鲜北学派"新华夷观"的形成与发展。

一、清对朝鲜的友好政策

清军在入关以前，主要通过武力来维护自身的统治。1636年丙子战争爆发，皇太极亲自率领大军征讨朝鲜，朝鲜战败，签订了《永定规则》，最终承认了与清的宗藩关系。而1644年，清军入关以后，采取远交近攻、睦邻友好的外交政策，为自己的发展开辟了一个良好的周边环境。清廷逐渐放宽了对朝鲜的限制，采取军事打击和政治拉拢相结合的外交政策，在"慑之以威，不如怀之以德"的思想指导下，对朝鲜严加防范、高度控制的同时，始终推行"抚藩字小"的政策。而到了17世纪后半期，清廷的统治地位基本上得以稳固，对朝鲜的态度从"恩威并施"，变成以"恩"为主，采取"厚往薄来"的外交策略。

到了康熙中期，随着"三藩之乱"的平定、台湾势力的扫除，以及与沙俄北方边界问题的解决等，清廷终于实现了大一统的局面，而对周边各国则继续推行相对和平外交政策，对邻国朝鲜更是以礼相待，给予更多的礼遇。康熙年间设驻城守尉，专门负责朝鲜使臣出入的事务。另外，清廷还不断地减免朝鲜岁贡，起初朝鲜使臣必须一年四次出使中国，而顺治帝体恤使臣们长途跋涉的辛苦，下诏把朝鲜使团的出使改为"朝鲜一年一朝"①。新正、冬至、万寿庆贺礼物原本为朝鲜每年必须进行的正贡，除此之外，朝鲜遇有陈奏、陈贺、谢恩等事还要附贡礼物，清廷一律"准作正贡"。史料记载，雍正六年（1728），雍正帝谕礼部："朝鲜年贡之例，每年贡米百石。朕念该国路程遥远，运送非易，着减去稻米三十石、江米三十石，

---

① 《清世祖实录》，卷42，顺治六年（1649），正月。

每年只贡江米四十石,足供祭祀之用。"①乾隆帝即位时下谕:

> 朝鲜国感戴我朝之恩,虔修职贡,甚为恭敬。反大臣官员之差往彼国者,向有馈送仪物之旧例。朕以厚往薄来为念,若令使臣照例收受,恐该国不免烦费;若概不收受,又恐该国王以使臣远涉,缺馈赆之礼,有歉于心。着从此次诏使始,凡馈送白金仪物等项,悉按旧例裁减一半。②

而到了乾隆四十五年(1780),乾隆帝规定:"嗣后除岁时庆节正贡,仍听其照例备进外,其余陈谢表章,所有随表贡物,概行停止。"③《同文汇考》④记载了不少关于朝鲜使臣出使清朝的内容,特别是其中的《使行录》部分,记录了各个时期使团的出使情况。资料中记载了朝鲜派使臣出使清朝的相关内容,根据这些资料,具体整理如表1所示:

表 1　清代各时期朝鲜派遣入贡使团次数统计表⑤

年号	年代	年数/年	使团次数/次	平均次数/次
崇德	1637—1643	7	56	8
顺治	1644—1661	18	76	4.22
康熙	1662—1722	61	171	2.80
雍正	1723—1735	13	44	3.38
乾隆	1736—1795	60	138	2.3
嘉庆	1796—1820	25	61	2.44
道光	1821—1850	30	66	2.2

---

① 《清世祖实录》,卷66,雍正六年二月甲申。
② 《清高宗实录》,卷1112,雍正十三年十二月乙丑。
③ 《清高宗实录》,卷1112,乾隆四十五年八月。
④ 《同文汇考》,四册,首尔,韩国国史编纂委员会影印本,1978。
⑤ 根据《同文汇考补编》和《使行录》整理而成,首尔,一潮阁。

年号	年代	年数/年	使团次数/次	平均次数/次
咸丰	1851—1861	11	24	2.2
同治	1862—1874	13	25	1.9
光绪	1875—1881	7	17	2.43
合计	1637—1881	245	678	2.77

通过该表,我们能清楚地了解清朝时期朝鲜派使臣出使中国的具体情况:崇德年间,朝鲜每年派遣使臣的次数平均达到8次;而从顺治帝开始,次数就逐渐减少,清廷对朝鲜采取德治,实行怀柔政策,朝鲜平均每年派遣的入贡使团降到了4.22次,之后最少的还不足两次。这里需要注意的一点是,虽然朝鲜每年出使的次数不断减少,但出使的人员却不断增多。《通文馆志》记载,当时出使清朝的朝鲜使臣分别由不同的职务构成,其中正官30名,包括由正使、副使和书状官组成的"三使",大通官3名,押物官24名,使团的人数200到300名,而使团在中国境内的所有食宿供应,均由清廷负担,他们在中国驻留的时间与明朝时期相比大大地延长了,一般60天左右。[①]

除此之外,随从人员阵容也比较庞大,各类马头、左牵马、引路、厨子等在使团中的比重较大,但是关于他们的记载却不常见。在朝鲜使臣的燕行录中,唯有朴趾源的《热河日记》对这些人员做了相关的记载:

> 大抵义州刷驱辈,太半歹人,专以燕行资生,年年赴行,如履门庭。湾府所以给资者,不过人给六十卷白纸,百余刷驱,除非沿道偷窃,无以往返。自渡江以后,不洗面,不裹巾,头发蓬松,尘汗相凝,栉风沐雨,衣笠破坏,非鬼非人,尴尬可笑。此辈中有十五岁童子,已三次出入。初至九连城,颇爱其妍好;未到半程,

----

① 《通文馆志》,卷三,事大,首尔,韩国民昌文化社影印本,1991年。

烈日焦面，缁尘锈肌，只有两孔白眼，单袴弊落，两臀全露。此童
如此，则他又无足道也。①

通过这段记载，我们可以了解当时使团的随行人员中大部分是义州
的贫民，他们把出入燕京当成一种生计，每年多次随从使团出入中国。不
仅如此，随行人员中一个仅仅十五岁的孩子就已经三次出使燕京了。由
此可见，当时清廷对朝鲜使团的管制比较宽松，对随行人员并无特别的限
制。朴趾源在《热河日记》中还记载了与之类似的内容：

戴宗遥指一所大庄院曰："此通官徐宗孟家也，皇城亦有家，
更胜于此。宗孟贪婪，多不法，吮朝鲜膏血，大致富厚。既老，为
礼部所觉，家之在皇城者被籍，而此犹存。"又指一所曰："双林家
也。"其对门曰："文通官家也。"舌本流利，如诵熟文。戴宗，宣川
人也，已六七入燕云。②

这里所提到的戴宗只不过是一个小小的马头，而他却能以此身份出
入中国六七次。清廷不仅对出使中国的朝鲜官员的限制大大减少，对随
行人员也没有过多的限制。通过上面《热河日记》中的一段记载，我们还
可以了解到当时很多朝鲜人长期生活在中国，不少人都较为富有，他们靠
通官的身份积累了大量的财富，跻身于富者的行列，不仅在东北地区拥有
豪华的庄园，甚至在北京也能找到他们的府宅。他们之所以会如此富有，
正是因为当时有大量的朝鲜人往来于中国，而大批通官的需要便给这些
人员带来了巨大的收益。

清廷对朝鲜使臣给予了很多的优厚政策，入关前虽然控制得依然很
严格，但是入关以后却赋予他们极大的特权。除公事以外，朝鲜使臣甚至
可以以私人的身份接触中国的官员和学者，在中国境内自由出行。特别

① 朴趾源：《热河日记》卷二，《驲汛随笔》。
② 《热河日记》卷一，《渡江录》。

是康熙帝以后，清廷对门禁的管理更加松散，朝鲜使团可以自由地出入官舍，或带领随从人员出外游玩。燕行使洪大容在《湛轩书》中详细记载了当时的门禁情况。

> 贡使入燕，自皇明时已有门禁，不得擅出游观。为使者呈文以请，或许之，终不能无间也。清主中国以来，弭兵属耳，恫疑未已，禁之益严。至康熙末年，天下已安，谓东方不足忧，禁防少解，然游观犹托汲水行，无敢公然出入也。数十年以来，升平已久，法令渐疏，出入者几无间也。但贡使之子弟从者，每耽于游观，多不择禁地。衙门诸官虑其生事，持其法而操纵之，则为子弟者倚父兄之势，呵叱诸译，以开出入之路。诸译内逼子弟之怒，外惧衙门之威，不得已以公用银货行赂于衙门，以此贡使之率子弟者，诸译心忌畏之如敌仇，凡系游观，务为秘讳，如山僧厌客而匿其名胜也。[1]

当时在中国境内虽然仍在实行门禁，但是对于朝鲜使臣来说却形同虚设，清朝的官员给予了他们极大的特权，让他们可以自由出入。

> 乌林哺徐宗显笑曰："门禁虽严，宁禁公子出乎？"乃扶余至门送之曰："两通官奉送，谁能禁之。"余亦笑而出，见门外甲军列坐，自诸译以下无一人出者。是后门禁累日不解，余独恣意来往也。[2]

不仅如此，清廷还加大了对朝鲜的赏赐力度，洪大容特意在《湛轩书外集》中详细记载了清廷每日给留馆使行人员的供给，并指出："自通州至凤城，每站给米肉，其来往之费，亦不下此数，其礼单赏赐银缎诸种，其费

---

① 洪大容：《湛轩书外集》卷七，《燕记·衙门诸官》。
② 同上。

又倍蓰也。"①到了乾隆帝时期,清廷对朝鲜使臣提供的待遇就更加优厚了。乾隆四十八年(1783)冬至,谦谢恩正使郑存谦、副使洪良浩就受到了乾隆帝的特别礼遇。乾隆帝在接见这些使臣时,把他们安置在"王公之下,百官之上"的重要位置,这些礼遇是明朝时期绝对不可想象的事情。不仅如此,乾隆帝还把他们"引至御榻,馈以御酒",以至于连朝鲜使臣自己都不得不感慨"今番恩数之隆异,前所未有"②。同时,清廷对使团人员在物质上也给予了极大的关照,《热河日记》中有这样的介绍:"今此使行所持方物不过纸席,而中国赐赍供给,留馆员役常费十余万云,比诸清初,可谓反为贻弊中国。"③仅仅是留馆人员的费用就高达十余万两,可见朝鲜使臣在中国享受的物质待遇是极其丰厚的。

不仅仅是清廷,清朝的官员们对朝鲜使臣的友好态度也是前所未有的。《热河日记》曾经记载,为了保证朝鲜使团顺利渡河,清朝提督和礼部郎中亲自下马指挥,一切以朝鲜使团为先。④ 不仅如此,就连使团中身份低贱的随行人员也享受到了史无前例的优厚待遇。朴趾源详细记载了这样一个场面:"提督下马慰劳,因守坐,雇过去车为载之来。昨日口味苦不能食,提督亲为劝食。今日提督自乘其车,以所骑骡授之,故能追至。"⑤使团中的一个马夫在渡河时不小心被马蹄铁踩伤了脚,看到此情景,作为会同四译官礼部精撰司郎正四品中宪大夫的清朝提督,竟然毫不考虑对方身份的高低贵贱,亲自慰问,并且还让出了自己的坐骑。虽然接待朝鲜使团是清朝官员们的职责,但是他们能够做到如此地体贴入微,不得不让人感慨。所以朝鲜使臣也不断感叹,清廷给予他们的优待是之前任何朝代都不曾出现的。

---

① 洪大容:《湛轩书外集》卷十,《燕记·留馆下程》。
② 《朝鲜李朝实录·正祖实录》卷45,正祖七年二月丁亥。
③ 《热河日记》卷五,《铜兰涉笔》。
④ 《热河日记》卷二,《漠北行程录》。
⑤ 同上。

二、朝鲜对清观的转变

1592 年，日本侵占朝鲜，应朝鲜国的请求，明神宗派兵支援，并调动了大量的物资。历时七年的奋勇抗战，朝鲜终于将日本侵略军驱逐出去了。明朝之所以大力援助朝鲜，主要是从保护藩属国的立场做出的决策。"天子以为：'朝鲜素效恭顺，为我属国，有寇岂宜从视？'令辽东即发精兵二支应援；因发银二万两，解赴彼国犒军；……如或势力不支，不妨请兵策应，刻期歼贼，作我藩篱。"①对于明朝的倾力相助，朝鲜自然是感恩戴德，他们把明朝在危难中的相助称为"壬辰再造之恩"（1592 年为壬辰年），并始终视明朝为父母之邦，恪守君臣之礼，即使在"丙子之役"和"甲申之变"后，朝鲜对明朝仍感恩戴德，念念不忘。朝鲜国史称之为"感戴皇明"，朝鲜臣民也皆以此为荣。

而对于取代明朝的清朝，朝鲜臣民最初都持有敌对的态度，以洪翼汉为代表的朝鲜大臣坚决主张抗击清朝，曾向仁祖上书："臣坠地之初，只闻有大明天子耳！……我国素以礼仪闻天下，称之以小中华，而列圣相承，事大一心，恪且勤矣。今乃服事胡虏，偷安仅存，纵延晷刻，其于祖宗何！其于天下何！其于后世何！"②1637 年，皇太极第二次入侵朝鲜，史称"丙子之役"。朝鲜被迫求和，并签订了屈辱的"城下之盟"，此后朝鲜开始改奉清朝为宗主国，两国之间正式建立封建宗藩关系。两国关系发展初期，朝鲜表面对清朝行事大之礼，然而内心却一直视清为"夷"，并认为"胡无百年之运"，始终幻想着有朝一日能够"反清复明"。

朝鲜孝宗即位不久，很多大臣便纷纷上书鼓励孝宗坚持反清复明之大业。孝宗本身也认为"彼虏有必亡之势"，并提出："欲养精炮十万，爱恤如子，皆为敢死之卒，然后俟其有衅，出其不意直抵关外，则中原义士豪杰，其无响应者？"宋世烈问曰："万一蹉跌，有覆亡之祸，则奈何？"对此，孝

① 《朝鲜李朝实录·宣祖实录》卷 21，宣祖二十五年六月甲寅。
② 《朝鲜李朝实录·仁祖实录》卷 34，仁祖十四年二月丙申。

宗回答：“大义既明，覆亡何愧，益有光于天下万世也。”①自明朝灭亡，朝鲜君臣对清一度带有敌对的态度，他们以反清复明为己任，提倡北伐。为了北伐，孝宗时期还扩军备战，驻汉城的御营厅军由7000名增加到21000名。禁军由600名增加到1000名，全部改编为骑兵。御营厅组建大炮攻坚部队，但由于财政困难未能实现。②

　　当时很多的燕行使臣也都对清持有敌对的态度，他们在燕行报告中总是把重点放在描绘清廷的奢侈糜烂、腐化堕落方面。在他们看来，清统治者只不过是一群“蛮夷”，而他们统治下的国家自然逃不过“野蛮”二字。康熙四年（1665），朝鲜冬至使郑致和回国后上报朝鲜国王：“专事游宴，奢侈无度；大小除拜，无不行贿。以此观之，则其败可立而待也。”③又如，朝鲜肃宗十二年（清康熙二十五，1686），朝鲜校理李颐命、金万吉等在陈札中说：“丙丁之难已五十年矣。至于近时，殆不知为羞耻事矣。”④不仅如此，他们还将清朝的皇帝妖魔化，把他们描述成丑陋、暴戾的妖魔。朝鲜燕行使臣闵鼎重于1669年出使清朝，他曾在其燕行日记中将康熙帝描述为：“清主身长不过中人，两眼浮胞，深睛细小无彩，颧骨微露，颊瘠颐尖，其出入辄于黄屋中回望我国使臣之列，性躁急，多暴怒，以察为明，惩辅政诸臣专权植党之患。”⑤17世纪，朝鲜还没有从“丙子之役”“城下之约”的阴影中走出，所以此时对清的态度还处于较为仇视的状态。在他们眼里，清廷不过是一群夷狄统治的野蛮政府，而清朝的皇帝自然也都是野蛮、邪恶的形象。

　　朝鲜对清一度持有敌对情绪，而清朝对朝鲜却一直采取友好的外交政策。康熙三十六年（1697），朝鲜“八路大饥，畿湖尤甚，都城内积尸如山”，在这种情况下，清廷从“扶藩字小”的立场出发，“许开市，粟米四万

① 《朝鲜李朝实录·显宗改修实录》卷36，孝宗十年九月癸亥。
② 姜万吉：《韩国近代史》，东方出版社，1993，第61页。
③ 《朝鲜李朝实录·显宗改修实录》卷36，显宗六年三月六日壬辰。
④ 《朝鲜李朝实录·肃宗实录》卷39，肃宗十二年五月。
⑤ 闵鼎重：《老峰先生集》卷十《闻见别录》，韩国景仁文化社，1991，第422页。

石,分运水路,使其吏、户部两侍郎出管市"。朝鲜大臣则认为,接受清廷的这种恩赐,实与"春秋大义"不符,与"义理"不合。朝鲜国王也表示:"夷狄禽兽,不可以义理责之,米则既济世救民之物,许之或可,而物货断不可许买。姑勿为国书,而以私书相报可也。"①

清廷一方面继续向朝鲜实施一系列优待和礼遇政策,另一方面励精图治,使自己在政治、经济、文化各方面都实现了繁荣昌盛。清廷入主中原以来实施了一系列的改革,经过多年的发展,中原已经出现了极为富强繁荣的局面,成为周边各国纷纷效仿学习的对象。与此相反,朝鲜社会发展缓慢,财政困难,北伐大计自然无法实施。清廷励精图治,不仅没有应验"胡无百年之运"的预言,而且还于1683年(康熙二十二年)统一了台湾,同时也消除了中、朝、日三国关系的不稳定因素,作为实际行动纲领的朝鲜北伐计划寿终正寝。② 清朝国力的逐渐强大给邻国朝鲜带来了强烈的震撼,使之不得不对清朝社会重新认识,对清廷的态度也开始慢慢发生转变。可以说,朝鲜与清廷之间的关系在经过了顺康时期的调试和磨合之后,到了乾隆时期才实现了最终的调和,两国关系也随之步入一个稳定和谐的发展时期。

朝鲜国王对清政治立场的转变应当是从英宗开始的。朝鲜英宗六年(清雍正八年,1730),朝鲜国王英宗明确表示:"渠亦知我国不忘清矣。"③当然清朝文化的日益进步,也是朝鲜对清态度转变的一个重要原因。英宗十四年,朝鲜领议政李光佐曾说过:"清人虽是胡种,凡事极为文明。典章文翰,皆如皇明时,但国俗之简易稍异矣。"④此时的燕行使臣在整理燕行报告时也更加客观实际一些,并在报告中多了一些赞誉清朝皇帝的话语。乾隆四年(1739),副使徐宗玉向朝鲜国王报告:"乾隆行宽大之策。以求言诏观之,以不论寡躬阙失、大臣是非,至于罪台谏,可谓贤君矣。"⑤

① 《朝鲜李朝实录·肃宗实录》卷31,肃宗二十三年十月。
② 王小甫等:《中韩关系史》(古代卷),第2版,社会科学文献出版社,2014,第313页。
③ 《朝鲜李朝实录·英祖实录》卷42,英祖六年七月。
④ 《朝鲜李朝实录·英祖实录》卷42,英祖十四年二月。
⑤ 《朝鲜李朝实录·英祖实录》卷42,英祖十五年七月十八日壬戌。

从这里可以看出朝鲜使臣对乾隆帝的敬慕之情,这也反映出此时的朝鲜对清朝态度已经发生明显的好转。到了英宗四十年,领议政洪凤汉上书曰:

> 我国之于彼人,诚有忍痛含冤之意,然但同朝之间,仇怨有浅深,嫌避有限节。而至于彼人接应之际,一例引义,殆无远近之别,苟非情理冤酷,可为世仇者,事多掣碍,亦是行不得者。先正臣宋时烈严于此等义理,而至引朱子五世之说以为证,此由于五世必报之义也。宜有定限矣。

英宗接受了洪凤汉的上奏,并感慨道:"以五代为限可也!"①由此可见,此时朝鲜君臣基本上已经消除了对清的仇怨,对清的态度也开始发生根本的转变,从此中朝关系真正进入和谐发展时期。

此时燕行录中对清朝的评价也开始逐步趋向客观化,如1712年(康熙五十一年)出使中国的金昌业,在其《老稼斋燕行日记》中对康熙帝的评价与之前的燕行作品相比更多了一些客观性。金昌业在入京之前对清朝的认识主要依据前人的燕行记载,大部分都是比较负面的评价:"旧闻皇帝于畅春苑,作离宫十五处,贮以北京及十四省美女,宫室制度及衣服饮食器皿,皆从其地风俗,而皇帝沉湎其中。"②而金昌业来到中国之后,通过亲身体验,逐渐改变了之前对清朝的错误认识。"今来见之,与所闻大异……虽有池台园林,而终俭素耳。"③

在金昌业看来,清朝并没有像之前所听闻的奢靡成风,皇帝也并非荒淫无度,所到之处皆是秩序井然,节俭质朴。金昌业还专门记述了康熙帝的外貌特征:"皇帝向西盘膝而坐,广额,颔稍杀,髯犯颊而斑白,雌雄眼,神气清明。其衣帽皆黑,与凡满(原作'胡')无异。"①这里金昌业对康熙帝的描述与之前闵鼎重相比更多了一些客观性,但仍然用蔑称,而后来的燕行作品中所记载的清朝皇帝则多为正面的理想化形象。如李德懋在《入燕记》中将乾隆帝的形象描述为:"面白皙,甚肥泽,无皱纹,须髯亦不甚白,发光闪烁云。"②朴趾源也在《热河日记》中记载了乾隆帝的容貌:"皇帝方面白晰而微带黄气,须髯半白,貌若六十岁,蔼然有春风和气。"③此时,燕行使臣对清朝皇帝的评价都是较为客观真实的,乾隆帝当时已是古稀之年,但却依然精力充沛,思维敏捷。通过"发光闪烁""蔼然有春风和气"等正面描述,我们可以看出此时的燕行使臣已经摆脱了朝鲜李朝初期的成见,对清的认识也更加客观。

清廷不仅对朝鲜始终奉行"抚藩字小""厚往薄来"的外交政策,而且在历经百年的发展之后,对于已亡明朝的态度也在逐渐地发生改变,尤其是对明朝忠臣较为客观的态度和评价,不仅得到国人的认可,也让朝鲜士人大为赞赏。朴趾源在《热河日记》中记录了清乾隆帝四十年"崇奖忠贞"的做法。

> 崇奖忠贞,所以树风教、励臣节。然自昔嬗代,凡胜国死事之臣,罕有录与易名。惟我世祖章皇帝定鼎之初、崇祯之末殉难之臣,太学士范景文等二十人,特恩赐谥。仰见圣度如天,轸恤遗忠,实为亘万古之旷典。当时仅征据传闻题奏事件,未暇遍为搜访,故得邀表章者,只有此数。殆久而遗事渐彰,复经论定,今《明史》所载,可按而知也。至若史可法之力矢孤忠,支撑残局,终蹈一死;又如刘宗周、黄道周等,立朝謇谔,抵触忌壬,及遭际时艰,临危授命,足为一代之完人,为褒扬所当及。④

---

① 《老稼斋燕行日记》癸巳年2月6日。
② 李德懋:《青庄馆全书》卷六十七,《入燕记》。
③ 《热河日记》卷二,《太学留馆录》。
④ 《热河日记》卷五,《铜兰涉笔》。

次年,内阁又奉上谕:"前以明季殉节诸臣,各为其主,义烈可嘉,自宜查明锡谥。"①史可法、刘宗周、黄道周等均是死于清入关后为捍卫南明政权而献身的明朝官员,对于这类忠臣,乾隆帝给予了极大的称赞,不仅恢复了他们的名誉,还给予谥号。当然,乾隆帝之所以采取这些做法,一方面是为了维护儒家正统的忠贞观念,另一方面起到了安抚明朝后裔的效果。关于这部分内容,在《清高宗实录》(卷996)中也有相关记载。乾隆帝不仅褒奖了明朝的忠臣,对于以钱谦益为首的投降派则进行贬斥。

> 至若钱谦益之自诩清流,腼颜降附金堡,屈大均辈幸生畏死,诡托缁徒,均属丧心无耻。若辈果能死节,今日亦当在予表旌之列。乃既不能舍命,而犹假言语文字,以自图掩饰其偷生,是必当明斥其进退无据之非,以隐殛其冥漠不灵之魂。一褒一贬,衮钺昭然,使天下万世,共知朕意,准情理而公好恶。②

对忠臣的褒和对投降派的贬,不仅昭显了乾隆帝的深明大义,也让朝鲜的君臣更为钦佩。至此,朝鲜不仅可以继续感恩于明朝的"再造之恩",开展祭祀明朝的一些活动,也进一步转变了对清的态度,开始从被迫的宗属关系转变为诚心奉上的侍大之心。

道光帝在位期间,继续沿袭清朝前代皇帝对朝鲜实行的"抚藩字小"的外交政策,进一步稳定两国之间的关系。道光五年(1825),朝鲜冬至正使在清病故,礼部查例具奏:"原赏外加赏银三百两,交来使带回,给该正使家属,以示皇上体恤远人,有加无已之意。"③道光朝时期,清廷对朝鲜使臣给予足够的礼遇,履行了一个宗主国的职责,而对朝鲜的内部事务却一如既往地实行不干涉政策。由此可以看出,在对待朝鲜方面,清廷始终沿袭历来的传统宗藩关系,两国始终保持着稳定和谐的发展状态,这种局

---

① 《热河日记》卷五,《铜兰涉笔》。
② 同上。
③ 《朝鲜李朝实录·纯祖实录》卷48,纯祖二十五年二月二十三日辛巳。

面一直持续到 19 世纪 60 年代。

三、北学派的新对清观

随着清朝社会的繁荣发展,清朝的社会文化对朝鲜社会的发展起到了很大的影响和推动作用,尤其是到了朝鲜李朝后期,从中国传来的朱子理学已经背离了原本的发展方向,成为束缚人们思想的桎梏。而在中国,此时的思想文化进入全面发展时期,实学的兴起、汉学的兴盛,这些都给朝鲜学者带来巨大的冲击。朝鲜的很多进步文人开始寻求解决社会问题、进行社会改革的方案,其中以洪大容、朴趾源、朴齐家等为代表的北学派应运而生,提出了学习清朝先进的思想文化和科学技术的主张。

朝鲜北学派文人大多以朝鲜使臣或随行人员的身份来过中国,他们通过对中国的实地考察,切身体会到中国社会的繁荣发展,并清楚地认识到朝鲜与中国之间的差距。他们将清朝的进步文化带回朝鲜,提倡要学习清朝先进的文化和科学技术,提出了"北学"的概念。可以说,中国之行成为他们思想转化的契机,也使他们最终确定了北学中国的决心。北学思想的确立对朝鲜后期的社会改革起到了很大的推动作用。

北学派文人批判传统的对清观,反对朝鲜李朝一直以来以"小中华"自居的愚蠢做法。1765 年冬,洪大容随朝鲜使团来到中国,结识了清朝著名学者严诚、潘庭筠和陆飞等。虽然语言不通,但是他们通过笔谈的方式交换了各自的学术观点。朴趾源在《热河日记》中对这部分内容也有记载。

> 余问:"足下知潘庭筠学士乎?"黄圃曰:"未尝证契。"余问:"潘宅在宗人府间壁。仆来时有言曰:'寻宗人府,历大门右转,其间壁乃潘宅云。'宗人府距此多小路?"黄圃问:"足下当知礼部?"有一客入座,即曰:"不必寻宗人府,潘宅离此不远。杨梅书街段氏白膏药铺对门便是潘寓。"黄圃与客云云,即曰:"去岁秋

间,潘移寓于此。先生缘谁识他?"余曰:"敝邦洪大容,乾隆丙戌随贡使入都,遇潘。其后继有相交者,仆虽未见,神情默契。潘工书画,尝自写桃柳,题诗赠洪曰:'吾家西子湖边树,浅碧深红二月时。如此江南归不得,软尘如粉梦如丝。'"①

洪大容是同中国文人交友时间最长的一位朝鲜人士,即使在回国后也继续与清朝的朋友保持书信往来。与中国文人士大夫的频繁交往,让洪大容对清朝的认识发生了根本性的转变。洪大容以"天圆地方"为依据,认为天地之间本没有正界与倒界之分,那么人类自然也是如此。"中国之于西洋,经度之差,至于一百八十。中国之人,以中国为正界,以西洋为倒界;西洋之人,以西洋为正界,以中国为倒界。其实戴天履地,随界皆然,无横无倒,均是正界。"②洪大容将世界看成一个多元体,将中国看成世界的一部分,从根本上动摇了北伐派对清观的思想根基。同时,洪大容还进一步指出:

> 天之所生,地之所养,凡有血气,均是人也。出类拔萃,制治一方,均是君王也。重门深濠,谨守封疆,均是邦国也。章甫委貌,文身雕题,均是习俗也。自天视之,岂有内外之分哉?是以各亲其人,各尊其君,各守其国,各安其俗,华夷一也!③

洪大容以科学的思想为依据,并通过自己对中国的认识,率先提出了"华夷一也"的新观念,这是对传统对清观的根本否定,实现了从"尊华攘夷"到"华夷一也"的思想飞跃。

洪大容在《湛轩书》中还详细记载了清朝社会的繁盛景象,通过康乾盛世的事实论证了"夷"与"华"之间的可互换性,"夷狄"通过自身的学习

---

① 《热河日记》卷四,《避暑录》。
② 洪大容:《湛轩书(内集)》卷四,《补遗·医山问答》。
③ 洪大容:《湛轩书(内集)》卷四,《补遗·医山问答》。

与努力同样可以掌握中原的先进文化,而中原的千年文明如果只停留于历史之中,那终将会被外族淘汰。

> 清主中国,尽有明朝旧地,西北至甘肃,西南至缅甸,东有瓦喇,船厂又其发迹之地。而在明朝一统之外,则幅员之广甲于历朝。藩夷之服贡者,琉球间岁一至,安南六岁再至,暹罗三岁、苏禄五岁、南掌十岁一至。西洋、缅甸贡献无常期,蒙古三十八部不服者二,其三十六部选士入学,选兵入卫,通关市、婚姻,商胡贸迁无限域,驰马交于关东,则与一统无甚异也。①

清朝一直被朝鲜视为"夷狄",而通过洪大容的描述我们可以了解到,18世纪的清朝社会通过对中原文化的学习,不仅实现了经济上的繁荣,还实现了政治上的大统一,其规模甚至远远超过当年的明朝。朴趾源、朴齐家等北学派学者在"华夷一也"思想的基础上进一步提出了对朝鲜传统华夷观的批判。如朴齐家在《北学议》中指出:"尊周自尊周也,夷狄自夷狄也。夫周之与夷,必有分焉,则未闻以夷之猾夏而并与周之旧而攘之也。"②朴趾源在《热河日记》中也提出了与之相似的论调。

> 为天下者,苟利于民而厚于国,虽其法之或出于夷狄,固将取而则之,而况三代以降,圣帝明王、汉唐宋明固有之故常哉!圣人之作《春秋》,固为尊华而攘夷,然未闻愤夷狄之猾夏,并与中华可尊之实而攘之也。③

他们首先肯定"华"与"夷"之间存在差别,但是从文化的角度来看,不管是出于"华"还是"夷",只要是先进文明都有其可取之处。中国传统的

---

① 洪大容:《湛轩书(外集)》卷七,《燕记·衙门诸官》。
② 朴齐家:《北学议》外编,《尊周论》。
③ 《热河日记》卷二,《驲迅随笔》。

儒家思想将中原与周边民族区别看待。《礼记·王制》指出:"中国戎夷,五方之民,皆有性也,不可推移。"但是对于中原(华夏)和夷狄的区分并没有局限于语言、习俗、外貌特征等方面,而是将文化或是礼仪作为区分夷夏的标准。如孔子在《论语·八佾》中写道:"夷狄之有君,不如诸夏之亡也。"孔子以文化来区分不同民族,认为夷狄并非事事不如华夏。唐代韩愈也在《原道》中对孔子的华夷观进行了阐释:"孔子之作《春秋》也,诸侯用夷礼则夷之,进于中国则中国之。"由此可见,儒家传统的华夷观所强调的"华"与"夷"的区别主要在于文化的进步与否,而不是仅从民族本身进行评判。所以,从这一点来看,北学派所提倡的新华夷观与儒家传统的华夷观在本质上是一致的,两者所强调的都是文化的先进性。

18世纪是朝鲜实学发展最兴盛的时期,北学派文人以实学思想为指导,倡导以"利用厚生"取代"经世致用",将实学发展的目标定位为社会的繁荣发展与国民的幸福安康。北学者朴齐家曾经四次出使中国,目睹了清朝的繁荣,而对比朝鲜的贫困落后,不禁心生感慨,在其作品《北学议》中多处表达了对清朝先进文物制度的肯定,以及以此来改变本国落后现状的迫切愿望。朴齐家指出:"我国既事事不及中国,他姑不必言,其衣食之丰足,最不可当。"[1]他在《北学议》中又进一步强调:"凡尽我国之长技,不过为中国之一物,则其比方较计者,已是不自量之甚者也。"[2]朝鲜一直以来都以"小中华"自居,实际上朝鲜的文明发展状况与当时中国的文明相距甚远,所以在当时提出北伐主张更是不自量力之举。"学其技艺,访其风俗,使国人广其耳目,知天下之为大、井蛙之可耻。"[3]在朴齐家看来,朝鲜之所以还将清朝视为蛮夷,是因为对中国的社会现实并不了解,就如同井底之蛙一般,只有亲自到中国去"学其技艺,访其风俗",才能真正地认识中国。

朴趾源也极力主张学习清朝的先进文化,他在《北学议》序中提出:"苟使法良而制美,则固将进夷狄而师之。况其规模之广大,心法之精微,

---

制作之宏远,文章之焕赫,犹存汉唐宋明固有之故常哉。"[①]在他看来,虽然是满人统治了中原,但所谓清朝文化实际上仍是对中原文化的传承,所以仍然值得朝鲜去学习。朴趾源在随朝鲜使团刚抵达辽东之时,便感慨于当地的社会发展现状。

在朴趾源看来,正是因为中国对"利用厚生"思想的正确应用,才能实现物尽其用、人尽其责,社会才能够井然有序地健康发展。所以他指出:"故今之人诚欲攘夷也,莫如尽学中华之遗法,先变我俗之椎鲁,自耕蚕陶冶,以至通工惠商,莫不学焉。人十己百,先利吾民,使吾民制梃,而足以挞彼之坚甲利兵,然后谓中国无可观可也。"[②]朴趾源的这一观点既是对传统对清观的否定,又坚持了朝鲜民族的主体意识,所以更容易被朝鲜民众接受,对朝鲜社会的发展起到了非常重要的作用,也为朝鲜进一步学习世界先进文化做好了准备。

朴齐家提出了与朴趾源一致的观点:"苟利于民,虽其法之或出于夷,圣从将取之,而况中国哉!"[③]同时他还进一步指出,如果朝鲜希望赶超清朝,实现尊华攘夷的目标,那么首先应该做的事情就是学习清朝的治国之策与发展之道。"今之人欲攘夷也,莫如先知夷之为谁;欲尊中国也,莫如尽行其法之为逾尊也。若夫为前明复仇雪耻之事,力学中国二十年后共议之未晚也。"[④]"师夷长技以制夷"出自魏源的《海国图志》,而早在一百年前,北学派学者就已经提出了类似的主张,这不仅体现了北学思想的进步,也反映出北学派学者们卓越的战略眼光。

北学派学者不仅提出了北学中国的主张,还在燕行录作品中记述了中国的各种先进文化和技术,如中国的车、船、畜牧、市井、商贾、道路、桥梁等。不仅如此,北学派学者来到中国以后,还通过中国了解到西方国家各种先进的科学技术与西洋书籍,如火炮、千里镜、天文观测仪器等,并将

---

① 朴趾源:《燕岩集》卷七,《北学议序》。
② 《热河日记》卷二,《馹汛随笔》。
③ 朴齐家:《北学议》外编,《尊周论》。
④ 同上。

这些仪器和书籍带回朝鲜。北学派学者通过自己的所见所闻对清朝统治下的中国有了一个新的认识,并将这一认识转达给朝鲜民众,使朝鲜社会逐渐改变了传统的对清观。

当然,这些与18世纪后期朝鲜较开明的文化统治是分不开的。1776年,朝鲜正祖即位,实行开明的文化政策,他接受北学派的意见和建议,肯定了清朝社会的繁荣发展,主张学习中国先进的科学技术和文化。正祖统治时期,朝鲜社会文化空前繁荣,士农工商业也都得到了全面的发展,该时期被称为"朝鲜的文艺复兴时代"或"朝鲜中兴时代"。到了朝鲜后期,朝鲜使臣基本上改变了以往对清朝的抵触态度,他们都迫切地希望来到中国,以目睹中国的繁荣昌盛,并将学习和宣扬清朝先进的科技文化作为自己出使的最终目的。

第二节　朝鲜学者朴趾源与《热河日记》

一、朴趾源及其实学思想

朴趾源(1737—1805),是朝鲜18世纪杰出的思想家和文学家,在朝鲜思想史和文学史上均占有很重要的地位。朴趾源,字仲美,号燕岩,出生于汉城一个两班贵族家庭,但自幼父母双亡,由祖父朴弼均扶养成人,"自我孤露,益仰蒸庇,路见斑白,我心怵惧"[1]。朴趾源16岁时娶遗安处士李辅天的女儿为妻,自此师从妻叔实学思想家李亮天(荣木堂)学习。在荣木堂的教导下,朴趾源阅读了大量的汉文小说和史书,还学习了音乐和绘画,具备了深厚的文学艺术修养。

朴趾源在青年时期就已经是思想改革的倡导者,他敢于针砭时弊,并将自己的改革意识融入文学创作之中。朴趾源在这一时期创作了大量的小说作品,17岁时便创作出《马驲传》与《秽德先生传》,18岁时创作出《广

---

① 《燕岩集》卷三,《蔡梧川处士李丈文》。

文者传》,20 岁时完成《虞裳传》《易学大盗传》《凤山学者传》,21 岁时又完成了《闵翁传》和《两班传》,28 岁时写就《金神仙传》。这些作品均被收录在朴趾源的《放琼阁外传》中,是朴趾源青年时期的代表性作品,在朝鲜文坛影响深远。朴趾源的作品中充满了批判现实主义精神。他敢于指出当时的朝鲜社会中存在的问题,披露朝鲜两班的没落与腐化。当然,朴趾源也因此遭到了当时权贵们的威胁和排挤,于 1769 年迁居黄海道金川峡务农,1777 年避居到更为荒僻的燕岩峡谷,并因此取号"燕岩"。朴趾源虽然避居到穷乡僻壤,但并没有因此而意志消沉,他一边过着不拘形迹的躬耕生活,一边笔耕不辍。也正是这段时间的思考与积淀,才让朴趾源更加坚定了其"利用厚生"的实学思想,在燕行回国之后创作出惊世之作《热河日记》。

16 世纪末 17 世纪初,朝鲜李朝在经历了"壬辰"和"丙子"①两次战争之后,经济萧条、社会秩序紊乱,阶级矛盾不断加剧。与此同时,统治阶层内部也是矛盾重重,党争和士祸屡屡发生。大规模的土地兼并使大批农民失去赖以生存的土地,逐渐沦落为身份更为低下的贱民,日益激化的社会矛盾,最终致使农民战争爆发。进入 18 世纪,一直实施闭关锁国政策的朝鲜社会发生了极大的变化。1776 年,朝鲜英祖驾崩,正祖即位。朝鲜正祖推行开明政治,主张实施社会改革。他注重培养贤才,设立奎章阁,选拔年轻有为的杰出人才,将他们培养成为国家的栋梁和支柱。正祖三年(1779),在奎章阁建立检书官制度,打破等级森严的朝鲜身份制度,录用庶孽身份的儒生,李德懋、柳得恭、朴齐家等北学派学者就是其中的代表。而李德懋、朴齐家、柳得恭、李书九是当时朝鲜文坛赫赫有名的"汉诗四大家",他们又都曾在朴趾源门下学习。朴趾源反对身份庶孽,关注社会民生,同弟子们共同探讨实学思想和社会改革之道。

与此同时,中国正值康乾盛世的鼎盛时期。康乾盛世又称康雍乾盛

---

① "壬辰"和"丙子"战争分别指的是"壬辰倭乱"和"丙子之乱"。"壬辰倭乱"是 16 世纪末明军援朝抗倭的事件,中国史书上称为"万历朝鲜战争"或"万历朝鲜之役";"丙子之乱"是指 1636 年至 1637 年之间清军攻打朝鲜的事件,中国称为"丙子虏乱"或"丙子之役"。

世，由清康熙帝开创，经雍正帝大力推进，至乾隆帝时期达到鼎盛，该时期持续了一百多年，占清朝统治（1644—1911）一半的时间，是中国古代封建社会发展史上的最后一个高峰。康乾盛世规模之宏大、成就之辉煌、持续之长久，可谓盛况空前。清代盛世，改革最多，国力最强，版图最大，是中国古代历史上最辉煌的篇章之一。昭梿在《啸亭杂录·续录》中记载道："本朝轻薄徭税，休养生息百余年，故海内殷富，素丰之家，比户相望，实有胜于前代。"

18世纪的清朝社会，人口已突破1亿大关，乾隆五十五年（1790）时人口已达3亿，占全世界9亿人口的1/3。人口的增长，促进了农业的发展，城市工商业也逐步发展起来。此时，中国出现了一批新兴的商业城市，如湖北汉口镇（米粮等商贸）、河南朱仙镇（木版年画）、江西景德镇（瓷器）、广东佛山镇（手工业），即当时赫赫有名的"天下四大镇"。同样，商业的发展进一步带动了经济的繁荣，使清廷财政收入大幅增长。乾隆时期，国库存银已高达8000万两，全国一片盛世景象，"我国家席全盛之模，内外经费度支，有赢无绌，府库所贮，月羡岁增"①。

经济的发展为文化的发展提供了雄厚的物质基础，康乾盛世同样也带来了辉煌的清代文化，其中最具代表性的就是中华传统文化的集大成之作《四库全书》的编纂。该活动历经20余年，被誉为"文治之极隆而儒生之殊荣"。此外，乾嘉学派的兴盛，亦成为中国学术发展史上的一大亮点。这一时期涌现出戴震、钱大昕、段玉裁等一批著名学者，他们在吸收前人已有成果的基础上，通过训诂考证等手段，对中华民族2000多年来的文化典籍进行梳理和总结，为中华传统文化的传承和发展做出了可贵的贡献。

所谓"实学"，是儒家文化的传统精神。它所强调的就是"实"，是一种实用之学。实学的概念在中国历史悠久，早在《孟子》中就论述了仁、义、

---

① 《清乾隆实录》卷之八百五十。

礼、智、信的实①，在《礼记·礼运》中也强调了"义之实"，指出"礼也者，义之实也"。明清之际，以黄宗羲、顾炎武、王夫之等为代表的进步思想家们力主社会改革，他们积极参与到以"经世致用"为价值核心的实学思潮之中，批判程朱理学空谈性理，倡导经世致用和实事求是之学，并将这种实学精神贯彻于自然、社会、思想文化等各领域。

朝鲜实学正是在中国实学思潮的影响下产生的，是朝鲜特定时期的产物，反映了17世纪朝鲜李朝的时代特征。17世纪的朝鲜在经历了"壬辰""丙子"等战乱之后，社会经济遭到严重破坏，流民遍野，国内各阶层之间矛盾不断加剧。而此时，华而不实、思想僵化的性理学已经无法解决日益严重的社会问题，两班阶级中的一些进步文人开始寻求解决社会问题的方法。他们反对儒学者们空谈空论性理学，将目光集中在解决社会问题的经世致用之学和作为农工商贾技术改革的实学之上。其中，实学派先驱李晬光率先指出性理学的弊端，"士虽有志于学，不能实用其力。若存若亡，则其能成就也难矣。如此而自以为学者，是自欺也"②。同时，他指出，"以实心而行实政，以实功而致实效，使念念皆实，事事为实，则以之为政而政无不举，以之为治而治无不成"③。

朝鲜实学是17世纪中期至19世纪上半期在朝鲜社会形成的，是以改革社会弊端为目的的进步社会思潮。朝鲜实学大致可分为三个发展阶段：17世纪中期到18世纪前期，以李晬光（1563—1628）、柳馨远（1622—1673）、李瀷（1681—1763）为代表的"经世致用派"或"经学派"；18世纪中期到后半期，以洪大容、朴趾源为主要代表的"利用厚生派"或"北学派"；19世纪前半期以金正喜（1786—1856）为代表的"实事求是派"或"考据派"。

---

① "仁之实，事亲是也；义之实，从兄是也。智之实，知斯二者弗去是也；礼之实，节文斯二者是也；乐之实，乐斯二者，乐则生矣；生则恶可已也，恶可已，则不知足之蹈之、手之舞之。"（《孟子·离娄上》）
② 李晬光：《芝峰集》卷二十八。
③ 同上书，卷二十二。

朴趾源所提倡的实学思想,正是朝鲜"利用厚生派"实学思想的具体体现,他以实学思想为指导,打破了儒家传统思想中的"正德、利用、厚生"这一框架模式,将"利用厚生"作为社会发展的前提。"如此然后始可谓之利用矣,利用成则厚生,厚生然后正其德矣。不能利其用而能厚其生,鲜矣。生既不足以自厚,则亦恶能正其德乎?"[①]

　　朴趾源强调利用厚实的重要性,即经济基础的重要性,主张发展社会经济,并在农业、工商业和对外贸易等方面提出了一系列的改革措施,提出了以经济的发展来推动社会改革的进步主张。同时,朴趾源还主张通过学习中国先进的文化和技术,来促进本国文化的进步,并最终实现朝鲜社会经济的复苏与发展。朴趾源的进步实学思想对推动朝鲜社会的发展有着直接的作用,促进了朝鲜社会资本主义生产关系萌芽的发展和壮大,为朝鲜步入近代社会打下了思想基础。

二、《热河日记》的问世

　　18世纪的清代中国是东亚文化的中心,经济繁荣,国泰民安,吸引了诸多进步学者前来体验中国先进的社会文化,其中最为典型的要数邻国朝鲜的北学派学者。所谓"北学",意出《孟子》"陈良之语"。《孟子·滕文公上》记载:"陈良,楚产也,悦周公、仲尼之道,北学于中国。"18世纪的朝鲜,对中华和夷狄存在着强烈的纷争,"中华"代表的是文明的世界,而"夷狄"则代表了野蛮,而应该把当时支配中原地区的清廷看作中华文明的代表,还是野蛮夷狄的代表,则是当时朝鲜社会存在的主要纷争。因此,要把北学思想真正地带入朝鲜,学习清朝的先进文化和科技,首先必须让朝鲜社会摒弃传统的"华夷观",对华夷问题进行新的诠释。北学派学者通过出使中国,亲身体验中国的进步文化。清朝繁荣发展的社会现实,让他们对传统的"华夷观"产生怀疑,逐渐改变了对清朝的认识和态度。北学

---

① 《热河日记》卷一,《渡江录》。

派学者主张学习中国的进步文化和科学技术，倡导通过一系列的改革来改变朝鲜落后的社会面貌。

清廷为了维持一个较为平和的社会环境，对周边国家奉行较为友好的外交政策，对朝鲜使臣的管理政策也逐渐放松，给予他们很多的特权和自由，朝鲜使臣可以以私人的身份接触中国的官员和学者，可以在中国境内自由出行。[①] 清朝这种宽松的文化政策吸引了大量的朝鲜学者前来中国，他们通过燕行了解中国文化，结交中国的文人雅士。因此，18世纪朝鲜的使节团往来中国十分活跃，尤其是北学派学者，他们以随行人员的身份跟随使节团出使中国，以救国救民为己任，亲身体验中国繁盛的社会文化，并提出救国救民、社会改革的良策。回国后，燕行使者们便将自己在中国的所见所闻整理成文、编著成书，朝鲜历史上把这些资料称为"燕行录"。由于是朝鲜学者们对中国认识的第一手资料，因而燕行录作品具有相当的真实性，也是我们研究中国清代社会历史发展状况的宝贵资料，在很多方面都可以作为中国史料的有力补充。燕行录作品内容丰富、体裁广泛，有日记、诗歌、杂录、记事等。朝鲜北学派学者朴趾源的《热河日记》就是其中最具代表性的作品之一。朴趾源深受实学思想的影响，非常关注社会民生等现实问题，并将实学和北学思想融入文学创作之中，要求文学创作应该反映现实生活，还提出要把文学变成批判社会弊端和改造现实的武器。

朝鲜正祖四年（乾隆四十五年，1780）六月，乾隆皇帝七十大寿，周边各国纷纷派遣使臣和使行团来中国祝贺，朝鲜派往中国的使行团由禁城尉朴明源任正使。"以俞彦镐为曹判书，金煜为判尹，朴明源为进贺兼谢恩正使，郑元始为副使，韩光近为书状官。"[②]朴趾源是朴明源的远房堂弟，因此便以子弟军官的身份跟随其堂兄出使中国。所谓子弟军官，并非使行团的正式随员，朝鲜李朝后期很多北学派学者为了能够亲自前往中国，感受清代社会的真实面貌，多以子弟军官的身份随使行团出使。

---

① 相关内容在上一节中有详细介绍，这里不再赘述。
② 《正祖实录》卷九，四年三月二十日（己亥）。

四十三岁的朴趾源便是以这种身份跟随朝鲜使行团来到中国,开始了为期五个月的燕京之旅。朴趾源一行人于五月二十五日从汉阳出发,六月二十四日渡过鸭绿江,经辽阳、盛京(沈阳)、山海关、玉田、通州,于八月一日抵达北京,在北京仅待了四天,便奉乾隆帝谕旨前往热河;八月五日,使行团立刻重整队伍、调转方向,从北京东直门出发,经顺义、怀柔、密云,在古北口出长城,渡河川,于八月九日抵达热河,在热河太学馆停留了六天,于八月十五日离开热河返回北京,八月二十日到达北京,在北京停留了一个多月后返回汉阳。

朴趾源自幼接触中国古文经典,他钦佩这些文人学者汪洋恣肆的才华,热爱中国博大精深的文化。同时,朴趾源通过实学派学者们的燕行录作品对中国有了新的认识。乾隆三十一年(1766)书状官军官洪大容之《湛轩燕记》、乾隆四十三年(1778)书状官随员李德懋之《入燕记》、朴齐家之《北学议》,展示了18世纪清代的社会面貌,以及学者们与中国士人学者之间的交流情况,对朴趾源来说都极具魔力。强烈的好奇心和求知欲,让朴趾源对此次的中国之行充满了憧憬和期待。燕行期间,朴趾源亲身感受到了中国社会的繁荣面貌,提出向清学习的主张,即通过学习中国先进的技术,来改变自己国家落后的社会面貌。回国后,朴趾源将自己在中国的所见所闻整理成文,编成鸿篇巨制《热河日记》。

《热河日记》以日记体游记的形式完成,是一部反映18世纪清代社会面貌的百科全书式的经典著作,内容涉及哲学、政治、经济、天文、地理、风俗、制度、历史、文化等领域,是朴趾源实学思想的艺术体现,被称为"实学全书",对我们了解当时清朝社会各方面的发展有很大的参考价值。从渡过鸭绿江,到壮观辽阔的千里平原,再到繁华热闹的街容市貌,以及科学先进的文物制度,这一切犹如一幅精美的画卷,展现了18世纪中国百姓安居乐业、国泰民安的繁荣景象。同时,《热河日记》也是18世纪中朝文化交流的结晶,在中朝关系史上具有非常重要的地位。

朴趾源在《热河日记》中费了大量的笔墨来介绍18世纪清代繁盛的社会文化,这在其他燕行作品中是很少见的,字里行间无不流露出对中国进步的科学技术和文化艺术的向往,以及北学中国、实业救国的强烈愿望。当然,这也是朴趾源以"利用厚生""经世致用"为指导的北学思想所使然。朴趾源是朝鲜北学思想的核心人物,主张接受并学习中国进步的社会文化。他在作品中详细考察并记载了当时中国先进的文物制度、社会生活及农业、商业文化,繁华的商街、顺畅的交通、精美的建筑、热闹的集市,多姿多彩的万象民生犹如一幅幅鲜活的画面呈现在读者面前。

朴趾源通过此次燕行,亲眼看到了清代社会的繁荣景象,而对比自己国家的落后,倍感惭愧,因此也更加坚定了北学中国的主张。

《热河日记》中记载了朴趾源在中国的所见所闻,而其中大部分都是一些与人们的生活息息相关的利用厚生之法。朴趾源一行刚刚抵达辽东地区,便看到了当地热闹繁华的街市景象,以及百姓们安居乐业、井然有序的日常生活。

> 周视铺置,皆整饬端方,无一事苟且弥缝之法,无一物委顿杂乱之形。虽牛栏豚栅,莫不疏直有度,柴堆粪庤,亦皆精丽如画。嗟呼! 如此然后始可谓之利用矣。利用然后可以厚生,厚生然后正其德矣。不能利其用而能厚其生,鲜矣。[①]

在朴趾源看来,中国随处可见利用厚生之法,猪圈、牛栏、柴堆、粪便等,每一个微不足道的存在都是可以利用的资源,连柴堆、粪便都用"精丽如画"来形容。"北学中国"是朴趾源实学思想的出发点,而"实业救国"则是朴趾源北学中国的根本目标。

《热河日记》由序言和五卷正文组成,正文共二十七篇,各篇又辑录了多篇作品,每一篇都拟有小标题,各自成文,内容清晰。作品的前三卷主要记载了当时整个使行过程,以日记体的形式完成,这一点与以往的燕行作品大致相同。但《热河日记》又不拘泥于日记体,而是采用了日记体、随

---

① 《热河日记》卷一、《渡江录》。

笔、政论文、小说等多样的文学体裁和表现手法。作品中单纯以日记的形式完成的部分仅有从《渡江录》到《还燕道中录》七篇，其他篇章叙述形式较为自由，出现了杂录、笔谈、诗话、小抄等多种叙述方式。如在介绍具体行程时，作者采用了传统的日记体；在展示丰富多彩的社会文化时，则采用了政论文与小说体相结合的文学样式，再加上口语化的叙事方式，使情节跌宕起伏，内容生动而深刻。

此外，《热河日记》中还有一个重要部分就是朴趾源所记录的与中国学者交往、畅谈的内容。朴趾源在来中国以前就已经对中国的文化和艺术有了一定的了解，此次燕行给了朴趾源更多的亲身体验中国的机会，而其中最深刻的莫过于与中国学者的开怀畅谈。朴趾源也正是通过这种笔谈的形式，加深了对中国清代社会的认识。

第二章 灿烂辉煌的皇家文化

　　清廷定都北京后,励精图治,建立了多民族统一的中央集权制国家。至康熙中期,清王朝已经完成了国家统一大业,实现了空前的统一和强盛。清朝统治者用武力征服的历史已经结束,开始注重以文治国之策,以保持稳定繁荣的社会局面。北京再次成为全国政治、经济和文化的中心,各方面得以长足发展,多元文化在这里交流、碰撞、融合,为北京文化注入了新的元素,也为北京文化的发展带来了新的契机。

　　自清廷定都北京以后,旗人与其子弟在北京便享有读书、科考、做官等特权,满人成为北京的统治阶层、特权阶层,他们所主导的皇家文化是北京文化的重要组成部分。而此时北京文化也达到了北京城市发展史上的一个顶峰。乾隆年间,清廷集中精力用于大规模的文化建设。乾隆三十八年(1773)至乾隆四十七年(1782),清廷选派纪昀等三百多位著名学者集聚四库馆,编纂大型丛书《四库全书》。该工程规模宏大,史无前例,是中国文学史上的一朵绚丽的奇葩。

　　此时,北京的建筑文化也极为繁盛,尤其是皇家园林与古代的坛庙。无论是建筑规模、数量,还是建筑的艺术与风格,这一时期的皇家建筑都达到了登峰造极的水平,古代的建筑艺术在此时又登上了一个新的高峰。气势恢宏、华美绚丽的皇家建筑,既代表了中国古代建筑艺术的发展水平,又彰显出清代社会至高无上的皇权,以及皇权意识的核心地位。

第一节 博大精深的四库学

《四库全书》编纂于乾隆年间,历时十年编成。《四库全书》的编纂是中国古代典籍史上规模最大的官纂校录,该书共收录图书 3457 部,79070卷,总目中记有书名,而未被收录进去的"存目"的图书有 6766 部,93556卷。[①] 18 世纪,清廷为了巩固自己的统治地位,一方面使用武力维护社会的安定,另一方面则通过对文学和文化的控制进一步抑制人们的思想,特别是其中的汉族文人。乾隆时期,汉学兴盛,他们倡导"复古思潮",使文人的注意力由现实问题转移到对古籍的学习和整理上,并多次举行了大规模的书籍编纂活动。这种活动表面上看是出于对图书文献的保存和整理,实际上是清廷为了消减汉人的抵抗情绪而实行的一种文化策略。他们把有关反对清朝统治的文章和书籍重新编版或直接销毁,《四库全书》的编纂就是达成这一目的的文化产物。

以《四库全书》为代表的图书编纂活动给中国的学术和文化的发展带来了巨大影响,是对中国文化事业的一大贡献。同时,《四库全书》的问世对于整个东亚文化圈,尤其是邻国朝鲜带来了巨大影响,推动了朝鲜李朝后期文学的变革与发展。

一、朴趾源对《四库全书》的认识

《四库全书》问世的时期,相当于朝鲜李朝的后期,中朝两国不仅在政治上建立了密切的关系,文化上的交流也日益频繁,而书籍的购入和输出则是这一时期文化交流的一个重要方面。在当时的朝鲜使臣从中国购回的物品中,书籍占了相当大的比重,而当时社会上流行的书籍和最新出版的书籍则成为他们关注的对象。李朝文人对《四库全书》一直非常感兴

---

① 梁启超:《中国近三百年学术史》,东方出版社,2004,第 23 页。

趣。《四库全书》中收录了一部分朝鲜人的著作,徐修浩在《燕行记》中有这样一段内容记载:

> 纪曰:"贵国郑麟趾《高丽史》,极有体段,仆藏庋一部矣。"余曰:"然则《高丽史》已翻刻于坊间乎?"纪曰:"即贵国板本也,贵国徐敬德《花潭集》,编入《四库全书》别集类。外国诗文集之编诸《四库》,千载一人而已。"[①]

　　根据上述记载,我们可以了解到徐敬德的《花潭集》和郑麟趾的《高丽史》都被收录进《四库全书》,并且我们还了解到《高丽史》原是在朝鲜刊行的版本。而这一内容并未在《四库全书总目》中留有记载,徐修浩的这一记载对我们研究《四库全书》是很有价值的。朴趾源在《热河日记》中也提到了徐敬德的《花潭集》,但是朴趾源认为徐敬德的诗文虽然有若干篇,但是却"无可观"。其实,徐敬德的《花潭集》只是在存目中留有书目,其内容并未记载在《四库全书》中。《四库全书总目》中记载的是"诗文虽不入格,特存其目,以表其人焉",朴趾源当时并未看到《四库全书总目》的原文,所以才误以为《花潭集》已编入其中,不过他所说的"无可观"同《四库全书总目》中的记载还是一致的。《花潭集》中的诗文并不是特别优秀的,但却是唯一被收录在存目中的外国人诗文集,这一点还是值得肯定的。

　　正如前所述,清朝时期的图书编纂活动是为了巩固政权而对当时知识分子实行的一种怀柔政策,目的就是把他们的注意力都集中到图书的整理和编纂上来。《四库全书》的编纂活动自然也不例外,参与此活动的学者共 362 人,被分成 20 个官职。除此之外,还有誊录从事者 2800 多名,佣人 1000 多名,此次编纂活动共出动人员 4200 多名。[②]

　　这些人员中只有少数一部分在中国史料中能够找到相关记载,其余

①　徐修浩:《燕行记》卷 3,起圆明园至燕京,30 日戊申,韩国民族文化推进会,1997。
②　《四库全书总目》卷首,其中陆费墀和王嘉曾是一身兼二职,所以实际人员为 360 名。中华书局,2003。

大部分人员的事迹却很少被记录下来,而朝鲜学者们却对这一部分人格外关心,他们作品中的记载弥补了中国资料在这方面的不足。朴趾源在《热河日记》中对皇六子永瑢的外貌作了详细记载。永瑢虽贵为皇子,但却缺乏贵族气质,"面白而痘瘢狼藉,鼻梁低小,颊辅甚广"①。中国史料中虽然有不少关于永瑢的记载,但对其容貌描写得如此详尽的仅朴趾源一人。不过除了外貌,朴趾源对永瑢的评价还是极高的,"能文章工书画",所以他作为《四库全书》总裁官还是理所应当的。作品中还记载了一些专门从事誊录工作的人员,他们主要以誊录官的身份参与《四库全书》的编纂工作,每月的工作量也是相当惊人的。朝鲜文人李德懋在其《入燕记》中记载道,"绍薪方充《四库全书》誊录官,自言一月誊五万字"②。这里我们可以了解到,从事誊录工作的人员每月要誊写五万字,其工作量是相当惊人的。

这些参与编写《四库全书》的文人,虽然都拥有较好的文笔和卓越的文才,却不得不把诸多精力都投入规模巨大的图书编纂工作中,以至于很难有机会把蕴含自己真正思想的文学著作留给后人,这便达到了清朝统治者大规模编写《四库全书》的真正目的。乾隆帝大举编纂《四库全书》,一方面是告示天下自己对四部之学的热爱,显示自己的好学;另一方面,也就是其主要目的则是扼杀反清思想,稳固自身的统治地位。《东华录》记载道:"至书中即有忌讳字面,并无妨碍,现降谕旨甚明,即使将来进到时,其中或有妄诞字句,不应留贻后学者,亦不过将书毁弃。传谕其家,不必收存,与藏书之人,并无关涉,必不肯因此加罪。"对于这一点,中国的学者往往采取回避的态度,所以中国的史料中并未留下充分的论述,而朝鲜学者没有了身份上的限制,自然就少了很多的忌讳,他们的评价则更具体一些。

当时的李朝学者并没有真正接触过《四库全书》原书,所以他们对《四库全书》的评价是比较空洞的。洪良浩在《燕云纪行》"皇都即事"中记载,

① 《热河日记》卷二,《太学留馆录》。
② 李德懋:《青庄馆全书》卷16,《雅亭遗稿》卷8《族侄·初》,韩国民族文化推进会,1997。

32

"节制八旗恢远略,铺张《四库》盛文儒(时皇帝大聚天下书,分经史子集,名为《四库全书》,合数万卷,募士民有文笔者给禄缮写,故云)。升平五纪超前代,只是衣裳异典谟"。这些评论仅仅是流于一般的赞颂,没有什么实际价值可言。

但是朝鲜学者对《四库全书》的修书动机及其影响的评论还是非常有参考价值的。朴趾源对这一点进行了具体阐述,他认为:"皇帝集天下之士,征海内之书,为《图书集成》《四库全书》,率天下而唱之曰:'此紫阳之绪言,而考亭之遗旨也。'其所以动遵朱子者,非他也,骑天下士大夫之项,扼其咽而抚其背。"①康熙时代的《古今图书集成》和乾隆时代的《四库全书》的编纂一样,并不是所谓的标榜朱子主义的文化政策,而是为了更好地统治汉人知识分子而进行的一种思想上的压制。朴趾源通过简单洗练的语言透彻地揭示了清朝统治者编写《四库全书》的真正目的。

另外,通过大规模的图书收集,把其中对清朝统治不利的部分删除掉,这也是编纂工作的主要目的。从 1774 年至 1793 年,清廷共禁毁书籍 3100 种,15 万部。朴趾源认为,清朝大举编纂《四库全书》,其实质跟秦始皇的"焚书坑儒"并无太大的区别,只是跟秦始皇相比,乾隆帝做得更巧妙一些,称"其愚天下之术可谓巧且深矣"。清朝统治者并没有像秦始皇那样对图书进行焚烧,而是打着"崇古右文之治"的旗号,来实现同样的目的,这种看似平和的图书编纂活动,其实比秦始皇的焚书来势更猛。

当然,《四库全书》的编纂,对中国典籍的保存也是有着重要意义的。虽然众多的书被烧毁,但是很多个人的藏书经过收集和誊录,得以向大众公开,在社会上广泛地流传,这对中国文化的发展还是起到了很重要的作用。《四库全书总目》是探索中国学术源流的一种重要途径。它涵盖了中国文化的精髓,记载了很多关于先进文化技术方面的内容,这些不仅仅是对中国,对韩国、日本,乃至整个东亚和西亚的发展都起到了很大的推动作用,大大促进了人类文明的发展。

---

① 《热河日记》卷四,《审势编》。

二、《四库全书》与朝鲜后期的文体改革

李朝中后期以来，朝鲜文坛一直受到晚明文风的巨大影响。自许筠（1569—1618）以来，晚明时期的文集便开始流入朝鲜，并给朝鲜文坛带来了巨大影响。他在《闲情录》中引用的大部分书籍都是当时李朝社会所批判的小品文和杂说。洪万宗（1643—1725）在《旬五志》中写道："至大明末，诸文士尤尚浮藻，凿空构虚辄成一部，至于坐衙按簿之官，越视职事，务得新语。"这本书写于1678年，也就是说在17世纪末朝鲜文坛就已经出现了有关晚明文风过于浮华的评价，但当时并未形成主流思想，直到1776年至1801年李朝正祖在位期间提出"文体反正"之后，朝鲜文坛才发生翻天覆地的变化。

李朝后期性理学逐渐丧失了在思想领域的统治地位，实学与西学逐渐盛行，所以这一时期的朝鲜呈现出多种文体盛行的局面。明末清初小品文的风靡，以及稗官小说的盛行，都对朝鲜文坛产生了巨大的冲击，因为这些都属于和正统文学相背的非主流，作品的内容与统治者治国安邦的正统思想背道而驰。为了强化王权，以李朝正祖为首的统治阶层立足于朱子学"道文一致"的文学观，强调六经古文的"纯正的文风"。同时，正祖还提出了"文体反正"，即把无"道"的存在的新式文体，转化成"道"在其中的旧式文体的一种文学运动，同时还将此作为国家纪纲来统一文人的思想，把批判浮华不实的晚明文风作为国家政策来执行。

朝鲜正祖自继位初便特别关注《四库全书》的编纂工作，他曾专门派进贺兼谢恩史徐浩修前来中国购买《四库全书总目》。正祖之所以特别关注《四库全书》，是因为该书中的很多主张同正祖的思想是一致的，如《四库全书》的宗旨是"朱子尊崇""崇尚雅醇"，凡是与此宗旨相违背的书籍则全部销毁，只在存目中留有记载，这一点和李朝统治者为禁止"稗官杂记"的传播而实行的"文体反正"的宗旨是一致的。正祖认为，稗官小说原非正统文学，其内容"噍杀鄙俚"，是蛊惑民心的罪魁祸首，也容易使文人陷

入异学。而这些论调与《四库全书总目》的小识部分中有关晚明文风的记载是相一致的,"是编皆其笔记之文,偶拈古书,借以发议,亦有但录古语一两句,不置一词,如黄香责髯奴文之类者。大抵词义轻儇,不出当时小品之习"①。清廷一方面排斥当时拟古文派的文风,另一方面对那些浮藻、轻薄的文风也进行严厉的批判,这一点和朝鲜正祖的主张十分相似。而纂修《四库全书》时,"厘正诗体、崇尚雅醇之至意"为正祖大举开展"文体反正"运动提供了依据,以此纠正当时耽于稗官小品的创作文风,所以《四库全书》的编纂活动才会受到正祖的格外关注。

正祖认为:"大抵文体随世不同,而一世之间亦或屡变,唯时之所尚而其盛衰兴替,未尝不与政通矣。"②也就是说,文学与政治是一脉相通的,要想巩固好国家的统治,首先要把文学思想统一起来。正祖统治期间一直提倡使用醇正的古文体。他认为,文人一旦陷入小品文的创作,便会无视人伦,违背义理,而要返回正道,则必须消灭小品文。

> 予尝言小品之害,甚于邪学。人未知其信然,乃有向日事矣。盖邪学之可辟可诛,人皆易见,而所谓小品,初不过文墨笔砚间事,年少识浅薄有才艺者,厌常喜新,争相模仿,骎骎然如淫声邪色之蛊人心术,其弊至于非圣反经蔑伦悖义而后已。况小品一种,即名物考证之学,一转而入于邪学,予故曰欲祛邪学,宜先祛小品。③

正祖还认为,做文章没有古今之区别,其道理都是一样的。"尝论古今文体,教曰,今所谓古文,何谓也?文何曾有古今之别也,文是一也,但作之者自有古人今人之同不同耳。"④而对于文人而言,做文章最重要的

① 《四库全书总目》卷一二八,子部,杂家类存目五,《文海披沙》条。
② 《弘斋全书》卷49,《策问》,文体,韩国民族文化推进会,1814年版。
③ 《弘斋全书》卷162,《日得录》,文学,韩国民族文化推进会,1814年版。
④ 同上。

是教化民众,宣传道义,"文以载道"才是文学创作的根本。而要做到这些,必须首先保证文章的醇正性。"尝教诸阁臣曰:'文章有道有术,道不可以不正,术不可以不慎。学文者,当宗主六经,羽翼子史,包括上下,博极今古,而卒之会极于朱子书。然后其辞醇正,而道术庶几不差误。'"①正祖特别制定了纠正当时文坛风气的文化政策,要求朝鲜文人必须遵循这一规则进行文学创作。

可以说,《四库全书》的出现给正祖的"文体反正"提供了重要的思想基础和理论依据,也更加坚定了正祖肃清文风、纠正文体的信念。于是,正祖于1794年下令,消除以稗官小品体为代表的杂文体,倡导正统的古文体,主张还原醇正的文体,这就是所谓"文体反正"。正祖推行"文体反正",一方面把传统的古文体树为人们应该效仿的文章典范,另一方面还设立了宫廷研究机关奎章阁。他把国内的学者召集在此讨论经史,出版书籍,以摘选《朱子语类》的《朱子选统》为首,刊行唐宋八大家著名的古文集。正祖还下令,禁止清朝的稗官小说和杂书的输入。正是"文体反正"政策的实行,导致朝鲜李朝后期刚刚兴起的稗官小品体文风长期处于低迷状态,而逆时代的古文文风盛极一时。所以,"文体反正"是正祖为了维护自身的统治和封建社会秩序而实施的,但这一政策却扼制了人们的积极进步的思想,成为逆时代潮流的一种文化政策。

正祖在进行文体改革之后,李朝社会的稗官文学创作也发生了较为明显的变化。一部分文人坚持稗官小品体的创作,最终遭受迫害,如李钰(1760—1813)、金祖淳、南宫辙等。特别是李钰,他坚持主体意识下的民族文学论,认为文学应该随着时间和地域的变化而发生变化,任何一种文体都不应该是一成不变的,所谓古文体已经不能够用来反映现实的问题。他反对法古,强调写实性的文学表现手法,并且在参加科举考试时也使用稗官小说体撰写文章,所以引来正祖的反感,不但科举考试一再落榜,最后还落了个"停举""充军"的下场。虽然李钰因为稗官文体受到了不公正

---

① 《弘斋全书》卷163,《日得录》。

的待遇，但是他始终不向权势低头，一生坚持小品文的创作，对朝鲜李朝小品文的发展做出了不可磨灭的贡献。

而另一部分文人则采用比较迂回的策略，避免与正祖提倡的"文体反正"正面冲突。虽然这部分文人同拟古派一样力推古文，但是他们主张学习六经古文和唐宋古文的创新精神，创作出具有时代特色的新文学，这就是著名的"法古创新"，而这一思想的主要倡导人就是实学派代表朴趾源。

以朴趾源为代表的朝鲜文人，表面上依据古文体进行创作，而实质却是以儒家思想为基础主张进行社会改革。他们认为，文章的创作应该摒弃传统习惯上的模仿，要创作出反映本国国风的朝鲜诗、朝鲜文章，而这一主张深得正祖的认可。所以，以朴趾源为代表的朝鲜文人，如李德懋、朴齐家等，即使被发现存在文体上的问题，也并没有受到正祖的严惩，而只是命其写自责文。可以说，这批朝鲜文人在文体改革的浪潮下，不但没有被吞噬，反而取得了更大的辉煌，创作出了朝鲜文坛上较具有代表性的燕岩文学，其中最具有代表性的就是《热河日记》的问世与流传。该部作品采用大量的朝鲜谚语和俗语，反对使用奢华、虚浮的语言，反对盲目地模仿汉唐文学和文体；同时也揭露了当时社会存在的弊端和矛盾，提出了一些改革和发展社会的实质性的观点和主张。

正祖的"文体反正"虽然表面上净化了朝鲜的文风和文体，使醇正文学得到进一步的发展，但是这种以六经古文作为醇正文学典范的创作要求已经不再适应时代的变化。此外，稗史小品体也并没有因为统治者的阻挠而销声匿迹。相反，稗官小品体、小说等新文体依旧在朝鲜社会上广泛流传着。

三、《四库全书》与朝鲜后期的文学创作

朝鲜文人对《四库全书》的编纂非常关心，朝鲜学者李德懋曾于正祖四年（1780）这样记载："《四库全书》逾十万卷，活字先印其最要者二万余

卷,活字即木字也,其序即诏文也,后当得送。"①这里所说的"活字先印其最要者二万余卷"指的是《四库全书》的聚珍版,这一工作从乾隆三十八年(1773)开始,一直持续到乾隆五十九年(1794),虽然只是《四库全书》的一部分,却已在当时的朝鲜社会引起了如此大的反响,足以看出当时朝鲜文学界对这部书的关注。

进入李朝社会,中朝两国文人学士的交往更加密切,许多赴清使节回国后,极力主张向清朝学习,包括学习清朝的政治、经济和文化,这就是所谓北学派。"北学"一词是由朴齐家于乾隆四十三年(1778)游北京归后所著《北学议》而来。北学派对朝鲜国内相对于清朝的种种欠缺做了较为全面的检讨,主倡北学,其中自然包括对文学创作的学习和借鉴。

以朴趾源为代表的北学派文人提倡新文学,反对古文的枯燥无味,倡导使用更具生命力、辞藻优美的新文学,这一主张同《四库全书总目》流入朝鲜有着极大的关系。《四库全书总目》及《四库全书简明目录》,在乾隆末年编成印行不久后传入了朝鲜。朴趾源等进步文人在接触了《四库全书》的小识部分以后,指出明末清初的公安派和竟陵派所使用的语言中有很多属于"妙慧""奇诡""尖酸"的范畴,并且还强调:"平日于文学好看批评小品,探索者唯是妙慧之解,深味者无非尖酸之语,此等虽年少一时之嗜好,渐到老实则自然刊落。"他主张"法古创新",提出要克服拟古文和骈体文的弊端,学习六经古文及唐宋古文的创新精神。

朝鲜进步文人一方面肯定古文的典范意义,还把它们作为文章创作的基础,另一方面反对过于追求创作的技巧和浮华的辞藻,指出文章应该真实地表达写作者的想法,要以真实的语言反映最真实的社会生活,创作出切合时宜的文章。此外,经常拥护公安派代表袁宏道的李德懋也多次强调,不要学习明末清初文集及稗官小品中的"浮靡""轻薄"的风气。他指出,"毋或浮靡,字句之间,慎勿犯用俗所谓小说及明末清初一种鄙俚轻薄口气"②。

---

① 李德懋:《雅亭遗稿》卷 8,《族侄·初》,韩国民族文化推进会,1997。

② 《雅亭遗稿》卷 7,《与朴在先斋家书》。

《热河日记》中的18世纪京畿文化研究

主张北学的进步文人,一直关注着清朝文坛的发展动向。他们早期也曾是公安派和竟陵派的倡导者,甚至一度把袁宏道等人作为学习和模仿的对象。然而《四库全书》的问世,却让他们的文学观发生了根本性的改变,以至于在正祖九年以后,这些文人基本上没有再进行过小品文的创作。这虽然跟正祖实行的"文体反正"有一定的关系,但《四库全书》的影响也是不容忽视的。

同时,朝鲜的著书也纷纷效仿《四库全书》的编写,很多目录的分类、提要的撰写都仿照《四库全书简明目录》。正祖五年(1781),由徐浩修编纂的《奎章总目》就是仿照《四库全书》编写而成的,其中也分成经、史、子、集四个部分,并且还收有《四库全书简明目录》12 本。《大畜观书目》(成书约在正祖中期)也收有《钦定四库全书总目》16 套(函)共 144 册、《四库全书目录》(应即为《四库全书简明目录》)12 册。另外,洪奭周的《洪氏读书录》也分成四部,各个部分前都有小序,每本书中均拟有提要,甚至连提要的写法也跟《四库全书简明目录》中的提要非常相似。《海东绎史·艺文志》一书,更是大量地直接抄录《四库全书总目提要》(包括提要内容及书籍来源),对所著录的图书进行介绍。

综上所述,《四库全书》的编纂虽然是清朝统治者为了维护自身的统治地位,抑制文人的反清思想而实行的一种文化手段,但它却对中国古文献的保存和传播起到了不可忽视的作用。它不仅促进了中国文学的发展,还牵动了整个朝鲜文坛,对朝鲜后期文学的改革和发展起到了至关重要的作用。朝鲜文人留下了很多关于《四库全书》的资料记载,这些资料可以作为中国文献资料的参考,弥补中国文献中存在的缺漏和不足,从而有助于我们更深入地研究四库学。

第二节　华美的皇家园林

皇家园林是古代封建帝王生活中的一个重要组成部分,是皇权和身份的象征,与当时的国家实力与城市建设保持一致。历代帝王对皇家园林的建设都非常用心,尽量展现出皇家威严的政治权力与雄厚的经济实力。清代皇家园林的规模之大,数量之多,造园艺术之华美,是以往任何时代都无法比拟的。

1644年,清廷定都北京,此后200余年,统治者励精图治,让中国在政治、经济、文化等各方面都取得了快速的发展,出现了前所未有的康乾盛世。满人的祖先本就是北方的游牧民族,他们习惯了山水自然的生活,定都北京以后,统治者便开始大规模地营建皇家园林,而康乾盛世的到来,实现了四海升平,国泰民安,也让清代帝王有气魄、有财力去大规模地营建皇家园林。清代共营建了清漪园(颐和园)、圆明园、畅春园、西花园、熙春园、镜春园等90多座皇家园林,而在这些皇家园林中,以圆明园、清漪园、避暑山庄、北海最为著名。清代是中国园林发展史上的全盛时期,将中国的古典造园艺术的水平推向了顶峰。

一、多彩多元的皇城园林

北京作为五朝历史古都,有着800多年的建都史。悠久的历史与文明造就了北京城特有的文化内涵,孕育了北京城丰富的历史文化遗产,其中世界文化遗产六处,而故宫、天坛、颐和园、十三陵等都与园林有关,园林文化在北京的历史文化与社会发展中有着举足轻重的地位。清代北京皇家园林的发展主要体现在西苑"三海"与西山园林的修建等方面,此时的园林不仅功能齐全且形式多样,而且具有极高的艺术审美价值。北京的皇家园林集中了中西造园艺术的精华,又将自然山水与人工景观完美地融为一体,设计精巧、装饰华丽、技艺精湛、意味深远,是中国古代造园艺术的精粹。

1. 西苑太液池

太液池位于北京城故宫的西侧,属于皇城西苑。金始称太液池,元名西华潭,相当于今天的中海和北海。明清时期拓建南海,太液池的范围进一步扩大,包括中海、南海和北海。清代,太液池又称西海子。《日下旧闻考》中对太液池的历史有详细的记载:"西苑太液池,源出玉泉山,从德胜门水关流入,汇为巨池,周广数里。自金盛时,即有西苑太液池之称。名迹如琼华岛广寒殿诸胜,历元迄明,苑池之利相沿弗改。"①

　　清朝定都北京后,为了丰富皇城的园林景观,对太液池进行了大规模的修整和重建。乾隆帝时期,在太液池琼华岛白塔山上增建了悦心殿,在沿湖两岸还增建了静心斋、天王殿琉璃阁、九龙壁等,以满足清代皇家园林的文化娱乐功能。太液池的主要景点包括静心斋、琉璃阁、九龙壁、观音阁、五龙亭、极乐世界(小西天)、琼华岛等。朝鲜学者朴趾源在北京期间对皇城的园林,尤其是坐落于皇城西苑的太液池,进行了细致的游览。他在《热河日记》中详细记载了太液池的诸多景点。朴趾源在《太液池》篇中写道:

　　　　旧称西海子。池中跨起虹桥,长数百步,镶白石为栏,栏外又为白石栏。栏头狻猊数百,大小虽同,形态各异。桥两头各树牌楼,东头题"玉蝀",西头题"金鳌"。又北望,一桥起琼华岛,接承光殿,其南北亦树牌楼,曰积翠,曰堆云。环池殿阁楼台,叠甍互檐,古木多槐柳。②

　　朴趾源在这里详细描述了太液池上的两座石桥,其中一座是"金鳌玉蝀桥",原名金海桥、御河桥,在北海和中海之间,东西两端立两坊,东坊题"玉蝀",西坊题"金鳌"。这座石桥连接着承光殿,原本是一座木桥,明弘治二年(1489),将木桥改为石桥,主桥长 117.58 米,桥宽 9.48 米,并在桥东西两端各建一座木牌坊,东牌坊上书写"玉蝀",西牌坊上书写"金鳌",因此这座桥又称"金鳌玉蝀"桥。1949 年以后,因桥面太窄影响日常的交通,东西两端的牌楼便被拆掉了,后来包括两侧的石栏也被全部拆除,改成了高大的铁栅护栏。所以,朴趾源所记载的这座造型美观、有数百狻猊

---

① (清)于敏中:《日下旧闻考》卷 21,北京古籍丛书,2001。
② 《热河日记》卷五,《黄图纪略》。

雕刻的古石桥，如今已经看不到了。

另一座桥相对来说较为幸运，就是今天位于北海公园的堆云积翠桥，又名永安寺桥。这座桥始建于元代，起初桥两端为石料结构，中间由木船架出浮桥。清乾隆三十年(1765)将此桥改建为三曲三孔的拱券桥，桥面为曲尺形，全长80米，桥南接承光殿，北连琼华岛。桥南的"积翠"和桥北的"堆云"牌楼，保存至今，牌楼上的字均为乾隆皇帝所题。南北桥牌楼为四柱三间，前后戗柱八根，与金鳌玉蝀桥牌楼规制相同。

每到夏季，桥畔盛开着大片的荷花，正如朴趾源所记载，"余行差前五六日，足见一池晚荷也。有小艇数十，荡泳荇藻间，采蘋藕"①。荷花是中国园林中必不可少的景致。人们对荷花的偏爱，并不止于其"出污泥而不染"的品质，还表达了对美好生活的向往。"荷"与"和""合"谐音，荷柳相依，鱼戏荷莲，体现了一种生态的和谐与自然。荷花、石桥、湖水、小船，情景交融，动静相宜，相映成趣，展现出中国园林的传统艺术美。太液池的总体布局继承了中国造园艺术的传统，碧波荡漾、长虹卧波，岛上和沿岸亭台楼阁、槐柳成荫。太液池北海上的这些建筑、石桥和园林布局，现在还基本保存完整，是目前北京保存最古老、最完整的皇家园林之一，体现了中国古代园林的艺术水平。

清代大规模修建西苑园林，并非只是为了游园赏景，这里也是清统治者召见王公大臣和接见外宾的地方，如瀛台、紫光阁等都是进行国事活动的重要场所。如朴趾源所记载，"每岁盛暑，赐满汉大臣、翰林台省泛舟宴饮璃(琼)岛瀛台之间，内赐藕芡鲜鱼"②。每年夏季，太液池风景如画，清统治者来此避暑，同时也在此宴请满汉大臣及处理政务。

除此以外，太液池还有一个重要功能，那就是军事训练的重要场所。"冻冰积雪，分队八旗，为蹴球拖床之戏。履底皆着铁齿，以习驰逐便捷，天子临观之。"③朴趾源在这里所描述的就是北方著名的一种冰上运

---

① 《热河日记》卷五，《黄图纪略》。
② 同上。
③ 同上。

动——冰嬉。冰嬉，又名冰戏，起源于何时，目前还无所考证，早在宋代就有相关记载，而这一运动到了清代则发展到了一个顶峰。冰嬉运动备受清朝统治者喜爱，每年冬季冰嬉之时都会到瀛台"临观之"。满族人对冰上运动的喜爱，可以追溯到关外时期。入关以前，满族人每年都会在太子河上举行大规模的冰上运动，它既是一种军事演练，也是一种大型的娱乐活动。东北地区气候寒冷，满族人擅长在冰上行走。冰嬉不仅仅是一种冰上运动，它已经成为满族的习俗，关系到八旗部队的作战能力。入关以后，冰嬉运动继续保持下来，举办的地点由太子河迁至西苑太液池。《日下旧闻考》记载："（西苑太液池）冬月则陈冰嬉，习劳行赏，以简武事而修国俗。"①每年冬至，太液池冻冰积雪，清统治者便在此举行冰嬉盛典，参加这一活动的人员主要是从八旗、护军统领中选拔出来的一些善于走冰之人。

乾隆帝对冰嬉运动尤为喜爱，将其设为典制，并专门撰写了《御制冰嬉赋》。序言中写道："国俗旧有冰嬉，以肄武事。皇上率循旧典，爰于每岁冰坚之候，于太液池聚八旗兵士陈之。御制冰嬉赋一篇，以叙其事。"冰嬉在清代被视为"国俗"，清统治者利用冰嬉来练兵封赏，提高军队的军事技能和战斗力。当时的冰嬉运动种类多样，包括抢等（速度滑冰）、冰上射箭、冰上蹴鞠等项目，这些都具有明显的军事功效，是提升八旗子弟兵作战能力的重要法宝。朴趾源在这里所说的"蹴球拖床之戏"就是冰上蹴鞠运动，如同今天的冰球运动，只是当时的参赛队员不用球杆，用手、用脚都可触球，且当时的球是皮做的，双方以抢到球为胜。"履底皆着铁齿"，当时进行冰嬉活动所穿的冰鞋是由鞋和冰刀两部分组成的；"以习驰逐便捷"，即减少在冰上滑行的阻力。

乾隆时期，冰嬉运动规模宏大，参加活动的人员达上千名。《清朝文献通考》卷一百七十五《乐考二十一》记载：

　　　　每岁十月，咨取八旗及前锋统领、护军统领等处，每旗照定

① （清）于敏中：《日下旧闻考》卷二十一"国朝宫室"，北京古籍丛书，2001。

数各挑选善走冰者二百名。内务府预备冰鞋、行头、弓箭、球架等项。至冬至后,驾幸瀛台等处,陈设冰嬉及较射天球等伎。分兵丁二翼,每翼头目二十名,服红黄马褂,余俱服红黄齐肩褂。射球兵丁一百六十名,幼童四十名,俱服马褂,背小旗,按八旗各色以次走冰较射。

冰嬉运动在当时已经成了一种大型的冰上盛典,这种壮观的景象足以令外国使臣叹为观止。因此,当朴趾源看到太液池上盛开的莲花,不禁心生感慨,"五龙亭光景虽朝暮变态,犹不若盛夏莲花时,莲花时犹不若深冬冰戏云"①。太液池上的冰嬉盛典已经成为西苑园林的冬季盛景,是清代海内升平、经济富庶的实力彰显。冰嬉运动是北京的非物质文化遗产,是民族传统文化中的重要内容,承载着民族文化的传统与精神,同时也展现了我国冰雪文化的悠久历史与独特的魅力。

西苑的皇家园林融山水、建筑、花木为一体,体现了中国传统园林艺术中的自然、和谐、生态之美,具有较高的园林艺术水平,是供封建帝王休闲、娱乐的重要场所。同时,这里也是封建帝王处理政务、接见外宾、进行军事训练的重要场所,兼具重要的政治、外交和军事功能。正因如此,西苑的皇家园林在中国园林史上占据着举足轻重的地位,它既体现了清代高超的文化艺术水平,也是清代社会意识形态的一个缩影。

2. 西山园林

北京西郊海淀一带历来是风景名胜之区,位于西山山脉与平原的交接处,多泉多湖,水源丰富,蒙古族将湖称为"海子",而"淀"则是浅的湖泊。因此,海淀一带可谓水乡泽国,远处的西山,苍松劲柏、层峦叠嶂;而近处的湖水,杨柳依依、碧波荡漾。西郊一带犹如江南,一派水乡的自然山水景象。而山、水、树、石,这些都是构成中国传统园林的基本要素。因此,历代王朝都青睐于此地的美景,在此营建行宫别苑。

① 《热河日记》卷五,《黄图纪略》。

从康熙至乾隆年间，随着国家经济实力的不断增强，清统治者在北京西郊大规模修建园林，将人工建筑与自然山水融为一体，规模宏大，气势雄伟，中国的园林艺术在清代呈现出繁盛的局面。北京西郊形成了"三山五园"的园林格局，即以静明园、畅春园、圆明园、静宜园和清漪园为代表的皇家园林，以及静明园所在的玉泉山、静宜园所在的香山和清漪园所在的万寿山。西郊的皇家园林建筑群绵延二十余里，规模空前，华美壮丽，既是中国园林史上的瑰宝，又是世界造园史上的杰作。

西山园林的壮观与华美也深深地吸引了当时以朴趾源为代表的朝鲜使行人员，他们将西山园林壮观华美的亭台楼阁，与辽东白塔、卢沟桥、山海关、琉璃厂、通州舟楫、天主堂等并称为中国第一壮观之物。

> 我东人士初逢自燕还者，必问曰："君行第一壮观何物也？第为拈出其第一壮观而道之也。"人则各以所见率口而对，曰辽东千里大野壮观，曰旧辽东白塔壮观，曰沿路市铺壮观，曰蓟门烟树壮观，曰卢沟桥壮观，曰山海关壮观，曰角山寺壮观，曰望海亭壮观，曰祖家牌楼壮观，曰琉璃厂壮观，曰通州舟楫壮观，曰锦州卫牧畜壮观，曰西山楼台壮观，曰四天主堂壮观，曰虎圈壮观，曰象房壮观，曰南海子壮观，曰东岳庙壮观，曰北镇庙壮观。纷纷然指不可胜屈。[1]

当然，并不是所有朝鲜使臣都有机会到西山园林观赏壮观的美景，很多时候都只能从远处眺望，如香山、玉泉山等，往往只能远远观望而已。朴趾源也是在从热河返回北京的途中，远远地眺望传说中的西山，从马夫和译员口中了解到西山皇家园林的华美景观。

> 云霭中百千螺髻出没隐映，而山上白塔矗立云霄间，屏岑滴

---

① 《热河日记》卷二，《驲汛随笔》。

翠，画峦缭青。听其两相酬酢，曰水晶宫、凤凰台、黄鹤楼，皆仿写江南，荡漾湖心。白石为桥，曰绣绮、曰鱼伜、曰十七，空广皆数十步，长百余丈，矫矫如偃虹，左右周以石栏，龙舟锦帆出入桥下。[1]

　　园林中的亭台楼阁"皆仿写江南"，仿佛能感受到江南水乡的气息，处处展现着江南园林的艺术风格。高耸入云的白塔、气势如虹的石桥，又彰显出北方园林的气派与壮美。江南园林以山水园林为主，水石相映，强调人与自然的和谐统一。同时，江南园林在设计上小巧、精致、细腻，注重诗情画意。园林中的亭台楼榭、假山叠石、花草树木，自然成趣。乾隆帝六次下江南，对江南秀丽的山水情有独钟，因此在修建北京的皇家园林时，将江南的文化因素融入其中，在保持皇家园林精致典雅的传统风格的基础上，大量运用江南园林清新淳朴的造园风格，进一步提升了皇家园林的艺术和审美水平，实现了南北园林艺术及多元文化的融合。

　　皇家园林作为封建帝王的行宫别苑，规模宏大，建筑华美，风景秀丽，而且资源配置相当充裕，要满足皇室们的日常生活所需。正如朴趾源所说："畅春苑、圆明园、西山俱有万马皇庄。"[2]院内不仅设计精美，装饰华丽，藏有大量的图书、文物和珍宝，还圈养着成千上万的马匹，以便于清皇室跑马和狩猎。

　　此外，朴趾源在作品中还特意提到了燕京八景之一的"玉泉垂虹"。"盖引水四十里为湖，泉喷石窦，是为玉泉。皇帝虽巡游江南、驻跸漠北，必饮此泉，味为天下第一。燕都八景，'玉泉垂虹'即其一也。"[3]这里所说的玉泉，位于西郊玉泉山上。西山是太行山北部的余脉，由西到东连绵蜿蜒着香山、玉泉山、翁山等山脉，泉水从山间石隙中涌出，又形成大大小小的湖泊。群山、溪水、湖泊、葱翠在这里交相辉映，妙趣横生。"玉泉垂虹"

---

① 《热河日记》卷五，《黄图纪略》。
② 同上。
③ 《热河日记》卷三，《还燕道中录》。

便是其中一处绝佳的美景,玉泉水从山间石罅涌出,色若素练,味极甘美。乾隆帝对玉泉水极为钟爱,还将此泉命名为"天下第一泉"。而此时朴趾源所描述的玉泉水,是"引水四十里为湖",即经过乾隆帝治理之后的泉水。

玉泉山位于北京西郊,土地肥沃,泉水丰盈,有玉泉、裂泉、龙泉等,这些也是北京城水系的主要水源。玉泉山水源不仅要满足北京城的日常用水,还要用于北京城的园林建设、城市建设及漕运,可以称得上北京城的生命之源。然而,早在明代,长河水道由于年久失修,便已经出现了淤塞。到了清代,随着北京城建设的不断扩大,以及西郊园林的大规模营建,耗水量急剧增加,西山水系水源供应严重不足。乾隆帝在《万寿山昆明湖记》中曾写道:"夫河渠,国家之大事也。浮漕利涉灌田,使涨有受而旱无虞,其在导泄有方,而潴蓄不匮乎!是不宜听其淤泛滥而不治。"[1]水源匮乏,原有的水道已经无法满足皇家园林的建设,也威胁着北京城内的日常用水及漕运。

为了保证京城用水系统的正常运行,乾隆帝于乾隆十四年(1749)开始大兴水利,对玉泉山诸泉进行疏浚,对西郊水系进行整体改造。主要采取的措施是开源与节流并行,一方面疏通更多的泉眼和水道,另一方面扩展昆明湖以形成更大的蓄水库,并增筑堤坝和水闸,以调节供水量。整治后的水系,形成了"玉泉山—玉河—昆明湖—长河"这样一个可以控制调节的供水系统。

朴趾源在《热河日记》中对北京城的这个供水系统也进行了详细的记载:

> 发源玉泉山,经高梁桥,河分两支:一循城北转东,折而南;一循城西转南,折而东。入紫禁城,为太液池,绕出九门,经九闸汇,至大通桥,而东西岸皆砖筑石甃。九门壕梁,皆置大石桥。

---

[1] (清)于敏中:《日下旧闻考》卷八十四"国朝苑囿清漪园",北京古籍丛书,2001。

外城壕河亦自玉泉分流,至西角楼,绕城南流,折而东。行至东角楼,历七门,东入运河,各跨一桥。[①]

　　玉泉山水系是由长河、内外护城河、北京西郊水系、太液池水系、紫禁城水系等串联而成,是一个由天然水源和人工河湖组成的人工水网体系。这里所说的长河,是历代京城的一条著名的引水河道。长河发源于西山,通过昆明湖,至西郊海淀,折向东南,遇西直门,注入北护城河,再东流至德胜门,然后流入积水潭。北京的护城河,又被称为城壕,其水源主要来自玉泉山及西山诸泉,经长河流入护城河,再经护城河流入太液池等城区河湖,并最终流入通惠河段的大运河。疏浚后的长河,成为清皇室由皇城通往西郊的御用水路,这也是清代北京城内唯一的御用河道,可以由此直达西郊皇家园林,也成为灌溉京西稻田的重要水源。

　　西山水系的治理和疏浚,不仅改善了清代京城的用水条件,也为西郊皇家园林的大规模建设提供了必要条件。正如朴趾源在《热河日记》中所描述的,"水晶宫、凤凰台、黄鹤楼,皆仿写江南,荡漾湖心",园林中,水榭楼台,湖光山色,交相辉映,而同时又有"龙舟锦帆出入桥下"。[②] 正是因为水源的充足供给,才让乾隆帝能够在北京西郊这片肥沃的土地上,大规模营建"三山五园"这一皇家园林建筑群,为后世留下了集中国古代园林之大成的华美、壮观的园林画卷。西郊园林是中国古代园林造园史上的巅峰之作,也是中国传统文化中的重要组成部分。它既体现了中国古代的造园艺术水平,也展现了清代帝王的治国理念、政治理想和艺术修养,与清代的政治、经济和社会等有着密切的联系。

　　如今,西郊园林周边已经不再是水道纵横、稻田千顷,园林与周边的稻田相映成趣的田园美景已不复存在,人与自然共存、共生的和谐画面也已经被破坏。园林的保护与传承,是我们今天重要的历史使命,而其中最根本的就是水系的恢复与保证。水,是园林的根源,是城市的生命之源,

---

① 《热河日记》卷五,《黄图纪略》。
② 同上。

水系的梳理与复建,不仅是园林文化建设的一个重要内容,也是运河文化建设的必要前提,同时对于北京城的建设与发展也起到了至关重要的作用。

二、华美壮丽的避暑山庄

承德避暑山庄,也被称为热河行宫,位于长城古北口外群山环抱的盆地中心,风景秀丽,是我国现存最大的古代帝王宫苑。清康熙四十二年(1703),热河避暑山庄破土兴建,至乾隆五十五年(1790),山庄最后一项工程竣工,经历了康熙、雍正、乾隆三代帝王,前后历时八十七年。康熙五十年(1711),康熙帝正式为热河行宫题名"避暑山庄"。乾隆帝时对承德避暑山庄进行了大规模的改造和扩建,这里成为清代最大的皇家园林,系统地再现了中国古典园林艺术、古代宫殿建筑艺术和庙宇建筑艺术,具有极高的文化内涵和艺术价值。1994年,承德避暑山庄及周围寺庙被联合国教科文组织列入世界文化遗产,中国皇家园林的价值和珍贵得到了全世界的肯定与认可。

乾隆四十五年(1780)八月初一日,朴趾源随朝鲜使团抵达北京,而当时乾隆帝已在热河避暑山庄,朝鲜使团随即奉命离京前往热河行宫。朴趾源一行于八月初九日抵达热河,十五日返京。朴趾源在热河虽然只有六天的行程,但是却留下了这段时间的详细记载,在《热河日记》中的《漠北行程录》《太学留馆录》《还燕道中录》《札什伦布》《避暑录》《审势编》等诸多篇目中,都有对热河及热河行宫的详细记载。

1. 政治功能

承德避暑山庄占地约564万平方米,是清朝的第二个政治中心,其政治功能是山庄的主要精神内涵。避暑山庄位于长城外的要害之地,特殊的地理位置,让清代帝王决定在此营建山庄,目的便是加强对北部边疆地区的管理,巩固多民族国家的统一。清康熙、乾隆帝时期,每年都会在此处理朝政,接见各族王公和外国使臣,处理民族、外交等各项国家大事,山庄具有非常重要的历史意义和政治功能。

乾隆四十五年(1780),六世班禅额尔德尼(1738—1780)主动要求觐见乾隆帝,为乾隆七十寿辰祝贺。乾隆帝对此极为重视,命皇六子永瑢亲自前往岱海(今属内蒙古自治区),迎接班禅额尔德尼,并陪同至热河。乾隆帝为了迎接班禅的到来,命人仿照六世班禅在西藏的驻锡之地扎什伦布寺,在热河修建须弥福寿之庙,作为班禅额尔德尼在热河的行宫,即朴趾源在《热河日记》中所说的"札什伦布"。[①]

> 自避暑山庄循宫城,右望盘捶山,益北行十余里,渡热河,依山为苑,凿冈砑麓,呈露山骨,自为裂崖断壁,磊砢错落,状十洲三山,兽呀禽翘,云崩雷郁。有五空桥,自桥道皆城,其平皆刻龙凤。缘道白石栏,曲折抵门。又有二角门,皆蒙古兵守之。入门铺砖为地,阶三道,白石栏刻皆云龙。会一桥,桥五空。台高五丈,周以栏干,皆文石,雕海马、天禄、角端、麟角、鬐蹄,皆从石肤为色。台上置二殿,殿皆重檐黄金瓦。屋上起行六龙,皆黄金躯。其圆亭曲榭、复楼重阁、危轩层寮,皆覆青绿紫碧琉璃瓦,工费千亿百万万。采色叱咬虿,雕镂耻鬼神,虚灵逼雷霆,渺漭若昏晨。苑中新栽幼松,连络山谷,皆矫直丈余。系纸为标,计日前所植也。杂植奇花异草,皆初睹,不识其名。[②]

"札什伦布",也就是须弥福寿之庙,是热河外八庙之一,位于避暑山庄之北,整个庙宇占地面积 36700 平方米。须弥福寿之庙依山而建,坐北朝南,寺庙周围以墙壁围境,山门前有五孔石桥,且"自桥道皆城,其平皆刻龙凤"。这座寺庙的修建仅仅用了一年的时间,是中国古代建筑史上的一个奇迹。

自康熙帝开始,清廷前后用了 67 年的时间,相继在山庄的东面和北

---

① 原为"扎什伦布寺",作品中为《札什伦布》。
② 《热河日记》卷三,《札什伦布》。

面建造了 12 座寺庙,俗称"外八庙",形成了中国规模最大的皇家寺庙群。以须弥福寿之庙为代表的热河皇家寺庙群,主要以汉式宫廷建筑为基调,同时又吸收了满、蒙古、藏等民族的建筑艺术和宗教艺术,具有极高的艺术价值和文化内涵。寺庙群呈半月形围绕在山庄周围,呈现出众星捧月之势,体现了"君权至上""天下一统"的思想。

从总体上看,须弥福寿之庙是典型的藏族寺庙,但其建筑风格和内部装饰又融合了汉族宫殿的特点。妙高庄严殿是寺庙中最大的建筑,俗称金瓦殿,为重檐攒尖顶,上覆鎏金铜瓦,四脊和殿顶共铸有八条金龙,做工精致,栩栩如生。"殿皆重檐黄金瓦,屋上起行六龙,皆黄金躯。"朴趾源在这里所描绘的殿宇应该就是大红台上的妙高庄严殿,只是这里原是八条金龙,朴趾源的记载可能有误。须弥福寿之庙既是一座皇家寺庙,又具备寺庙园林的艺术特征,满园的奇花异草、假山叠石,还有亭榭楼阁,错落有致。这些自然的园林景观,与金碧辉煌的建筑相得益彰,既对比鲜明,又毫无违和感。

由此可见,乾隆帝对此次与班禅的会见极为重视,不惜花费大量的人力、物力和财力,来营建这座金光闪烁、富丽堂皇的大型皇家寺庙,正如朴趾源所感慨的"工费千亿百万万",耗资巨大,极尽奢华。继五世达赖觐见顺治帝之后,这是西藏地方政府与清中央政府领导的又一次会面,也是清朝历史上仅有的两次会见之一,在清中央政府与西藏的关系史上具有里程碑式的重要意义。乾隆帝不仅为班禅额尔德尼修建寺庙,还以隆重的礼节在避暑山庄举行了召见仪式。此时已抵达热河的朴趾源,有幸目睹了这一历史性接见,并在《热河日记》中对当时的情景进行了详细的记载。

　　　殿中北壁下,设沉香莲榻,高及肩。班禅跏趺南向坐,冠黄色毡罽,有鬃,状似靴,高二尺余。披织金禅衣,无袖祛,挂左肩,围裹全躯,衵右腋下露,垂右臂,长大如腿股而金色。面色深黄,圆几六七围,无髭须痕,悬胆鼻,眼眉数寸,睛白,瞳子重晕,阴沉窅冥。左有二低床,二蒙古王联膝坐,面皆黑赤色。一鼻锐额隆，无髭；一削面虬髯，衣黄衣。唵唵相视，语复仰首，若有所听。二喇嘛立侍于右，军机大臣立喇嘛下。军机大臣侍皇帝则衣黄，侍班禅则易喇嘛服。[1]

朴趾源观察细致，对六世班禅的衣着打扮、外貌特征都进行了详细的描述。此外，朴趾源还特别留意了当时班禅、蒙古王、喇嘛、军机大臣之间的尊卑关系。班禅额尔德尼坐于大殿的中央，左边是蒙古王，右边是喇嘛，而清朝的军机大臣则立于喇嘛之下，且身着喇嘛服。通过这些内容，朴趾源既认识到清廷对以班禅为首的黄教给予的极高的礼遇，也看出了黄教与蒙古之间微妙的关系。"今蒙古四十八部方强，而最畏西番，西番诸国最畏活佛。活佛乃藏理大宝法王。"[2]藏传佛教为蒙藏民众普遍信奉的宗教，在蒙藏地区具有主导和支配地位，对蒙古各部有着绝对的话语权。

18世纪，清朝社会实现了国家安定、经济繁荣、民族团结的大一统局面。乾隆帝时期，为加强对边疆地区的管理，大力倡导藏传佛教，尤其是其中的格鲁派，即黄教，以此来作为笼络蒙藏民众的重要手段。利用宗教治理民族问题，也是清代一项典型的治国之策。清代帝王对宗教十分重视，尤其是乾隆帝时期，将宗教作为治国理政的一个重要工具。乾隆帝曾指出："本朝之维持黄教，原因众蒙古素所皈依，因示尊崇，为从俗从宜计。"[3]在观看梅花炮时，朴趾源详细记载了乾隆帝热情接待班禅的场景。

乘舆至，班禅徐起，移步，立榻上东偏，笑容欣欣。皇帝离四五间，降舆，疾趋至，两手执班禅手，两相搒捬，相视笑语。皇帝冠无顶红丝帽子，衣黑衣，坐织金厚褥，盘股坐。班禅戴金笠，衣黄衣，坐织金厚褥，跏趺，稍东前坐一榻。两褥，膝相联也。数数

---

① 《热河日记》卷三，《札什伦布》。
② 《热河日记》卷三，《黄教问答》。
③ （清）松筠：《卫藏通志》卷五，西藏人民出版社，1982，第268页。

倾身相语,语时必两相带笑含欢。数数进茶,户部尚书和珅进天
子,户部侍郎福长安进班禅。长安,兵部尚书隆安弟也,与和珅
俱侍中,贵震朝廷。日既暮,皇帝起,班禅亦起,与皇帝偶立,两
相握手久之,分背降榻。[1]

六世班禅在承德期间,乾隆帝为其举行了大型宴会,其中就包括观看
火戏,即烟花表演。乾隆帝为了接见班禅,还特意学习了藏语,所以才能
做到"数数倾身相语,语时必两相带笑含欢"。乾隆帝给予班禅优厚的礼
遇和恩宠,其目的就是通过黄教来控制边疆势力,以巩固和加强清朝的统
治。正如朴趾源所说:"西藩强悍而甚畏黄教,则皇帝循其俗而躬自崇奉,
迎其法师,盛饰宫室以悦其心,分封名王以析其势,此清人所以制四方之
术也。"[2]为了保证边疆地区的稳定和国家的统一,乾隆帝给予黄教及其
首领们较高的礼遇,并且"躬自崇奉""以悦其心"。乾隆帝的这一做法在
蒙藏地区引起轰动,加强了清廷对蒙藏地区的控制,密切了中央与西藏地
方政权的关系,从而进一步推进和巩固了清王朝统一大业,确保了边疆地
区的安定和民族的融合。六世班禅的此次觐见活动,增强了西藏与清王
朝之间的联系,推进了藏传佛教的广泛传播,为巩固多民族的统一与安
定,促进民族融合与团结,起到了非常积极的作用。

蒙古的军队非常强悍,战斗力强,并且由于受制于当地气候条件,蒙
古习惯性地向南迁移到中原,这对清廷来说一直是一个隐患。清朝统治
者在对待蒙古问题时,采用的是"分而治之"的策略。康熙帝曾指出:"我
朝施恩于喀尔喀,使之防备朔方,较之长城更为坚固。"[3]以蒙古为长城,
一方面削弱了蒙古的地方势力,另一方面利用蒙古的军事力量维护了清
朝的统治。朴趾源在《审势编》中对清代的民族政策进行了详细的分析:
"天下之患常在北房,则迫其宾服,自康熙时筑宫于热河,宿留蒙古之重

---

① 《热河日记》卷三,《札什伦布》。
② 《热河日记》卷四,《审势编》。
③ 《清圣祖实录》卷151,北京:中华书局,1985。

兵,不烦中国而以胡备胡,如此则兵费省而边防壮。今皇帝身自统御而居守之矣。"①同时,清廷又利用蒙古各部之间的矛盾,削弱蒙古的地方势力,防止蒙古各部之间的联合与壮大。

> 皇帝年年驻跸热河。热河乃长城外荒僻之地也,天子何苦而居此塞裔荒僻之地乎? 名为避暑,而其实天子身自备边,然则蒙古之强可知也。皇帝迎西番僧王为师,建黄金殿以居其王,天子何苦而为此非常僭侈之礼乎? 名为待师,而其实因之金殿之中,以祈一日之无事,然则西番之尤强于蒙古,可知也。此二者,皇帝之心已苦矣。②

朴趾源以其深刻的政治眼光,分析了清朝统治者所面临的边疆问题,以及为解决这些问题清廷所采取的巧妙的政治策略。乾隆帝迎班禅为师,尊崇黄教,其目的就是借助班禅的政治和宗教影响力,达到安抚和控制蒙藏地区的目的。清朝统治者实施的一系列巧妙的民族政策,为清朝社会带来了边疆的安定与民族的团结,为中国实现多民族统一打下了良好的基础。也正因如此,清朝社会才呈现出万国来朝的盛世景象。朴趾源在前往热河的途中,目睹了各国使臣、各族王公昼夜兼程,不远千里奔赴热河,为乾隆帝庆贺七十寿辰的壮观景象。"渐近热河,四方贡献辐辏并集,车马橐驼昼夜不绝,殷殷轰轰,势如风雨。"③此外,朴趾源在《热河日记》中还专门收了《万国进贡记》一篇,详细记载了当时万国朝贡的热闹景象。"道见四方贡献车可万辆,又人担驼负轿驾而去,势如风雨。其杠而担者,物之尤精软云。每车引马骡六七头,轿或联杠驾四骡,上插小黄旗,皆书'进贡'字。"④

---

① 《热河日记》卷四,《审势编》。
② 《热河日记》卷四,《黄教问答》。
③ 《热河日记》卷二,《漠北行程录》。
④ 《热河日记》卷四,《山庄杂记》。

乾隆帝时采用宽松、务实的治国之策,将康乾盛世推向极致,也进一步强化了清朝在东亚国际秩序中的政治中心地位,不仅是蒙古族、维吾尔族、藏族等各族王公要赴京朝贡,周边的朝鲜、琉球、缅甸、哈萨克等国也会定期向清统治者朝贡。万国来朝,是国家繁荣昌盛的象征,意味着稳定与繁荣的统治不仅泽被国内,而且及于周边各国。同时,这也是封建统治者对国内外各民族的一种"恩威并施"的政策,既要通过军事和武力加以控制和管理,又要通过经济和物质的手段给予一定的安抚。正如《论语》所言:"柔远人,则四方归之;怀诸侯,则天下畏之。""交邻""事大",是我国儒家思想中的传统治国之策,以德服人,以礼治人,国家才能够长治久安。

2. 军事功能

清朝统治者通过一系列治国策略与民族政策,不仅实现了经济的繁荣,而且实现了国家的安定与民族的团结,尤其是乾隆时期,中国的版图达到了极致。然而,在这一盛世背景下,依然存在着各种危机,其中边疆问题始终是一个重要的隐患。清朝统治者大规模修建避暑山庄,不仅用于消夏避暑,还有着非常重要的军事目的。朴趾源在《热河日记》中,以其敏锐的政治洞察力,明确指出了蒙古对北部边防所存在的威胁,以及清代帝王在热河大规模修建避暑山庄的根本目的。

> 地据险要,扼蒙古之咽喉,为塞北奥区。名虽避暑,而实天子身自防胡,如元世草青出迤都,草枯南还。大抵天子近北居住,数出巡猎,则诸胡虏不敢南下放牧,故天子往还常以草之青枯为期,所以名避暑者此也。[①]

古北口,亦虎北口,北接蒙古高原,入古北口可长驱直入华北腹地。在古代,古北口是重要的军事要塞,隘口险峻,易守难攻,是兵家必争之地。正如朴趾源在《还燕道中录》中所评价的:"大约此关千古战伐之场,

---

① 《热河日记》卷二,《漠北行程录》。

天下一摇则白骨如山，真所谓虎北口也。"①这里金戈铁马，战乱不断。然而，在乾隆年间，不仅实现了国富民强，而且四海升平，边疆安定。"今升平百余年，四境无金革战斗之声，桑麻宛然，鸡狗四达。休养生息乃能如是，汉、唐以来所未尝有也，未知何德而能致之。"②古北口，这一"千古战伐之场"，如今却是"桑麻宛然，鸡狗四达"。而这一祥和与安宁景象的背后，充分展现了清朝统治者的治国智慧，以及在边疆问题上采取的一系列行之有效的措施。

朴趾源在《热河日记》中既肯定了18世纪清朝社会的繁荣与安定，也客观地分析了清朝的边疆安全问题，满族与蒙古族之间的关系，以及蒙古对清朝统治的潜在威胁。

蒙古族骁勇善战，在周边各少数民族中实力最强，是清统治者最大的威胁。同时，蒙古与中原地区接壤，对清朝社会的统一和安定有着较大的影响。热河特殊的地理位置，决定了承德避暑山庄这一军事要塞的特殊使命。避暑山庄外围高大的围墙，城内精良的马匹及丰富的资源储备，使其能够长期有效地控制着东北平原。

秋天是草盛马肥的季节，北方的少数民族经常趁此时南下掠夺中原，历代帝王都会兴师动众地大搞"防秋"演练活动，以防止北方少数民族南下。清代帝王亦是如此，康熙二十年（1681），清廷在此建立"木兰围场"，每年秋季会带领着皇室子孙及八旗将士等数万人来此行围狩猎，其目的就是加强对蒙古的控制与管理，巩固北部边防。而承德避暑山庄的营建，也是为了解决皇室在木兰围场行围狩猎期间的吃、住等诸多问题。

木兰围场位于内蒙古的中心地带，北接蒙古，南邻京师，是清朝政治中心与内蒙古、喀尔喀蒙古连接的重要通道。这里自古以来水草肥美，动植物资源丰富，是草原游牧民族的栖息之地。木兰在满语里是"哨鹿"的意思，一种狩猎的方法。秋狝是古代早就有的习俗，春天打猎叫蒐，夏天

---

① 《热河日记》卷二，《漠北行程录》。

② 《热河日记》卷三，《还燕道中录》。

打猎为苗，秋天打猎叫狝，冬天打猎为狩。"木兰秋狝"是清朝统治者在木兰围场举行的一种大型的狩猎活动，也是控制蒙古地区的一项重要举措，利用该活动向蒙古诸王公展示清朝雄厚的实力和武力。

木兰秋狝一般会持续二十多天，既包括在山庄内举行的盛宴，还有在木兰围场举行的大型围猎活动。活动期间，蒙古各部的王公会组成围班前来入觐，清代帝王与蒙古诸王进行频繁的互动，借此达到控制蒙古部落首领的目的。当然，这种非正式的朝觐，一定程度上也加强了彼此之间的交流与理解，进一步巩固了满蒙之间的友谊及君臣关系。

承德避暑山庄不仅是重要的军事要塞，也是清代帝王进行军事训练的重要基地。一年一度木兰秋狝，一方面是为了更好地监视蒙古诸藩王的举动，以保障清朝北方的安定；另一方面则是为了锻炼八旗将士与皇室子孙的骑射本领。清入关以前，满族贵族以打围渔猎为主要的生产方式，善于骑射，并把骑射看作开疆拓土的重要手段。到乾隆时期，百年的太平盛世，实现了国富民强、四海升平，清朝统治者为了防止满族的贵族们贪图享乐，荒废骑射之技，命皇室子孙依然要遵行旧制，勤练骑射的技能。《清史稿·礼志九》记载，谕曰："皇祖行围，既裨戎伍，复举政纲。至按历蒙藩，曲加恩意，尤为怀远宏略。且时方用兵，数有征发，行围偶辍，旋即兴举。况今承平日久，人习宴安，弓马渐不如旧，岂可不加振厉？"[1]乾隆帝认为，围场狩猎不仅可以加强与蒙古贵族之间的联系，具有非常重要的战略意义，而且可以训练八旗将士们的骑射技能，增强军事作战能力。

乾隆四十五年，朴趾源赴热河为乾隆帝庆祝七十大寿之时，本应正值木兰秋狝大典活动时期，而清朝统治者为了更好地迎接六世班禅的到来，特将每年尊祖制准备的木兰秋狝大典取消。由此也可以看出，清统治者对此次六世班禅的觐见给予的重视。朴趾源在当年虽然无缘看到木兰秋狝的盛况，但在返京途中还是目睹了清朝皇室成员骑马狩猎的场景。

---

① 《清史稿》卷九十，志六十五"礼九"。

余下马，沙中坐，敲铁吸烟。一骑佩弓箭者亦下马，装烟求爇。遂问其人，曰："皇侄豫王与十五岁皇孙、十一岁皇孙，自热河还京，沿道打围。"余问："所获几何？"答曰："三日围猎，得一鹌鹑。"背后蜀黍鸣折，一骑飞出田中，注矢伏鞍而驰，面如玉雪。爇烟者指谓曰："此十一岁皇孙。"逐一兔驰射，兔走沙上，仰卧凑蹄，马走快射不中，兔复起走山下，百余骑驰围。平原尘土蔽天，炮声迭发，忽解围而去。尘影中一团旋转，渺然不见其踪迹，未知逐获兔子否也。然驰马之法，无壮幼，皆天性也。①

通过这段内容，我们可以了解到，清代的帝王年年行围，练习骑射，清代的皇室贵族们也自幼学习射猎，且个个技艺高超，十一岁的皇孙便已经能够与成人一起骑马射猎。清代帝王每年都要举行几次大型的狩猎活动，阵容庞大，每年参加的人员有万人之多，在一定意义上保证了清代王室贵族们的骑射训练，提升了将士们的军事作战能力与团队协作能力。然而，这种常年大规模、长时间的狩猎活动，必然会引发一系列的生态问题。

大抵入栅至连山关，多崇山峻岭，树木丛密，时有禽鸟。自入辽东以至燕京二千里之间，上绝飞鸟，下无走兽。时当潦炎，而不见虫蛇，行林莽中而不闻蛙声，亦未见蟾跃。禾稼登黄，亦无野雀，河洲水屿之间，亦未见一水鸟。夷齐庙前滦河，始见二双白鸥。乌鹊鸢常聚都邑之中，而燕京亦稀见，固不似我东蔽天而飞也。意谓塞外搜猎之地，必多禽兽，今见塞上诸山益童濯，益不见一禽。胡虏以畋猎为性命，信如此也，将何所驰逐耶？尽取绝种，无是理也，抑别有薮泽所归之地耶？②

清代共有五座大型围场,即黑龙江围场、吉林围场、盛京围场、木兰围场和南苑围场。前三个围场除了狩猎活动以外,还要负责物资的生产和储备,要定期向北京输送自然资源和野生动物,以保证皇室对野生动物资源的消耗。然而,行围狩猎规模浩大,持续时间较长,而这一绵延数百年的狩猎习俗,必然会造成对当地动物资源的过度利用。朴趾源一行,从辽东到燕京,两千里之间,"上绝飞鸟,下无走兽"。

此外,树木资源的大肆砍伐也是造成动物数量减少的一个重要原因。朴趾源本来以为,"塞外搜猎之地必多禽兽",实际上看到的景象却是"塞上诸山益童濯,益不见一禽"。木兰围场地处内蒙古草原,水草肥美,物种资源丰富,森林覆盖率较高。围场不仅用于狩猎,其中丰富的树木资源也是清廷开发利用的对象,一部分为京城所用,另一部分则用于避暑山庄的营建。乾隆中期,避暑山庄及周边地区开始了新一轮的扩建,木兰围场的树木砍伐也随之掀起了一个高潮。森林的大量砍伐,导致动物的栖息地遭到严重破坏,动物的数量自然也会随之大幅下降,而这一恶性循环必然会导致生态系统的破坏。

作为一名实学派学者,朴趾源更多地关注民生民情,关注社会现实问题。朴趾源认为,飞禽走兽被肆意猎杀,草木森林被任意砍伐,清朝统治者这种"尽取绝种"的狩猎方式不符合自然规律,与儒家所提倡的"子钓而不纲,弋不射宿"的生态文明理念也是背道而驰的。朴趾源作为一名思想家,能够走在时代的前列,及时发现社会问题,并以独到的见解针砭社会积弊,这一点是值得肯定的。

18世纪,木兰围场及周边地区,树木资源的过度砍伐,以及动物的大规模猎杀,使生态系统遭到破坏,引发一系列的生态危机问题。朴趾源认为,出现这一问题的原因在于清朝统治者的过度狩猎,并予以强烈的批判。然而,朴趾源在这里对清廷的评价过于极端。木兰围场周边的生态环境,一直是清朝统治者较为关注的问题,也采取了一系列应对措施。自康熙帝开始,清历代帝王都曾严令"民人不得滥入""禁伐殖",并派八旗士兵严格看守封禁围场。为了防止对动物资源的过度消耗,每次秋狝活动期间,清朝统治者下令只择其中的十余围进行狩猎,其余众多围休养生息,以保证动物们能够正常繁衍,并且规定"遇母鹿幼兽一律放生",这些行为在一定意义上都体现出了清朝统治者的生态保护意识。清廷为了保证木兰围场的正常运转,采取了一系列保护措施,但数百年连续不断地进行砍伐和狩猎,最终还是没能够阻止生态环境的进一步恶化。随着清廷的衰败,曾经的千里松林,最终变成了荒芜的不毛之地。

如今,经过人们几十年的不断努力,木兰围场已经恢复了当年的活力,成为全国最大的人工林场。木兰围场所处的重要地理位置,又让其担负起护卫京津冀生态安全的重要使命。木兰围场丰富的自然资源,以及健全的森林生态系统,是我们人类宝贵的财富,也是国家和社会可持续发展的自然基础。

3. 休闲功能

承德避暑山庄是中国现存占地面积最大的古代帝王宫苑,作为皇家园林的经典之作,既展现出高于其他园林的艺术水准,也彰显了皇家园林的气势和威严。山庄东南多水,西北多山,巧用山水相依的自然风貌,凸显自然山水之本色,与其他园林相比,更多了一些自然的韵味,是中国园林史上一个辉煌的里程碑。避暑山庄为宫苑合一,既是古代帝王临朝听政、起居养颐之所,又是赏景、娱乐、休闲之地。

避暑山庄自康熙年间建成以后,清代帝王每年都会来此避暑。"自康熙皇帝时,常于夏月驻跸于此,为清暑之所。所居宫殿,不为采斫,谓之避暑山庄。帝居此,书籍自娱,逍遥林泉,遗外天下,常有布素之意。"①康熙年间,山庄建有三十六景,主要以朴素淡雅为主格调,"宫殿不为采斫",大多根据自然山水改造而成,以达到回归自然的境界,又具有皇家园林的气势。朴趾源在《避暑录》一篇中记载了山庄的三十六景,并借用康熙帝的评价详细介绍了山庄的建筑风格。

---

① 《热河日记》卷二,《漠北行程录》。

康熙自为记曰:"金山发脉,暖溜分泉;云壑渟泓,石潭青霭。境广草肥,无伤田庐之害;风清夏爽,宜人调养之方。朕数巡江干,深知南方之秀丽;两幸秦陇,益明西土之殚陈。北过龙沙,东游长白,山川人物,亦不能尽述,皆吾之所不取。唯兹热河,道近神京,地辟荒野,度高平远近之差,开自然峰岚之势,依松为斋,引水在亭,皆非人力之所能,借芳甸而为助。无刻楠丹楹之费,喜林泉抱素之怀。文禽戏绿水而不避,麋鹿映夕阳而成群。鸢飞鱼跃,从天性之高下;远色紫氛,开韶景之低仰。此居避暑山庄之概也。"[1]

清代帝王对江南美景情有独钟,在营建皇家园林时会将南方的造园艺术融入其中,尤其是利用山庄依山傍水的地理优势,实现了宫殿区与湖光山色的苑景区的完美结合。淡雅庄重的宫殿建筑,麋鹿成群、鸢飞鱼跃的自然美景,整个园林呈现出一片和谐的自然景象,再加上"风清夏爽"的宜人气候,这里必然成为清代帝王夏季消暑的理想休闲之地。

乾隆六年(1741)至乾隆十九年(1754),乾隆皇帝对山庄进行大规模扩建,将山庄的宫苑精神发挥到极致,增建了一些宫殿和精巧的大型园林建筑,整个山庄由原来的三十六景扩建到七十二景。康熙帝以四字组成三十六景,乾隆帝以三字组成三十六景,不仅命名的形式不同,宫殿的建筑风格也有所变化,由朴素自然逐渐转变为奢华壮观,更加凸显了皇家的气势与权威。朴趾源对康熙、乾隆两代帝王的建筑风格进行了对比评价:"热河城池宫殿,岁增月加,侈丽巩壮,胜于畅春、西山诸苑。且其山水胜景逾于燕京,故所以年年来驻于此,其所控御之地,反成荒乐之场。"[2]朴趾源于乾隆四十五年(1780)前往热河避暑山庄,在作品中记载"热河有三十六景"[3],并详细写下了康熙年间建造的这三十六景的名称。然而,早

---

① 《热河日记》卷四,《避暑录》。
② 《热河日记》卷二,《漠北行程录》。
③ 《热河日记》卷四,《避暑录》。

在乾隆十九年(1754),热河七十二景已落成。因此,朴趾源在这里的表述是不太准确的。

避暑山庄内建有五处皇家专用戏楼,清音阁戏台建于乾隆十九年,是一座三层楼阁式大戏楼,位于德汇门东宫内,主要用于大型庆典和皇帝寿辰时的演戏活动。北京故宫的畅音阁大戏楼、颐和园的德和园戏楼、圆明园的清音阁、避暑山庄的清音阁大戏楼,被称为清代的四大皇家戏楼。清音阁大戏楼坐南朝北,地基形状为"吉"字图,寓意为"吉祥"。整个戏楼外观宏伟,结构精巧,共分为福、寿、禄上中下三层。朴趾源在《热河日记》中写道:"楼阁皆重檐,高可建五丈旗,广可容数万人。"①当时的清音阁戏台不仅气势雄伟,还有可容纳上万人的规模,是当时皇家戏楼中规模最大的一个。此外,清音阁戏台的北面是前后带廊的二层楼福寿阁。福寿阁坐北朝南,面阔五楹,上下两层,下层是皇帝看戏的地方,上层为后妃们观戏的场所。福寿阁两侧是带有群楼的前廊,名为"烟月清真",是王公大臣、少数民族首领及外国使臣看戏的地方。② 在清音阁看戏,是清代帝王休闲娱乐的一种方式。为了宴请八方宾客,各族的王公贵族、各国的使臣汇聚于此,一同观戏,一起领略中华艺术瑰宝的魅力。

乾隆四十五年,为庆贺乾隆七十寿辰,在热河行宫的清音阁戏台举行大型的庆典活动。"皇帝万寿节,前三日后三日皆设戏。千官五更赴阙候驾,卯正入班听戏,未正罢出。戏本皆朝臣献颂,诗赋若词而演而为戏也。"③整个山庄歌舞升平,气氛热烈。朴趾源在《热河日记》中详细记载了当时演戏的盛况以及具体的戏本名目。④

在清音阁演出的剧目均为庆典大戏,皇帝、皇太后等人的生辰或是活动,接见外国使臣、各民族首领时,均会在此一同赏戏。清音阁大戏楼外观雄伟壮丽,舞台设计智慧巧妙,音响效果美妙绝伦,是中国传统戏台艺

---

① 《热河日记》卷四,《山庄杂记》。
② 赵玲、牛伯忱:《避暑山庄及周围寺庙》,三秦出版社,2003,第30页。
③ 《热河日记》卷四,《山庄杂记》。
④ 《热河日记》卷四,《山庄杂记》,这部分内容在第四章的戏曲部分有具体阐述。

术史上的巅峰之作。它是中国戏曲发展到成熟阶段的产物,同时它的存在也推动了中国戏曲舞台艺术的进一步发展。1945年,清音阁毁于一场大火,如今仅存遗址,而朴趾源在作品中的详细记载对于清音阁的复建有非常重要的参考价值。

除了演戏,其间还有观看万年春灯、共赏梅花炮等一系列活动。

> 日既黄昏,万炮出苑中,声震天地,梅花四散如扇炭,而火矢迸流也。窥镜嫣然,迎风鼓斜,鲁钱欲古,兔嘴未敷;继以瓶史月表,女士殿最,趺绥分明,藻厬廉纤,皆火而飞也。纤而鸟兽虫鱼之族,飞走蠕跃,咸具情状。鸟或展翅而伸,或以咮刷羽,或以爪刮目,或趁蜂蝶,或衔花果;兽皆腾骧拿攫,呀口张尾,千态万状,皆赫赫火,飞至半空,冉冉而销。炮声益大,火光益明,而百仙万佛迸出飞升,或乘槎,或乘莲舟,或骑鲸驾鹤,或擎葫芦,或负宝剑,或飞锡杖,或跣足踏芦,或手抚虎顶,无不泛空徐流,目不暇视,闪闪羞明。①

烟火表演是当时避暑山庄娱乐项目中最为重要的组成部分。当时,乾隆帝赐班禅、朝鲜使臣们一同观看这场盛大的烟火表演,这也是对朝鲜使臣的恩宠与礼遇。朴趾源在作品中详细记载了燃放烟花时的盛况,生动形象地描绘了烟花绽放的美丽瞬间,声音宏大、造型独特、设计精巧,令人"目不暇视"。一连串的比喻、拟人、排比等修辞手法的使用,也表露出朴趾源观看烟花表演时的兴奋与喜悦。此外,灯戏也是当时庆典中的一个重要项目。

> 日既曛,悬黄色大柜于红阙,柜底忽落一灯,其大如鼓,灯联一绳。绳端火忽自燃,缘绳而走,上及柜底,柜底又垂一圆灯,绳

---

① 《热河日记》卷四,《山庄杂记》。

火烧，其灯落地，自柜中又垂铁笼帘子，帘面皆篆"寿""福"字，着火青莹。良久，"寿""福"字火自灭落地。又自柜中垂下联珠灯百余行，一行所联为四五十灯，灯中次第自燃，一时通明。又有千余美貌男子，无髭须，衣锦袍，戴绣帻，各持丁字杖，两头皆悬小红灯，进退回旋，作军阵状。忽变而为三座鳌山，忽变而为楼阁，忽变而为方阵。既黄昏，灯光益明，忽变而为"万年春"三字，又变而为"天下太平"四字，忽变而为两龙，麟角爪尾蜿蜒转空。顷刻之间，变幻离合而不错铢黍，字画宛然，只闻数千靴响而已。此斯须之戏耳，其纪律之严有如是者。以此法临军阵，天下孰敢婴之哉？然而在德不在法，况以戏示天下哉！①

这是《万年春灯记》中的内容，参与表演的人员达上千人，皆为美貌男子，且从其表演的阵容与阵势上来看，完全不是单纯的节目表演，而犹如纪律严明的军事训练一般。正如朴趾源所说："以此法临军阵，天下孰敢婴之哉？"灯戏表演最终的落脚点是字，也就是上面所说的"万年春""天下太平"等吉祥词语的呈现，这是灯戏表演的最终目的，也是清统治者对周边各国及各民族所提出的政治主张与希望。

清朝统治者安排的这些大型庆典活动，一方面是为了满足自身及皇室的娱乐需求，另一方面是为了彰显对各民族的热情与友好，展示清代社会国力强大、文化昌盛的盛世景象。当然，这些庆典活动的目的和意义并非仅限于此。清统治者宴请各王公贵族、各国使臣等共同观赏节目表演，通过高规格的礼遇，在和谐、融洽的庆典活动中，拉近彼此之间的关系；同时，通过这种规模宏大、气势逼人的表演，对周边各国及各民族产生心理威慑力，展现大清的威严与实力。这种软硬兼施的政治策略，是清朝统治者实施怀柔政策的最有效表现。

承德避暑山庄是清代民族大融合的象征，是清朝统治者为了边疆安

---

① 《热河日记》卷四，《山庄杂记》。

定、国家统一这一政治目的而修建的一座行宫,它的存在和发展与清朝的政策密不可分,是清代的政治产物,具有深远的政治意义与历史价值。同时,避暑山庄也是中国传统文化的缩影,是世界重要文化遗产。作为中国现存最大的古代皇家园林,避暑山庄具有较高的美学价值,如在园林艺术、戏曲文化、建筑风格等方面都表现出较高的研究价值。结合域外汉籍史料,从对外文化传播的视角,丰富对避暑山庄的研究,应该成为今后我国文化遗产传承与发展的重要思路。

第三节　辉煌的坛庙文化

坛庙是中华民族祭祀天地、祖先、社稷的重要建筑。古人称"国之大事,在祀与戎",它承载着与古代祭祀相关的重要文化内涵以及教化民众的责任,是中国传统文化的重要组成部分。坛庙是中国封建社会历代都城建设的重要组成部分,也是皇家建筑不可或缺的重要内容。坛,即祭坛,是古代用于祭祀天、地、社稷等活动的台型建筑;庙,即宗庙,是供奉神佛、历史名人或祖宗神位的地方。北京,作为一个有着悠久历史的文明古都,至今依然保留着很多坛庙建筑。北京的皇家坛庙兴盛于明清时期,老北京有"九坛八庙"的说法,是明清以来北京坛庙建筑的概称。九坛,指的是天坛(内含祈谷坛)、地坛、日坛、月坛、先农坛(内含太岁坛)、社稷坛、先蚕坛;八庙包括太庙、奉先殿、传心殿、寿皇殿、雍和宫、堂子、历代帝王庙、孔庙。这些都是明清时期封建帝王举行各种祭祀典礼的场所,明清时期北京的坛庙已经逐渐形成一个完整的国家祭祀体系。

清代的坛庙建筑和国家祭祀基本上承袭了明代,同时又对原有的坛庙建筑不断地重修和完善,北京坛庙文化也随之进入繁盛时期。朴趾源在《热河日记》中详细记载了北京坛庙文化的相关内容。

一、天坛

天坛位于北京城内东城区永定门内大街东侧,主要建筑有祈年殿、圜(圆)丘、皇穹宇、神乐署和牺牲所等,皆是古代建筑中的经典之作。清朝是以满族为主体的政权,早在入关之前,皇太极就接受汉人的建议,在盛京(今辽宁沈阳)建造圜丘、方泽,祭告天地。顺治元年,清军入主北京,初一日顺治帝亲至天坛祭告天地,向天下臣民表明清朝已经承受天命,当为中原之主。清代经历了顺治、康熙、雍正三朝的励精图治,至乾隆年间,政治稳定,经济上繁荣发展,清朝的统治进入黄金时期。此时,清朝的统治者开始对北京的坛庙开展大规模的重建工程,致力于各种礼制的建设与完善。

乾隆年间,国家政治安定、财政充裕,乾隆帝对礼仪极其重视。天坛是皇帝祭天的场所,祭祀的是昊天上帝,是诸神之首。因此,天坛是北京的坛庙中规模最大、最宏伟的建筑。乾隆登基之后便下谕内阁:"两郊坛宇,岁修向有著令,而金碧采章,或日久不鲜,阶级砖壁间有损缺,至赤间有漫德,均应敬谨修理,伸可经阅久远。"①随后,乾隆帝便对用来祭天的天坛进行了清代规模最大的一次维修,涉及天坛的诸多建筑,对皇穹宇、圜丘、祈谷坛等建筑都进行了一定程度的修整。朴趾源入燕时期,乾隆帝已完成了对天坛的修缮工程,《热河日记》所记载的天坛正是修缮之后的景象。

> 天坛在外城永定门内。墙周几十里,墙脚三级,其上可以走马。内为圆丘,第一层坛阔百余步,高可丈余。坛面皆铺用碧琉璃砖,阑干四周皆以绿琉璃为楹槛。四出陛俱九级,陛阔几二丈,亦铺碧琉璃砖,护阑亦皆绿琉璃楹槛。第二层坛面二丈余,

① 《清会典事例》卷八六六,中华书局,1991,第52页。

四出陛九级。坛面铺碧琉璃砖,坛脚及四周阑干,亦皆绿琉璃楹槛。圆丘外又缭以周垣,覆黄琉璃瓦。四面为棂星门,分元、亨、利、贞,以配东、西、南、北而为号。东一坛祀日,西坛祀月,东第二坛祀二十八宿,西第二坛祀风云雷雨。皇穹宇及神乐观、太和殿、斋宫、天库、神厨,皆覆以琉璃黄瓦。神乐观,平日教习乐舞生之所。每值大享,则先期演仪于太和殿。羊、豕、鹿、兔,俱有房舍圈柙。北墙下方池二十余区,冬月凿冰,以藏凌室。可见昭事之物洁净备具,无不取用于其中也。正阳门敌楼下正南一门,怪其常闭。或云皇帝亲祀天坛,驾出方启正南瓮城门,而灌脂百斛,然后始开云。[①]

朴趾源详细记载了天坛的建筑和艺术风格,还记载了各个建筑所承担的祭祀任务。天坛是明、清两代的帝王祭天、求雨和祈祷丰年的专用祭坛。每年的冬至日,皇帝会先去皇穹宇上香、行礼,再去圜丘视看坛位,次日祭天时在坛上上香、行礼。圜丘是皇帝举行祭天大典的场所,又称祭天坛,位于天坛南半部,坐北朝南,四周围绕着红色的宫墙,上面装饰着绿色的琉璃瓦。圜丘共三层,每层四面各有九级台阶,每层都有精雕细刻的汉白玉石栏杆。圜丘的很多构件都与"九"这个数字有关,"九"为数之极,是最尊贵的象征,反复使用"九"这个数字,是为了强调与"天"的密切关联。北京的天坛是中国古代建筑中的一大景观。它反映了人们对自然界的认知水平,是我国古代悠久历史和灿烂文化的重要组成部分。

除此以外,天坛内的牺牲所也是非常重要的地方。"牺牲"泛指祭祀专用的牲畜,牺牲所是明清两代祭祀牺牲之神和豢养牺牲的地方,位于神乐署南。明清时期的牺牲所规模较大,有享殿、牛房、马房、羊房等诸多建筑。牺牲所负责饲养全部大祀、中祀所用之牲,牲畜的数量巨大,且牲畜各有各的房舍,正如朴趾源所说,"羊、豕、鹿、兔,俱有房舍圈柙"。《日下

---

① 《热河日记》卷五,《黄图纪略》。

旧闻考》记载，清乾隆时期，"牺牲所……正房十有一间，中三间奉牺牲之神，左右牧夫房各二间、牛房各二间"[1]。天坛牺牲所是天坛整体布局中的一个重要组成部分，也是中国传统祭祀文化中的一项重要内容。

这里需要了解的是，天坛内虽然设有牺牲所，但牺牲所内的牲畜在祭祀前七个月是在北京的南苑放牧饲养的。南苑，位于北京南郊，明清时期占地两百多平方千米。它既是当时北京最大的皇家苑囿，又是为京师的苑囿和牺牲所中的牲畜提供放牧的场所。过去的南苑，地势低洼，湖泊与泉水较多，具有典型的湿地特征，再加上面积辽阔，因此非常适合放牧。南苑曾经是北京城重要的畜牧场和养马场，为北京城提供了丰富的牲畜资源。

如今，以天坛为首的祭坛，已经失去了它们最初祭祀的功用，逐渐演变成满足百姓生活娱乐的场所。然而，这里所蕴含的与祭祀相关的文化内涵，却成为北京文化的一个重要内容，成为全世界人们需要传承和保护的文化遗产。研究祭坛的历史，保护祭坛的建筑，传承祭坛文化，是北京文化发展的必然要求，也是北京文化独特魅力的展现。

二、文庙

文庙，又称孔庙，是元明清三代帝王尊孔崇儒、宣扬教化的圣地，也是中国古代教育的最核心部分。北京的文庙始建于元大德六年（1302），大德十年（1306）建成，后又经过明清两代多次重修和重建，才形成今天的布局规模。封建帝王对文庙非常重视，将文庙作为国庙，庙中共有150多位先贤先儒先圣的牌位。从文庙所处的地理位置，也可以看出文庙的特殊重要地位。以故宫为轴心的中轴线东侧，南有天坛，北有地坛，中间就是文庙，天坛、地坛和文庙基本上是在一条线上，这种建筑布局体现了天、地、人的和谐统一。

① 于敏中：《日下旧闻考》，北京古籍出版社，1983，第942页。

热河文庙建于乾隆四十一年(1776)，占地面积为167000平方米。它的平面布局分为三大块，中为大成殿，左为尊经阁，右为府学，是仿照北京的孔庙、太学兴建的，其建筑规模仅次于当时北京的文庙。1780年，朴趾源随使行团前往热河为乾隆祝寿。当时朝鲜只信奉儒学，刚刚落成的热河文庙就成了接待朝鲜使团的临时"国宾馆"。朴趾源在《热河日记》中也留下了热河文庙的相关记载。

> 去岁新创太学，制如皇京。大成殿及大成门皆重檐，黄琉璃瓦。明伦堂在大成殿右墙外，堂前行阁，扁以日修斋、时习斋，右有进德斋、修业斋。堂后有甍，大厅左右有小斋。右斋正使处焉，左斋副使处焉。书状处行阁别斋，裨译同处一斋，两厨房分入进德斋。大成殿后及左右，别堂、别斋不可殚记，皆穷极奢丽。[①]

大成殿里供奉的是孔子"大成至圣文宣王"的牌位，是文庙的核心建筑，也是文庙内最神圣的殿堂。"大成"这两个字，最初是孟子对孔子的评价，赞誉孔子的才德学识，即"集大成者"之意。儒家文化早在公元前3世纪时便已经随着汉字传入朝鲜半岛，并对当时的朝鲜半岛产生了重大的影响。尤其是朝鲜李朝时期，为了巩固统治，将朱子理学确立为官方哲学，作为朝鲜统治阶级治理国家的重要依据。因此，朴趾源对热河的文庙非常关注，包括文庙中大成殿里的布局摆设都在作品中进行了详细的记载。

> 午后，三使臣入谒大成殿。朱子升享殿内十哲之下，神位皆红漆光润金字书，位版旁书满字。大成门外壁坎置乌石，刻康熙、雍正及今皇帝训谕，又刻御撰《学规》。庭中立碑，昨年所建，

---

① 《热河日记》卷二，《漠北行程录》。

亦御制。大成殿庭中，置香鼎，高丈余，刻镂神巧。殿内每位前，各置小香炉，刻"乾隆己亥制"。每位前，垂红云纹缎帐，两庑神位前所设制同。殿内崇严典丽，未暇名状。①

　　清代以前，承德经济发展落后，人口稀少，承德的教育主要兴起于清代。如前所述，承德避暑山庄的营建，一方面稳定了清代的边防，另一方面也使承德逐渐发展成为当时全国仅次于北京的第二大政治中心。承德避暑山庄的修建，推动了当地经济的发展，改变了承德原有的人口结构，同时也为承德的文化教育发展奠定了坚实的物质基础。清初，这里以蒙古人居多，随着承德的发展，大批人口从关内迁入这里，这里逐渐形成了满、蒙古、回、汉等多民族的聚居地。而热河文庙的修建，具有教化民众的重要意义，同时也促进了多民族文化的融合。

　　乾隆四十一年八月，承德已经是"户口日增，民生富庶，且农耕蕃殖，市肆殷阗，俨然成一都会"②。此时，清廷决定在承德府"设义学，延师训课，以励文风，并当建立学宫，酌定庠额，俾得借以上进"③，承德的地方教育由此发展起来，而承德地方教育发展的标志就是热河文庙的建立。清代重视儒家文化，热河文庙是清代在塞外的第一个建筑规模宏大的祭孔寺庙，是传播儒家文化的殿堂。乾隆皇帝在热河文庙竣工之际，亲自撰写了《热河文庙碑记》，还亲自主持了文庙的落成典礼，彰显了清代帝王对汉族文化以及对孔子的尊崇。

　　然而，在经历了漫长岁月的洗礼，热河文庙这座原本气势非凡的清代皇家庙宇已失去了往日的光芒，很多建筑都已残破不全。作为世界文化遗产避暑山庄的重要组成部分，热河文庙的保护与合理利用至关重要，得到各级政府的高度重视，这也是京畿地区文物工作的一项重要内容。朴趾源在《热河日记》中的详细记载，对热河文庙的修复工作非常重要，有助

---

① 《热河日记》卷二，《太学留馆录》。
② 道光《承德府志》卷10。
③ 道光《承德府志》卷12。

于热河文庙历史的真实、完整再现。

此外,朴趾源在作品中还详细介绍了北京的太学。孔庙(文庙)和国子监听起来是两个名称,实际上是一个整体,是封建帝王祭祀孔子的场所。庙学一体,左庙右学,构成了中国古代教育教化的核心,即孔庙国子监。国子监又名太学,是中国古代设立的最高学府,也是国家管理教育的最高行政机关。国子监与科举制度相伴而生,中国的科举制度起源于隋朝,终结于清末,国子监见证了科举制度的产生、发展和消亡。

> 皇城东北隅坊曰崇教,西牌楼街曰成贤,牌楼内皆书国子监。永乐二年,成左庙右学。宣德四年八月,修大成殿前两庑。先是,太学因元之陋,吏部主事李贤奏请修举,从之。正统九年正月,太学成,天子临视,只谒先圣,行释奠礼,退御彝伦堂,命祭酒李时勉进讲。弘治改元,驾临太学,有《圣驾临雍录》,具载敕旨、章奏、礼仪、文移、讲议、官职等事,太学仪制于时大备。万历庚子,圣殿易琉璃瓦,从司业傅新德请也。崇祯十四年,重修太学成。……余曩谒热河太学,制视京学。今周瞻庙貌,想因明旧,而较之太和殿,则虽似少巽,然制度之整齐则大同焉。庭除之辽阔,厢庑之周匝,亦非东岳庙之比矣。位板皆覆椟,冕垂黄帐。[1]

太学是中国古代最高的教育机构。同样,太学在韩国的教育历史中也占据着非常重要的地位,不仅是全国最高的教育机构,还是传承与弘扬儒家文化的重要载体。新罗神文王二年(682)设立国学,高丽成宗十一年(992)设立国子监,忠烈王三十年(1304)国子监改名为成均馆。成均馆原设立于当时高丽的首都开城,现位于韩国首尔特别市钟路区明伦洞。

成均馆就是文庙与国子监的统称,是当时国家的最高学府,也就是朝

---

[1] 《热河日记》卷五《黄图纪略》。

鲜的太学。成均馆的建筑布局与北京的庙学相似,但比中国文庙的规格要低一些,主要由以大成殿为主的祠庙和以明伦堂为主的学宫组成。成均馆大成殿供奉着 39 位圣人先哲的牌位,每年的阴历二月和八月,这里都要举行释奠祭礼仪式,即释奠大祭。释奠是古代在太学里祭拜先师圣贤的仪式。成均馆是研究和传播儒家思想的中心,朝鲜/韩国的释奠大祭,一直沿袭中国周代雅乐的规范,严格采用古礼。成均馆释奠大祭已被韩国政府指定为国家级 85 号重要无形文化遗产,体现了人们对儒家文化和儒家精神的传承与发展。

三、雍和宫

前面提到元明清三代中央最高学府国子监和祭祀孔夫子的孔庙,它们覆盖着标志中国封建社会等级最高的黄色琉璃瓦。而在这些建筑旁边坐落着的另一组古建筑群,与其风格迥异,辉煌庄严而又巍峨壮观,这便是凸显皇家气势的清代朝廷首寺——雍和宫。

雍和宫,位于北京城东北部,今安定门内,是北京规模最大、保存最完整的皇家寺院。它始建于康熙三十三年(1694),初为雍亲王府,雍正三年(1725),改王府为行宫,称雍和宫。乾隆九年(1744),雍和宫改为喇嘛庙,改建为藏传佛教寺院。改建后的雍和宫,仿照西藏地区各大寺不断完善其建制,设置了藏传佛教寺院特有的教育制度、佛教道场等。同时,雍和宫也是一座由皇帝为大施主的皇家寺庙,是清朝中后期全国规格最高的一座皇家佛教寺院。

藏传佛教是印度佛教与西藏本教结合而成的佛教流派,又称喇嘛教,产生于公元 8 世纪,后在蒙古等地逐渐盛行起来。清统治者为了笼络蒙古各部,采取尊崇藏传佛教的政策,一方面是为了安抚蒙古、西藏这些少数民族地区,巩固边疆的安定团结,维护清朝的政治稳定;另一方面,这也是封建社会帝王们的一种精神寄托,希望自己的王朝能够得到佛祖庇佑,国运永昌。清朝统治者在北京大规模修建藏传佛教喇嘛寺,促进了藏传佛教在北京的传播与发展。

雍和宫,现为北京著名的藏传佛教格鲁派寺院,与北京城内其他皇家建筑交相辉映,既体现了皇权与宗教的完美结合,也让北京城的皇家建筑风格更加多元多彩。朴趾源在北京期间,也专门参观了这座著名的皇家寺院。

　　雍和宫,雍正皇帝愿堂也。有三檐大殿,殿中塑金身。踏十二级胡梯,如入鬼窟。梯尽得楼,始见天日。楼之中央,四围阑干,窈虚如井,仅及金身下半截。又自此踏梯,如行漆夜,良久乃得八窗洞然。楼中井窈如下层,而金身要脊才见其半。又暗摸拾级,信足冥升,乃出上层,始与佛顶平。据阑俯视,风气凛冽,如万松送涛。所居僧皆喇嘛,三千人,顽丑无比,而俱曳织金禅衣。时方禺中,群僧鱼贯入一大殿。中列短脚床,床大如棋枰。一人一床,跏趺而坐。一僧响钟,众喇嘛一时诵梵。更与李译惠迪登大士殿,意谓通望九门,闾阎扑地,皇都全局当在眼底。及开窗,出临阑干,处处楼台,周遭重遮。巡阑一匝,反觉冈塞,而下视股栗,不可久居矣。①

　　根据这段内容的记载,朴趾源首先描述的应该是雍和宫内飞檐三重的万福阁。万福阁是一座木结构建筑,全阁三层,高 25 米,是雍和宫内最大、最辉煌的建筑。万福阁内巍然耸立着一尊用整根白檀木雕成的佛像,高 18 米,地下埋入 8 米,佛身宽 8 米,胸部在第二层,头部在第三层阁楼,也就是朴趾源所说的"乃出上层,始与佛顶平"。该佛像名迈达拉佛,是乾隆九年(1744)七世达赖喇嘛格桑嘉措(1708—1757)为祝贺雍和宫改寺向乾隆帝进奉的贺礼,用整棵名贵的白檀香木雕成。乾隆十四年(1749),万福阁竣工,乾隆帝将迈达拉佛供奉于阁中。这样高大威严、雕刻精致、装

---

① 《热河日记》卷五,《黄图纪略》。

饰华丽的木雕刻佛像,在中国,乃至在全世界都极为罕见。因此,这尊木雕刻佛像和紫檀木雕的五百罗汉山、铜铸照佛一起被称为雍和宫中的"三绝"。

乾隆帝将雍和宫改为喇嘛庙之后便开始重新规划,扩大规模,同时还从蒙古招喇嘛长驻于此。正如朴趾源所记载"所居僧皆喇嘛,三千人",这里主要是喇嘛们诵读经文、弘法布道的场所。这里需要注意的是,在朴趾源的眼中,这些喇嘛僧侣都是"顽丑无比"的,这与当时朝鲜社会排斥藏传佛教有关。与朝鲜的态度截然相反,乾隆四十五年,也就是朴趾源随朝鲜使团出使中国那年,为迎接六世班禅进京,乾隆帝又在雍和宫增建了班禅楼和戒台楼,这些都是乾隆帝对六世班禅的礼遇,也是对蒙古的一种怀柔政策。

雍和宫占地面积为 66400 多平方米,南北长约为 400 米,宫内的建筑严格按照南北中轴线、东西两侧对称的方式排列营建,中路的建筑主要包括牌楼院、昭泰门、天王殿、雍和宫殿、永佑殿、法轮殿、万福阁等。南北中轴线上的主体建筑采用金碧辉煌的黄琉璃瓦,东西配殿为素雅端庄的灰墙绿瓦,整体建筑规模宏大,富丽堂皇,有殿宇千余间,气势磅礴。而朴趾源却觉得雍和宫里的殿宇楼阁建筑太多,不仅影响了远望的视线,还让人觉得心中憋闷,同时建筑过于高大宏伟,"下视股栗,不可久居矣"。

朴趾源在记载雍和宫这段内容时,一改平日的风格,没有感慨建筑的宏伟壮观,也没有描述建筑的富丽堂皇,而是流露出对藏传佛教及喇嘛的排斥与反感。朝鲜李朝将儒家思想作为治国理念,推行"排佛崇儒"政策,认为儒学才是生活之道、治国之本,而佛教以空观涅槃为目标,脱离人类现实生活。正如《中庸》所说,"道不远人,人之为道而远人,不可以为道",道理应具有平常性和现实性。朴趾源作为朝鲜学者,同样深受"排佛崇儒"这一思想的影响,在《黄教问答》中就明确表示对佛教的排斥,将其视为异端之学。"敝邦虽在海隅,俗尚儒教,往古来今,固不乏鸿儒硕学。而今先生之问不及于此,乃反神僧之是询。敝邦俗不尚异端之学,则固无神僧,在固不愿对也。"①自高丽末期,随着性理学在朝鲜半岛的传播与发展,儒学便逐渐上升为国家的治国思想。朝鲜李朝近500年间,一直采取尊儒排佛政策,儒学的统治地位不可撼动,佛教、道教、西学,这些都被视为异端邪说。在这一点上,清朝统治者的宗教观念和宗教政策就表现得相对宽容。在清代,宗教一方面是精神信仰,另一方面也是巩固封建统治的工具。清朝统治者一方面积极推行儒家思想,倡导尊孔、读经,将其作为统治汉族文人的精神工具;另一方面,大力推崇佛教,尤其是藏传佛教,以此来笼络蒙古、藏等边疆少数民族。

朴趾源一行于八月初九抵达热河,初十日使团便接到圣旨,要前往扎什伦布寺拜见班禅。朝鲜人一直将佛教、道教视为异端,心里自然极为排斥,但皇命难违,十一日朝鲜正使朝觐乾隆帝以后便前去拜见班禅。然而在拜见班禅之前,军机大臣向朝鲜使臣提出要求,要对班禅行叩拜之礼。

> 军机大臣初言,皇上也叩头,皇六子也叩头,和硕额驸也叩头,今使臣当行拜叩。使臣朝既,争之礼部曰:"拜叩之礼,行之天子之庭,今奈何以敬天子之礼施之番僧乎?"争言不已。礼部曰:"皇上遇之以师礼,使臣奉皇诏,礼宜如之。"使臣不肯去,坚立争甚力。尚书德保怒脱帽掷地,投身仰卧炕上,高声曰:"亟去亟去!"手挥使臣出。今军机有言,而使臣若不闻也。提督引使臣至班禅前,军机双手擎帕,立授使臣。使臣受帕,仰首授班禅。班禅坐受帕,略不动身,置帕膝前,帕垂褥下。以次尽受帕,则还授帕军机,军机奉帕立侍于右。使臣方以次还出,军机目乌林哺止使臣,盖使其为礼,而使臣未晓也,因逡巡却步,退坐黑缎绣绌,次蒙古王下。坐时微俯躬举袂仍坐,军机色皇遽,而使臣业已坐,则亦无如之何,若不见也。②

---

① 《热河日记》卷三,《黄教问答》。
② 《热河日记》卷三,《札什伦布》。

这是朴趾源记载的当时朝鲜使臣在扎什伦布寺拜见班禅的一段内容。朝鲜使臣与军机大臣之间的争执、双方不同的态度反应、朝鲜使臣的装聋作哑等,朴趾源通过语言、动作等细致描写,将当时滑稽的场面描绘得惟妙惟肖。清统治者给予班禅极高的礼遇,命朝鲜使臣同样要对班禅行叩拜之礼,但这对于固守"排佛崇儒"思想的朝鲜人来说实难从命,最终使臣们通过装聋作哑化解了这场尴尬的危机,对班禅并未施叩拜之礼,而只是"仰首"拜见。退出大殿后,班禅赐予朝鲜使臣礼物,而这对于他们来说亦是头疼之事。"吾辈见番僧,礼殊疏倨,违礼部指导。彼乃万乘师也,得无有生得失乎?彼所给与物,却之不恭,受又无名,将奈何?"[①]对于朝鲜使臣来说,虽然最终并未对班禅行叩拜之礼,但是拜见班禅本身已经违背了朝鲜的统治理念,而此时又收到班禅的赠礼,收与不收都着实为难。最终朝鲜正使以寓居承德太学,即承德文庙为由,命译官将佛像暂时存放到他处。朝鲜使臣们在准备返回北京时,意将这些赠礼转送给译官,而译官也不愿接受。

清统治者大力倡导佛教、弘扬佛法,以此来巩固其政治统治,同时也达到教化百姓、稳定社会的目的。对于清朝统治者的这种做法,不仅朝鲜人排斥,中国的很多士人阶层也表示不满。朴趾源在中国交往的士人学者中有一位叫作奇丽川的满人。朴趾源虽然内心对满人较为反感,但奇丽川性格直爽,直言不讳,与奇丽川的交谈,总能让朴趾源心情愉悦。尤其是在对待藏传佛教这一问题上,二人的观点是一致。

> 余问:"公曾拜彼佛乎?"丽川曰:"非亲王额驸及蒙王,不可得见。"有又曰:"我是衣儒冠儒矣,平生不拜泥身古佛,何乃肉身假佛乎?"余视"有发"及"冠儒"等语,不觉失笑,乃大加墨圈。丽川似未解余旨,亦大笑不已,即烧投炕下。余曰:"公自言儒者,又言言称老比丘、有发僧,何也?责人佞佛,而以吾观之,公可谓

① 《热河日记》卷三,《札什伦布》。

假佛弟子,勉强学佛。"丽川大笑,大加墨圈于"假佛弟子",曰:
"使兄多财,吾必为之熟主顾。"余问:"什么?"笑曰:"善偿债。"又
曰:"韩昌黎暮境,竟悦禅旨。"余曰:"阳明学问虽偏,固不似昌黎
依稀。"丽川曰:"新建伯名理,颇胜其斥佛,深次肌骨,然其快人
心目,竟未似昌黎壮猛。"又曰:"岭云思家,关雪念马,已是追
悔。"余问:"当今文章巨公,亦有两老子比乎?"丽川不对,因漫书
曰:"空则是色,色则是空。"余曰:"我则是尔,尔则是我。"丽川前
执余手,良久,自指其心,又指余胸。因问曰:"彼僧状貌何如?"
余曰:"类如来尊者像也。"丽川曰:"当肥也。"大书"贪"字,曰:
"无不求,无不取。"余曰:"不像出家。不甚持戒否?"丽川曰:"无
不嗜者,马、牛、驼、羊、狗、猪、鹅、鸭,都吃。能吃全驴,故肥也。"
问:"贪色否?"曰:"此一字,竟不犯。"问法术神通,曰:"都无。"①

在当时的清代社会,班禅的身份极为高贵,一般只有王公贵族才有机
会拜见。满人奇丽川时任贵州按察使,其身份地位自然无法见到高高在
上的活佛。朴趾源有幸跟随使团亲眼见到了当时的六世班禅,这一点也
成了朴趾源与士人学者们交谈的一个重要话题。奇丽川认为,清廷给予
班禅的礼遇过高,其只不过是肉身凡胎,却被奉为活佛,在与朴趾源的交
谈中也毫不顾忌地表达了自己对这一"假佛"的嘲讽。

在当时实施高压政策的清朝社会,这些交谈的内容都是最为忌讳的
话题,朴趾源与奇丽川虽然相识时间不久,却能够敞开心扉,直言不讳。
朴趾源真实、直爽的性格也让奇丽川感动至极,"前执余(朴趾源)手良久,
自指其心,又指余胸",如同见到了久违的挚友和知己,从"失笑"到"大
笑",彼此信任,志同道合。

然而,作为实学思想家的朴趾源虽然也排斥佛教,但却能摒除心中的
偏见,对清朝统治者推崇佛教、兴建寺院,这种针对蒙古、藏边疆少数民族

---

① 《热河日记》卷三,《黄教问答》。

的怀柔政策给予准确的判断和评价。正是因为蒙古、西藏的特殊位置，清朝统治者才不得不对他们实行特殊的边疆政策，厚赐恩赏，以达到安抚的目的，确保边疆安定。当然，清统治者利用宗教治国安民有明确的原则，即宗教不得干涉国政，不得扰乱社会、惑乱民心，宗教不得高于王权，僧侣必须受政府管制。正是这种充满智慧的宗教政策，才让清代社会实现了多民族的大一统，确保了国家的长治久安，也促进了各民族文化的交流与融合，推动了中华文明的进步与发展。

总之，雍和宫不是一般意义上的皇家建筑，它有着重要的政治意义。它不仅是清朝统治蒙古、藏地区的政治象征，而且具备了真正意义上的佛教道场，在乾隆帝治理蒙古、藏等边疆地区的过程中起到了很好的纽带作用，为藏汉文化的交流与发展也作出了重要贡献。此外，雍和宫的建筑风格独具特色，因最初是作为王府修建的，在建筑格局上自然保留了王府的一些规制，后来改为喇嘛庙，用作皇家寺院。因此，雍和宫这一建筑群与传统的皇家建筑风格迥异，融合了汉、蒙古、藏、满等各民族的建筑艺术风格，为北京的皇家建筑增添了异域的风采。

第三章　博采众长的士人文化

　　清廷定都北京以后,随着社会的稳定、经济的发展,为了稳定人心,逐渐采取了文治的策略。全国各地的文人墨客汇聚于此,有力地推进了北京文化的进步与发展。清代的北京是一个多元的文化中心,这里既有灿烂辉煌的皇家文化,又融汇了历史悠久、文化底蕴丰厚的士人文化。士人文化与代表着皇家文化的满族文化相互融合、相互补充,满汉文化的交融逐渐成为清代北京的一种独特的文化审美。这里吸引了各地的文化精英,汇聚了来自大江南北的士人学子。

　　先进的科学技术、多彩的艺术文化、新潮的学术思想,古今中外的文化精粹汇集于北京,这里成为中外学者向往的文化圣地。而18世纪的朝鲜,始终奉行闭关锁国政策,致使社会经济发展滞后,社会矛盾不断尖锐。以朴趾源为代表的朝鲜北学派学者为改变朝鲜落后的社会现状,主张打破朝鲜传统的对清观,学习中国先进的科学技术与文化。也正因如此,朴趾源在燕行期间对中国的社会文化、国计民生尤为关注,而北京则是他们了解清代社会、了解中外先进文化的一个窗口。从琉璃厂与士大夫文人之间的交流,到琉璃厂的书肆文化,再到北京的天主堂,西方的科学技术与文化艺术等,朴趾源在作品中记载的这些内容,大大丰富了我们对北京文化的认识与了解,让清代的北京文化更加立体、形象地展现在我们面前。同时,朝鲜使臣将18世纪中国的先进文化和进步思想传播到朝鲜,促进了北学思想在朝鲜的确立与发展,让朝鲜固守百年的对清观发生了转变,也让中朝文化得以更好地交流与发展。

第一节　百家争鸣的宣南文化

北京文化是北京与地方文化相互碰撞、相互融合的产物,其最大的特点就是开放与包容,同时具有先进性与多样性。北京是南北文化的交汇点,既有北方文化的雄浑、粗犷与拙厚,又具有南方华夏礼乐文化的典雅、细腻与灵秀,这也正是北京文化与其他地域文化不同的审美特征。而代表着士人文化的宣南文化,更是汇集了南北士人的文化精髓,体现着海纳百川的中国文化。

清代,宣武门以南地区被称作"宣南"。宣南文化形成并发展于清代至民国,位于北京的宣武地区,以士人文化和平民文化为主要特色。从狭义上来说,宣南文化就是指清代北京的汉族士人文化。顺治五年(1648),清廷颁布谕旨,"满、汉分城居住",实行"旗民分治"的制度,规定"凡汉官及商民人等,尽徙南城居住"。汉族的士大夫和文人集中居住在外城的宣南地区,这里逐渐形成了具有独特审美的宣南文化。宣南浓郁的文化学术氛围吸引了全国各地大量的汉族士人聚居于此,这里也因此被称为"宣南士乡"。《呉尺偶闻》记载:"京师士大夫好尚,可以觇风气。"[1]北京的宣南文化走在时代的前沿,是北京文化的重要组成部分,也是中华传统文化的精髓。士人学者们在这里进行思想、学术与文化的交流,不仅促进了中国的学术与思想的发展与进步,还对邻国朝鲜产生了重大影响,尤其是推动了北学思想在朝鲜的扎根与发展。

一、南北士人的文化荟萃

宣南是清代北京士人居住最集中的地方,全国各地的士人聚集于此,他们的诗文中也常以"宣南"自署。《旧京琐记》中有记载:"旧日,汉官非

---

① 震钧:《呉尺偶闻》,卷七。

大臣有赐第或值枢廷者皆居外城，多在宣武门外，土著富室则多在崇文门外，故有东富西贵之说。士流题咏率署'宣南'，以此也。"[①]

清代，居住于宣南地区的士人主要包括汉族的朝官、京官，还有一些进京赶考的士子。顺治二年开科举，这一举措极大地笼络了汉族文人，一定程度上缓解了社会矛盾。以"修身、齐家、治国、平天下"为人生准则的儒生，为参加科举实现人生价值，从全国各地奔赴于此。他们汇集于宣南，吟诗品茗，交友唱和，促进了南北文化的交流与融合。

顺治年间，北京的士人主要以北方学者居多，而三藩之乱平定以后，南方学者开始不断增多，江南文化是中华文化的重要组成部分，其历史可追溯到春秋吴越时期。《清嘉录》记载："吾吴古称荆蛮，自泰伯、虞仲以来，变其旧俗，为声名文物之邦……迄于今，文采风流为天下冠。……昔颜子子游游圣人之门，列文学之科，流风渐被数千百年，天下皆以吾吴为文章渊薮。"早在3000年前，江南文化便与中原文化血脉相连，而随着政治中心的南移，江南也逐渐成为全国经济和文化的中心。自古江南出才俊，气候宜人、风景优美的江南为文人才子提供了广阔的创作空间。

到了清代，政治中心移至北京，江南的士人才子们纷纷前往，让北京的文化一时间活跃起来。如江苏昆山顾炎武、浙江秀水朱彝尊、浙江萧山毛奇龄、浙江杭州袁枚、湖南王夫之等，都是名噪一时的江南学者。而这些士人学者们的学术成就同样是朝鲜文人所追捧的对象，如顾炎武的《日知录》，朱彝尊的《日下旧闻》，以及袁枚的性灵诗等。袁枚在朝鲜文坛亦是备受推崇，朝鲜学者们出使中国，经常会利用各种方式来了解袁枚，并不惜重金购买其作品。《随园诗话补遗》写道："方明府（于礼）从京师来，说高丽国使臣朴齐家以重价购《小仓山房集》及刘霞裳诗，竟不可得，快快而去。"[②]袁枚追求个性自由，强调直抒情感，这一诗学观念对朝鲜文坛产生了极大的影响，朴趾源、李德懋等朝鲜学者在著作中都曾多次提到过袁枚，对他的创作和才识极为赞赏。

---

① 夏仁虎：《旧京琐记》，北京古籍出版社，1986，第88-89页。
② （清）袁枚：《随园诗话》，人民文学出版社，1982，第675页。

朴趾源曾这样评价过袁枚："六王才毕一椎来，山鬼无声白璧哀。尾蔗闲谈推第一，几人中土似袁枚。"[1]同时，他在《热河日记》中也详细记载了袁枚的《博浪城》一诗。[2] 李德懋也在诗话集《清脾录》中高度赞赏袁枚的诗作与才华。《清脾录》收集了从高丽到朝鲜五六百年之间的汉文诗歌，并加以批评论述，同时还记录着28条关于清朝诗人和诗歌的评论，其中就有关于袁枚的详细记载。袁枚字子才，李雨村称之曰："子才当今第一才人。子才著述甚富，年今七十余。以庶吉士改上元知县，官止于此。然天下知与不知，皆称道。"[3]

当然，除了这些著名的南方才子，这里也汇集了众多北方的杰出学者，如山东新城王士禛、山东曲阜孔尚任、河北沧州纪昀等。王士禛，字贻上，号阮亭，晚号渔洋山人，顺治十五年考中进士，留居京城。官至刑部尚书。继钱谦益之后，王士禛主盟中国诗坛四十年，他所倡导的神韵说，蕴含了中华礼乐文化的精髓，同时也影响了朝鲜文坛上百年。王士禛的诗歌创作在朝鲜文坛备受欢迎，他的著作《池北偶谈》《香祖笔记》成为朝鲜文人学习和模仿的经典之作。

"神韵"，指的是一种理想的艺术境界，其美学特征强调的是自然传神、韵味深远，追求清远自然的意境。王士禛在《池北偶谈》中具体阐述了"神韵"的特征与概念：

> 汾阳孔文谷云："诗以达性，然须清远为尚。"薛西原论诗，独取谢康乐、王摩诘、孟浩然、韦应物，言"白云抱幽石，绿筱媚清涟"，清也；"表灵物莫赏，蕴真谁为传"，远也；"何必丝与竹，山水有清音"，"景昃鸣禽集，水木湛清华"，清远兼之也。总其妙在神韵矣。神韵二字，予向论诗，首为学人拈出，不知先见于此。[4]

① 《燕岩集》卷四，《映带亭杂咏》。
② 《热河日记》卷四，《避暑录》。"真人采药走蓬莱，博浪沙连望海台。九鼎尚沉三户起，六王才毕一椎来。虎龙有气黄金尽，山鬼无声白璧哀。大索十日还撒手，如君终古尽奇才。"
③ 《青庄馆全书》卷三十四，《清脾录》。
④ （清）王士禛：《带经堂诗话》，人民文学出版社，2006，第73页。

可见，"清远"二字便是王士禛所倡导的神韵说的基本审美特征。王士禛强调创作上的清新自然，追求精神上的闲适淡雅，反对刻意雕琢词句，推崇自然天成之作。

王士禛的这一思想与朴趾源所提倡的"自然、真趣"的创作主张是一致的。朴趾源认为，"即事有真趣，何必远古抲。汉唐非今世，风谣异诸夏"①。对于文学创作而言，语言词句只是构成文章的基本要素，无需刻意雕琢，更不应该抄袭模仿。"文以写意则止而已矣。彼临题操毫，胡思古语、强觅经旨、假意谨严、逐字矜庄者，譬如招工写真，更容貌而前也，目视不转，衣纹如拭，失其常度，虽良画史，难得其真。为文者亦何异于是哉。"②文人在进行文学创作时，不要束缚于辞章句法，要自然真实地反映现实生活，抒发个人的真实情感即可。

这正是王士禛所说的"清远"的内涵，清新淡雅，不事精雕细琢，而又要悠远脱俗，不受世俗羁绊，清远兼备，才能让创作真正具有神韵。传统的文学创作如果拘泥于古法，在内容和形式上就会呆板生硬，毫无趣味可言。只有将作者的思想和情感真正地融入作品中，才能创作出具有真实性和感染力的文章来，这样的作品自然也就不乏趣味性。文学创作要以真实、自然为前提，客观真实地反映周围的世界，自然地抒发个人的情感，这样的作品才能具有自然清新、意味深远的神韵。

朴趾源的文学创作深受王士禛的影响。他在《热河日记》中多次提到王士禛及其著作，《金蓼小抄》便是王士禛《香祖笔记》的模仿之作。下面记载的是王士禛与朝鲜文人金尚宪(清阴)进行文学交流的内容。

> 及与俞笔语之际，为写柳惠风送其叔父弹素诗："淡菊衰兰映使车，淡云微雨九秋余。欲将片语传中土，池北何人更著书。"黄图问："'池北何人'是谁?"余曰："此用阮亭著《池北偶谈》载敝邦金清阴事也。"黄图曰：《感旧集》中有'讳尚宪，字叔度'。"余

---

① 《燕岩集》卷四，《赠左苏山人》。
② 《燕岩集》卷三，《孔雀馆文稿自序》。

曰："是也。'淡云轻雨小姑祠,佳菊衰兰八月时',是清阴作。阮亭《论诗绝句》:'淡云微雨小姑祠,菊秀兰衰八月时。记得朝鲜使臣语,果然东国解声诗。'惠风此作,仿阮亭也。①

王士祯活跃在京城诗坛四十余年,为人谦和,久负盛名,与众多的文人墨客诗酒唱和,交游切磋,而其中也包括当时一部分出使中国的朝鲜学者。明朝末年,金尚宪来到中国并与御史张延登一家结下文缘。而张延登是渔洋王士祯原配夫人张氏的祖父,王士祯也因此有机会认识金尚宪这位朝鲜文人,并通过其进一步了解到了朝鲜文坛的发展状况。王士祯对金尚宪的诗颇为推重,并在评论其诗学成就的《论诗绝句》中加以引用。《绝句》中的前两句引用的是金尚宪的诗句,王士祯在引用时对原来的诗句做了进一步推敲和润色,将金尚宪诗中的"轻雨"改为"微雨",将"佳菊衰兰"改为"菊秀兰衰"。由此可以看出,金尚宪的诗给王士祯留下了深刻的印象。同样,正是因为王士祯对朝鲜文人的重视和欣赏,朝鲜文坛对王士祯的好感也随之倍增。

朝鲜后期比较著名的诗人有李德懋、朴齐家、柳得恭、李书九。他们四人的诗选编辑为一书,名《四家诗集》(又名《韩客巾衍集》),朝鲜诗坛将他们称作"四家诗人"。四家诗人,18世纪朝鲜实学派文学的代表诗人,他们都是朴趾源的弟子,主张北学思想,积极接受清朝的先进文物制度,包括清朝的学术著作与诗文选集。钱谦益、王士祯、沈德潜、袁枚等中国文人的创作思想,对朝鲜四家诗人的文学创作及对清认识都产生了重要的影响,对朝鲜后期文坛的发展也起到了极大的推动作用。

二、传统与现代的文化碰撞

"包容"是北京精神中的一个重要内容,这种海纳百川的魅力在北京

---

① 《热河日记》卷四,《避暑录》。

文化中自古有之。北京的宣南汇集了中国大江南北的文人墨客、士人才子，而这里的文化也呈现出多彩的姿态，百花齐放、百家争鸣，既包含了古朴典雅的传统之韵，又兼具新潮前卫的现代之美，传统与现代在这里碰撞、交融，竞相绽放。

对汉族传统文化典籍的大规模整理和编纂，是清代北京文化的一个重要特征。清统治者自入主中原以来，为了稳定自己的统治地位，加强了对中原文学和文化的控制，进一步钳制人们的思想，特别是对当时的汉族文人。清统治者一方面大规模编纂典籍，如《古今图书集成》《明史》《康熙字典》《四库全书》等，另一方面则极力提倡复古文风和考据学，并且通过文字狱等政治手段严格控制人们的思想。《四库全书》编纂于乾隆年间，从 1772 年开始，经过十年编成。乾隆年间，参与《四库全书》编写活动的学者被分成 20 个官职，共 362 人。[1] 除此之外，还有誊录从事者 2800 多名，其他人员 1000 多名，此次编纂活动共出动人员 4200 多名。其中的大部分人居住在宣南，这也成为当时清代宣南地区的一大盛况。

《四库全书》关于诗歌的宗旨是"厘正诗体、崇尚雅醇之至意"[2]，这一点与朝鲜正祖"文体反正"的思想主张是一致的，因此也受到朝鲜文坛极大的关注。朴趾源在《热河日记》的《审势编》中详细阐述了对《四库全书》的认识和评价，认为这一行为是为了更好地统治汉人知识分子而进行的一种思想上的压制。对于这一点，中国的学者往往采取回避的态度，所以中国的史料中并未留下充分的论述，而朝鲜学者没有政治上的要求和限制，因此在这方面的史料记载可以丰富我们对四库学的研究。

《四库全书》是中国历史上最大的一部官修典籍，也是中国古代最大的一部丛书。《东华录》记载道："至书中即有忌讳字面，并无妨碍，现降谕旨甚明，即使将来进到时，其中或有妄诞字句，不应留贻后学者，亦不过将书毁弃，传谕其家，不必收存。与藏书之人，并无关涉，必不肯因此加罪。"

---

① 《四库全书总目》，卷首，其中陆费墀和王嘉曾是一身兼二职，所以实际人员为 360 名，中华书局，2003。

② 《四库全书总目》卷首，乾隆四十六年十一月六日谕，中华书局，2003。

清廷不仅通过各种手段笼络汉族知识分子,还实行文化上的高压政策,镇压知识分子的反抗,通过禁书、文字狱等文化恐怖统治政策,对士人学者们加以思想上的控制。很多士人学者为避免文祸,不得不将注意力从文学创作转向古籍文献的学习和整理上。当时参与《四库全书》修纂的纪昀、陆锡熊、戴震等都是汉族士人学者的代表,也是考据派的大家,他们指斥宋学,推崇训诂,在一定程度上大大推进了考据学风的发展。

　　考据学的兴盛与清代的文字狱及文化高压政策有一定的关联,但并不能简单地说考据学就是清代文字狱的产物。即使是在清代的高压政策下,汉人学者们也从未缺乏鲜明的个性和反叛精神,他们之所以专注于考据学,与考据学自身的生命力和魅力有关。考据学同汉学有着密切的关联,学者们潜心研究与中国汉族文化有关的经史、名物、训诂考据,是汉学家们使用的主要治学方法。清朝入主中原以来实行了一系列的改革措施,社会日趋稳定,经济迅速发展,迎来了清朝的全盛时期。而清朝统治者在实行文化高压政策的同时,还采取软硬兼施的怀柔策略,形成了与"乾嘉盛世"相对应的文化盛世。乾嘉时期组织人员大规模编纂《四库全书》、缮写《永乐大典》,清代的思想学术界也呈现出与清初不同的变化。乾嘉时期安定的社会环境和繁盛的经济发展,为学者们埋头于考据之学提供了良好的社会环境,他们批判明代以来盛行的阳明学和拟古文风,推崇以经学为主的汉代学术,考据学开始在清代的学术界占据主导地位。训诂考证、复归汉学导致了对于中国传统学术文化思想的一次空前的整理和总结,乾嘉考据学成为清代最主要的学术流派。①

　　当时中朝两国的学者们较为推崇的是顾炎武、朱彝尊、毛奇龄等考据大家的言论,尤其是顾炎武的《日知录》,该作品成为当时很多学者耳熟能详的作品。朴趾源在《热河日记》中记载了很多有关这方面的内容,并得出了"中州之士,勤于考据辨析"的结论。举人俞式韩与朴趾源在琉璃厂相遇,并引用《日知录》里的内容来论证朴趾源的第五代祖朴弥的一首诗

---

① 《中国全史》第 84 卷,《清代思想史》。

中的诗句与史实不符。

> 《明诗综》载余五世祖锦阳君《大同馆题壁一绝》："高句丽起
> 汉鸿嘉，宫殿遗墟草树遮。怊怅乙支文德死，国亡非为后庭花。"
> 高句丽起非在鸿嘉，乃汉元帝建昭二年。成帝鸿嘉三年，百济太
> 祖高温祚都稷山，先祖偶失点检。而俞式韩《球堂录》引《日知
> 录》用东史所证书大传，以辨此诗"鸿嘉"之误。中州之士，勤于
> 考据辨析，以为博雅类多如是。①

又如《黄教问答》中所记载的邹舍是，他认为当时的理学者们过分地
执着于理气和性命的研究，并没有从社会实际和实务出发。

> 今之学者，学贯天人，而不能治一郡；理察鸢鱼，而莫能办一
> 事。此个学问谓之理学先生。乡塾之间，禀质固滞，动止迂怪，
> 略习经传，粗通训诂，未尝不专席开讲。味陈腐为菽粟，稳补缀
> 为裘褐。子莫执中，反为守经；胡广处世，自谓中庸。此个学问
> 谓之道学君子。此犹无足道也。昔之异端，逃墨归儒，逃儒归
> 杨，反目分背，越肝楚胆。今之儒者，亡不出境，兜揽采地，益筑
> 六经，以坚其壁垒，时换群言，以新其旌旗。半朱半陆，具为逋
> 主。头没头出，遍是水泊，养蠹鱼为狐鼠，则考证为其城社，抑骐
> 骥为其骀驵(原文作"驽"——笔者注)驽，则训诂为其钳椷。②

所以在邹舍是看来，当时的理学者们只能称作"理气先生"或"道学君
子"，而那些所谓半程朱学半陆王学的儒生们，其实只不过是假借考据和
训诂来攻击别人并论证自己的学术观点。朴趾源借邹舍是之口表达了对
当时空谈空论的理学的批判，也由此进一步论证了在当时充满矛盾、渴望

---

① 《热河日记》卷四，《避暑录》。
② 《热河日记》卷三，《黄教问答》。

进步的社会背景下，以实用为宗旨，以"经世致用""利用厚生"为目的的"实学"登场的迫切性与必要性。

考据学最初的目的是希望通过学习古文经典，从中寻找救国之路，即"为政治而考据"。但随着清统治者高压政策的实施，当初以"经世致用"为目的的考据学风也随之发生了改变，从"为政治而考据"转向"以考据而考据"。这种以文献整理和典籍研究为主要内容的考据工作，虽然也存在着自身的价值，但是这种单一注重训诂考据的方式，使经典的挖掘不再具有本来的实际意义。但是，这种考据学风在一定程度上推动了18世纪清代文坛复古思潮的发展，尤其是乾嘉时期，不少文人埋头于古代辞章的研究和整理，复古的风气一度极为浓重。

在复古文风盛行的同时，以袁枚为代表的性灵诗派如同一股春风吹入清代文坛，给18世纪的清代文坛注入新的活力。袁枚倡导"性灵说"，他反对格调派的拟古和对文句的过分修饰，强调诗歌创作应该反映作者的心灵，突出自己的个性。"唐人学汉魏变汉魏，宋学唐变唐。其变也，非有心于变也，乃不得不变也。使不变，则不足以为唐，不足以为宋也。"[①]袁枚认为，考据窒息性灵，不利于诗歌的发展。时代变了，诗歌必然随之而变，这种变化是不以人的意志为转移的。

如上所述，南北各地的士人聚集于北京的宣南，他们丰富了清代北京的学术、思想与文化，同时北京这个文化醇厚、历史悠久的文化之都又为这些文人学者提供了更大的发展舞台。在这里，各地的文人学者可以自由地交流，可以接触到最先进的思想和学术，可以感受到最新潮的文化气息。也正因如此，北京的宣南才会更富有魅力和吸引力。它不仅吸引着大江南北的文人墨客，也成为国外的文人学者所向往的文学和文化胜地。

第二节　闻名中外的琉璃厂书肆

自元朝定都北京以后，元大都成为北京历史上第一次出现的全国政

---

① 《小仓山房文集》卷十七，《答沈大宗伯论诗书》。

治和文化中心。不仅如此,元大都商人云集,经济繁荣,也是闻名世界的国际化大都市。① 到了清代,统治者实行"满汉分城居住"的政策,满族贵族居住于北城,汉族士人多住南城,这里的南北主要是以宣武门、正阳门为分界线。其中,京城的士人学者及全国各地进京赶考的举子们汇集于宣南的琉璃厂,琉璃厂也就逐渐发展成京城士人文化的代表。

琉璃厂是北京的一条古老的文化街,分为东西两部分。清代,全国各地的士人学者们汇集于此,他们或是觅求善本,或是欣赏古玩,或是交流切磋,让琉璃厂呈现出前所未有的热闹景象。同时,这里也吸引了大量的外国学者。琉璃厂已经不再是一条普通的街市,这里有最丰富的藏书,有最前沿的学术交流活动,也是中国文化对外传播的窗口。

一、琉璃厂丰富的藏书

琉璃厂的历史可以追溯到辽、金时期,属于燕郊一个名为"海王村"的偏远村落。到了元代,这里开设了官窑,烧制琉璃瓦。明代建设内城时,因为修建宫殿,就扩大了官窑的规模,琉璃厂成为当时朝廷工部的五大工厂之一。明嘉靖三十二年(1553)修建外城后,这里变为城区,琉璃厂便不再烧窑,但"琉璃厂"之名却保留下来,流传至今。

清廷自入主中原以来,一直把科举作为选拔人才、安定民心的重要策略。清代会考三年进行一次,这些参加科举考试的士子集中在宣南地区,下榻于琉璃厂、大栅栏等地的会馆。全国各地来京参加科举考试的举人聚集于此,琉璃厂也逐渐演变成文人学者们进行学术交流的场所,成为一条富有文化底蕴的文化街。

朴趾源在《热河日记》中也详细记载了琉璃厂的历史与发展情况。

> 琉璃厂在正阳门外南城下,横亘至宣武门外,即延寿寺旧

① 北京市社会科学界联合会、北京市研究会等组编《史说北京》,中国人民大学出版社,2011,第99页。

址。宋徽宗北辕，与郑后同驻延寿寺。今为厂，造诸色琉璃瓦砖。厂禁人出入，燔造时尤多忌讳，虽匠手皆持四月粮，一入毋敢妄出云。厂外皆廛铺，货宝沸溢。书册铺最大者曰文粹堂、五柳居、先月楼、鸣盛堂，天下举人、海内知名之士多寓是中。[①]

朴趾源不仅叙述了琉璃厂的历史，还描述了当时琉璃厂书肆繁荣发展的盛况。清乾隆时期，琉璃厂已经发展成较大规模的文化市场，主要经营书画、古董、碑帖等各种文化器物。同时，这里还有着丰富的藏书，吸引着各地的学者前来交游，是朝鲜燕行学者了解中国文学思潮、购买图书典籍的必往之地。

琉璃厂藏书丰富，不仅收藏了中国著名的古文典籍，同时还有当时最新出版的各类书籍。朝鲜学者们来到琉璃厂，寻找他们需要的书籍并进行抄录整理，甚至不惜重金购买所需书籍和文物。关于琉璃厂的藏书，李德懋在《入燕记》中有非常详细的记载，共记录了当时琉璃厂 12 个书肆中的 130 余种珍本，这对于研究中国琉璃厂的书肆文化有非常大的参考价值。具体内容如表 2 所示：

表2 李德懋记录的北京琉璃厂相关书籍目录[②]

编号	书肆	书　名
1	嵩秀堂	《通鉴本末》《文献续纂》《协纪辨方精华录》《赋汇》《钦定三神》《中原文宪》《讲学录》《皇华纪闻》《自得园文抄》《史贯》《傅平叔集》《陆树声集》《太岳集》《陶石篑集》《升庵外集》《徐节孝集》《困勉录》《池北偶谈》《博古图》《重订别裁古文奇赏》《西堂合集》《带经堂集》《居易录》《知新录》《铁网珊瑚》《玉茗堂集》《传道录》《高士奇集》《温公集》《唐宋文醇》《经义考》《古事苑》《笠翁一家言》《猄园》《子史英华》

① 《热河日记》卷五，《黄图纪略》。
② 《青庄馆全书》卷六十七，《入燕记（下）》，正祖二年五月十九日。

编号	书肆	书　名
2	文粹堂	《程篁墩集》《史料苑》《忠宣公集》《栾城后集》《图绘宝鉴》《方舆纪要》《仪礼节略》《册府元龟》《独制诗文体明辨》《名媛诗钞》《铃山堂集》《义门读书记》《王氏农书》《山左诗抄》《墨池编》
3	圣经堂	《弇州别集》《感旧集》《路史》《潜确类书》《施愚山集》《纪纂渊海》《书影》《青箱堂集》《昭代典则》《格致录》《顾端公杂记》《沈确士集》《通考纪要》《由拳集》《本草经疏》《闲署日抄》《倪元璐集》《史怀》《本草汇》《曹月川集》
4	名盛堂	《寄园寄所寄》《范石湖集》《名臣奏议》《月令辑要》《遵生八笺》《渔洋三十六种》《知不足斋丛书》《隶辨》《益智录》《幸鲁盛典》《内阁上谕》《帝鉴图说》《臣鉴录》《左传经世抄》《理学备考》
5	文盛堂	《王梅溪集》《黄氏日抄》《食物本草》《八旗通志》《盛明百家诗》《皇清百家诗》《兵法全书》《虞道园集》《渔洋诗话》《荆川武编》《吕氏家塾读诗记》《本草类方》
6	经腴堂	《音学五书》《大说铃》《今诗篋衍集》
7	聚星堂	《安雅堂集》《韩魏公集》《吴草庐集》《宛雅》《诗词全集》《榕村语录》
8	带草堂	《尧峰文抄》《精华笺注、精华训纂》《渔隐丛话》《观象玩占》《篆书正》《明文授读》《香树斋全集》《七修类稿》
9	郁文堂	《赖古堂集》《李二曲集》
10	文茂堂	《埤雅》《许鲁斋集》《范文正公集》《邵子湘集》《阙里文献考》《班马异同》
11	英华堂	《帝京景物略》《群书集事渊海》《三渔堂集》《广群芳谱》《林子三教》《杨龟山集》
12	文焕斋	《榕村集》《名媛诗归》《觚剩》《穆堂集》

　　李德懋通过燕行先行者对琉璃厂已经有了一定了解。他先后九次往返琉璃厂，不仅记载了当时琉璃厂中所收藏的各种书目，连同书肆的店名

都进行了详尽的记载。在中国，关于北京琉璃厂书肆最详细的记载当数李文藻的《琉璃厂书肆记》，记录了三十余家书店，但其中未能发现李德懋所记载的文盛堂、郁文堂和文焕斋等相关内容。《琉璃厂书肆记》中虽然也有关于"嵩□堂"的一些记载，但中间的"□"字至今仍然空缺。根据李德懋的记载，这间书肆的名字应该就是"嵩秀堂"。李德懋对琉璃厂的书肆及所藏图书的记载，至今仍然是其他史料中找寻不到的珍贵资料，对清代书籍流通现状以及中外文化交流的相关研究具有非常重要的史料价值。

此外，李德懋还记载了探访琉璃厂五柳居书肆的情况，并结识了当时五柳居的主人陶正祥。陶正祥学识渊博，对书籍的涉猎十分广泛，五柳居内藏书丰富且多《经解》和《绎史》等稀有之本。李德懋多次前往五柳居购书，与陶正祥结下深厚情谊，并买到了《国朝诗别裁集》等难以寻觅的禁书。在李德懋看来，五柳居无疑是其中藏书规模最大、奇异书籍最多的书肆。

> 陶氏所藏，尤为大家，揭额曰五柳居，自言书船从江南来，泊于通州张家湾，再明日，当输来，凡四千余卷云。因借其书目而来，不唯吾之一生所求者，尽在此，凡天下奇异之籍甚多，始知江浙为书籍之渊薮，来此后先得《浙江书目》，近日所刊者见之，已是环观，陶氏书船之目，亦有《浙江书目》所未有者，故誉其目。[①]

陶正祥告知李德懋，第二天便会从江南运来四千余册的图书，李德懋惊讶于五柳居有如此数量惊人的书籍，对比当时的朝鲜连正规的书肆都不曾有，这对于李德懋来说无疑是巨大的文化冲击。通过这段内容，我们也可以得知，当时琉璃厂书肆中的大部分书籍均来自江南地区，江南是当时中国文化的发祥地，是中国书籍的宝库。另外，江南不仅藏书丰富，印

---

① 李德懋：《青庄馆全书》卷之六十七，《入燕记（下）》，五月二十五日甲申。

刷业也较为发达,数量庞大的书籍必然需要印刷业的支撑,这也是清朝的文化事业高度发达的重要原因。

琉璃厂内书肆林立,尤其是在乾隆年间,清廷编修《四库全书》期间,需要经史子集各类书籍,总编纂纪昀等以琉璃厂书肆为中心交换书籍。而琉璃厂的藏书无法满足当时的需求,因此在全国范围内开始大规模的征书活动,士人学者及各地的书商积极响应清廷的号召,从全国各地带来了大量的图书。一时间,天下典籍汇聚京城,琉璃厂的书业得到了前所未有的发展。琉璃厂藏书之富,"不啻为京朝士大夫作一公共图书馆"[①]。

琉璃厂书肆名声大噪,吸引了更多的文人墨客前来购书、交流,这里的文化氛围愈加浓厚。琉璃厂也随之发展为中外闻名的古文化街,成为北京文化最发达、藏书最丰富的场所。朝鲜大部分燕行使臣在抵达燕京之后,总会将琉璃厂作为他们结交中国文人学者以及购买中国文学典籍的宝地。

二、琉璃厂中朝学者的书籍交流

书籍是文化传播的一个重要媒介,自古以来中国的先进文化都是通过书籍传入朝鲜半岛的。购买、赠送书籍是中朝文人交流的一种重要方式。出使中国的朝鲜使臣大都以购书为乐事,明末清初学者陈继儒在《说库》中有记载:"朝鲜人极好书,凡使臣到中土,或限五六十人,或旧典,或新书、稗官小说,在彼所缺者,五六十人日出市中,各写书目,分头遇人遍问,不惜重值购回。故彼国反有异书藏本也。"

朝鲜使臣在中国主要通过两种方式获取汉文书籍,其一是中国朝廷直接赐予,其二是在中国境内购买或由中国文人赠与。第一种情况在清朝社会并不多见。据史料记载,当时大规模的赐书只发生过三次,传入朝鲜的汉文书籍主要依靠第二种方式进行。当时传入朝鲜的大量书籍中有

---

① 梁启超:《清代学术概论》,上海古籍出版社,2005,第 55 页。

一部分就是中国士人学者直接赠送的。朴趾源在《热河日记》中就记录了清代大理寺卿尹嘉铨将所作《九如歌颂》赠送给他的场景："纂《大清会典》时翰林编修官，皇帝同庚，故尤被眷遇，特召赴行在听戏，时进《九如颂》，皇帝大悦，八十一本首演此颂。盖皇帝平生诗朋云，送余《九如颂》一本，盖已自刊印。"①

在 18 世纪以前，朝鲜使臣的购书范围较小，主要购买的是已经流传于朝鲜的古文典籍。而进入 18 世纪，清廷实行宽大的对外政策，朝鲜使臣购书活动的规模进一步扩大。朴趾源在《热河日记》中多次提到琉璃厂，并在琉璃厂的六一斋结识了当时著名的清学者俞世琦。《避暑录》记载道："问：'书肆中有新刻《绘声园集》否？卷首有师、杨两序，亦有仆序。'黄圃即书'绘声园集'四字，送人文粹堂（书肆扁额）求之，还言无有。"②早在朴趾源入燕之前，清代文人郭执桓的《绘声园集》在朝鲜文坛就小有名气，并拜托朝鲜文人为其作品作序。朴趾源在《热河日记》中便记载了相关内容："寄其所著《绘声园集》刻本一卷，请余序之。观其集，清虚洒脱，类不火食者。"③

此外，朴趾源还专门为《绘声园集》写过跋文一篇，并在文中对郭执桓及其作品进行了高度的评价。

> 吾读《绘声园集》，不觉心骨沸热，涕泗横流。……封圭之诗盛矣哉。其大篇发韶濩，短章鸣璁珩。其窈窕温雅也，如见洛水之惊鸿；泓渟萧瑟也，如闻洞庭之落木。吾又不知其作之者子云欤，读之者子云欤。嗟乎！言语虽殊，书轨攸同。惟其欢笑悲啼，不译而通。何则？情不外假，声出由衷，吾将与封圭氏，一以笑后世之子云，一以吊千古之尚友。④

---

① 《热河日记》卷三，《倾盖录》。
② 《热河日记》卷四，《避暑录》。
③ 同上。
④ 《燕岩集》卷三，《孔雀馆文稿·绘声园集跋》。

朴趾源虽然与郭执桓素昧蒙面,但通过《绘声园集》这一部作品,便对其留下了深刻的印象,并为其写下了《澹园八咏》。只是遗憾的是,朴趾源入燕京时,郭执桓已去世六年,而且在当时最大的书街琉璃厂也未能求得《绘声园集》刻本一卷。

事实上,郭执桓之名最早是经由洪大容传入朝鲜文坛,其友邓汶轩将其作品《绘声园诗稿》寄于洪大容,并拜托洪大容为其作序,但洪大容最终将该诗稿交由在诗歌创作上颇有才华的李德懋,自己为其写下跋文一篇。[1] 国内有关郭执桓的记载并不太多,而通过这些燕行史料,我们对18世纪的中国文坛以及中国文学对朝鲜文坛的影响有了更加清晰的认识。

当然,任何一种交流都是相互的,中国书籍大量流入朝鲜的同时,朝鲜的书籍也传入中国。朴趾源在《热河日记》中指出,朝鲜书籍在中国刊印的情况十分少见,唯有《东医宝鉴》二十五卷在中国十分盛行,而且在中国刊印的印本十分精致。"今览此本,甚欲买取,而难办五两纹银,愤怅而归。乃誊其凌鱼所撰序文,以资后考。"[2]朴趾源入燕之后,虽然特别希望能够购买到此书,但是因为价格昂贵,高达五两白银,所以只能遗憾而归。

琉璃厂不仅有当时清代最新的文学作品,还藏有不少禁书,这也大大刺激了外国使臣们的购书欲望。《热河日记》中的赵主簿就是其中的一个典型。他随燕行使团出使中国二十余次,以北京为家,不惜花重金购买大量的中国书籍。

> 户前列十余盆花草,俱未识名。白琉璃瓮高二尺许,沉香假山高二尺许,石雄黄笔山高尺余,复有青刚石笔山,有枣根天成魁罳,以乌木为跗座,价银为花银三十两云。奇书数十种,《知不足斋丛书》《格致镜原》,皆值太重。赵君燕行二十余次,以北京为家,最娴汉语,且卖买之际,未甚高下。故最多主顾,例于其所

---

① 《湛轩书(内集)》卷三,《绘声园诗跋》:"邓汶轩寄其友郭澹园(执桓)诗稿,使余批之,余素不学诗,不敢妄言,炯庵李懋官为之评阅。"
② 《热河日记》卷四,《口外异文》。

居，为之陈列，以供清赏。[1]

赵主簿家宅中所珍藏的古玩和书籍大都购置于隆福寺和琉璃厂，而这里所说的"奇书"，即在朝鲜很难见到的书籍，有些是清朝最新出版的书籍，还有一些则是当时的禁书。18世纪，朝鲜使臣购书的对象更倾向于代表清代文坛最新思潮的文学经典，如清朝文人王士禛的《池北偶谈》《渔洋诗话》《感旧集》《居易录》等。除此以外，禁书也是他们关注的对象，如《古文奇赏》《昭代典则》《音学五书》《说铃》等。对于禁书，《热河日记》中有详细的记载。"鹄汀曰：'比岁禁书，该有三百余种，并是他君公顾厨。'余曰：'禁书何若是伙耶，总是崔浩谤史否？'鹄汀曰：'皆迂儒曲学。'余问禁书题目，鹄汀书亭林、西河、牧斋等集数十种。"[2]

在18世纪的清代社会，顾炎武、毛奇龄、钱谦益等人的数十本文集都被视作禁书。清代实行禁书等苛严的文化高压政策，被列为禁书的书籍有几百种，统治者禁止此类书籍在市面流通，也不允许朝鲜使者购买。尽管如此，朝鲜使者多次往返琉璃厂，买到了大量的书，其中就包括一些禁书。朝鲜学者李德懋在琉璃厂所抄录的一百多种书目中也包含多本禁书，他的《青庄馆全书》就收录有《带经堂集》《知新录》等禁书。朴趾源、李德懋这些朝鲜学者对当时的禁书状况并不完全了解，但通过与中国文人的文化交流，他们对18世纪中国的清代文坛有了更加深刻的认识和了解，这也是朝鲜使臣了解中国的一个重要途径。

朝鲜学者与中国文人的相互交流极大地促进了汉文书籍的东传，大量中国书籍传入朝鲜。当时朝鲜学者带回国的书籍内容十分丰富，涉及文学、地理、书法、绘画、农业、医药等领域，而其中以文学著作居多，从诗歌到小说，从复古到新潮，这些文学作品与文学思潮对朝鲜文坛的发展起到了极大的推动作用。

---

[1] 《热河日记》卷三，《还燕道中录》。
[2] 《热河日记》卷三，《忘羊录》。

第三节　中朝学者之间的文化交流

《热河日记》详细记载了朴趾源与中国士人学者之间的文化交流,主要以笔谈的形式收录在《粟斋笔谈》《商楼笔谈》《黄教问答》《太学馆录》《避暑录》《忘羊录》《鹄汀笔谈》《杨梅诗话》等篇章中。其中《粟斋笔谈》和《商楼笔谈》所记载的是朴趾源在盛京(沈阳)时与中国文人进行的交流(七月十至十一日)①。朴趾源将大量笔墨用来记载其在热河及北京逗留时与中国学者之间进行的交谈。在《黄教问答》《班禅始末》《忘羊录》《鹄汀笔谈》《太学留馆录》《倾盖录》《审势编》等篇章中,朴趾源记载了与当时的大学士尹嘉铨、王民皞、奇丽川、邹舍是等人进行的笔谈内容(八月九至十四日),这也是朴趾源在《热河日记》中所记载的大部分笔谈的内容。此外,朴趾源还分别于八月三日,八月二十至二十七日,在北京的琉璃厂与俞世琦等7位中国学者进行笔谈,这部分内容主要收录在《杨梅诗话》中。

朴趾源在热河寓居太学馆期间,与尹嘉铨、王民皞、奇丽川、邹舍是等学者结识,并展开了连续六天的笔谈,同时还在《倾盖录》中记载了关于这些人物的详细资料。朴趾源与这些学者一见如故、感情融洽,交谈的内容也较为广泛,包括了政治外交、社会文化、天文历法、音乐绘画等多方面的内容。如朴趾源在《太学留馆录》中记录了与王民皞、郝志成等人就儒家的传统礼法进行的讨论。

> 鹄汀曰:"《家礼》乃朱夫子未定之书,中国未必专仿《家礼》。"鹄汀曰:"贵国佳处,愿闻数事。"余曰:"敝邦虽僻居海陬,亦有四佳。俗尚儒教,一佳也;地无河患,二佳也;鱼盐不借他国,三佳也;女子不更二夫,四佳也。"志亭顾鹄汀,有相语云云者久之。鹄汀曰:"乐国也。"志亭曰:"女不更夫,岂得通国尽然?"

① 此部分笔谈内容主要记录了作者在沈阳期间与当地的商人就绘画艺术、古董鉴赏等方面的内容进行的交谈,不作为本书研究对象。

余曰："非谓举国,下贱氓隶尽能若是。名为士族,则虽甚贫穷,三从既绝而守寡终身,以至婢仆皂隶之贱,自然成俗者四百年。"①

　　王民皞,号鹄汀,是与朴趾源交谈最多的一位学者,朴趾源在作品中还专门写了《鹄汀笔谈》一篇,以作纪念。高丽末期,随着宋代程朱理学的传入,古代中国的女性贞烈观开始对朝鲜女性产生重要的影响。尤其是朝鲜李朝建立之后,为了维持社会秩序,强化了程朱理学,加强了忠、孝、节、义等儒教思想教育。旌表节妇烈女是朝鲜时期新王即位时的重要治国策略之一,烈女的旌表包括复户、免贱、免除差役等。朝鲜李朝的徭役繁多,期限不定,而一旦成为烈女不仅是自身的荣耀,也为全家免除了差役,这对于贫困百姓来说是非常有诱惑力的。这种制度化的推行模式,使传统的贞烈观在朝鲜社会中根深蒂固。朴趾源作为朝鲜北学派文人的代表,虽然较之于其他学者在思想意识方面有很大的进步,但在"女不更夫"这一问题上,同样还是固守着传统的封建礼教观念。当然,在"北学"和"西学"的影响之下,朴趾源逐渐改变了对封建礼教的认识,在其后期的作品中开始了对人性的重新审视,如在《烈女咸阳朴氏传》中就表达了作者对残酷的封建礼教的控诉。

　　朴趾源在作品中所提到的邹舍是这一人物,也非常值得关注。他因为相貌怪异、狂放傲慢,不避讳时论,行为粗犷,而被称为"狂生"。朴趾源也对其进行了相关评价:"观邹生,容貌磊砢,言辞放荡,似誉似嘲,变幻谲诡,全事侮弄。"②与其他学者相比,邹舍是的思想与言辞都较为自由。他通过对朱陆学的论述、对理学先生和道学君子的批判等,指出学术与思想应该随着时代的变化而不断发展,但世人却将时间和精力花费在研究无用的空理空论之上。这种进步思想在当时的清朝社会是极具冲击力的,自然也会受到大多数保守派的排斥。包括作品中所提到的郝志亭也劝朴

---

① 《热河日记》卷二,《太学留馆录》。

② 《热河日记》卷三,《黄教问答》。

趾源，"邹举人，狂士也，先生切勿再见"。

原大理寺卿尹嘉铨也是朴趾源重点介绍的人物，但其形象与狂士邹舍是截然不同，是一位典型的道学先生。尹嘉铨，乾隆年间的一位极负盛名的学者，官至三品朝臣大理寺卿，与乾隆皇帝同龄，然而最后却被卷入文字狱案，处以绞刑，与其相关的所有书籍均被销毁。朴趾源在《倾盖录》中详细介绍了尹嘉铨的籍贯、身份及外貌特征。在朴趾源眼中，当时已经七十岁的尹嘉铨"身长七尺余，姿貌雅洁，双眸炯然，不施鬓鬓，能作细书画，强康如五十余岁人"。朴趾源还将与尹嘉铨、王民皞交谈的内容整理在《热河日记》的《忘羊录》一篇中。朴趾源跟随尹嘉铨到其家中做客，尹嘉铨特意蒸了一整只全羊来招待，但因为沉浸于对乐律的古今异同的讨论之中，竟将蒸羊的事情全然忘记。朴趾源特意将这段谈话交流的内容以"忘羊录"为题整理成文。

《忘羊录》记载了朴趾源与尹嘉铨、王民皞对古代音乐知识的一些认识和讨论。如朴趾源在作品中问道："古乐终不可复欤？"王民皞则以音乐和美食为例，阐述了自己对古乐的认识。

> 夏之尚忠，殷之尚质，周之尚文，嬴氏之罢封建、坏井田，为千古罪案，然其实时运之所不得不然。刍豢，人之所同嗜也，至于久病之人，虽全鼎大羹，闻臭虚呕；虽草根木实，欣然接味。虽有善唱一曲，恒歌则座者皆起。法久弊生，不知更张者，谓之胶柱鼓瑟，此乃人情之所同然。故治非尧舜，则虽有《韶舞》，向背之间，神人难和，此圣人无奈乎世运之循环也。以上论运。且夫文字之生久矣，夫子之删述，即天地时运之一大变，固夫子不得已之事也。①

王民皞指出，夏之尚忠、殷之尚质、周之尚文，这些变化都顺应了时代

---

① 《热河日记》卷三，《忘羊录》。

的潮流。随着时代的变迁，人们对艺术的审美也会随之改变，这对于孔圣人来说也是无可奈何之事。

> 律吕之变，非乐器之罪。桑濮之间，其所吹者非管籥则已，如其所吹，必管籥也，其制宜唐虞之旧也。其所考者，非钟磬则已，如其所考必钟磬也，其律宜《韶》《濩》之遗也。然其所起之调出自某音，而连音和律，然后正奸始分；所合之腔感于何心，而缘心成曲，然后古今迥异。①

音乐同其他艺术一样，都是有生命的，需要不断地创新和改变。艺术是社会生活的反映，是对客观现实的再现。因此，它要反映时代的特征，也要符合人们不断提升的审美要求，这样的艺术才会具有永恒的生命力。这一观点与朴趾源所提倡的"法古创新"的创作思想是一致的。朴趾源认为，"古"与"今"并非完全对立，它们是相对存在的关系。随着时间的推移，存在的样相会发生变化；随着空间的迁移，语言和文章也会发生相应的改变。他指出："由古视今，今诚卑矣，古人自视，未必自古。当时观者，亦一今耳。"②文学创作需要创新，但这种创新并不是毫无根据的凭空想象，它必须建立在对传统文学作品学习和借鉴的基础之上，继承传统的优秀文学创作的精髓，同时根据现实的社会发展和时代的要求，进行相应的调整和创新。

> 天地虽久，不断生生。日月虽久，光辉日新。载籍虽博，旨意各殊。故飞潜走跃，或未著名。山川草木，必有秘灵。朽壤蒸芝，腐草化萤。礼有讼，乐有议。书不尽言，图不尽意。仁者见之谓之仁，智者见之谓之智。故俟百世圣人而不惑者，前圣志也；舜禹复起，不易吾言者，后贤述也。禹、稷、颜回，其揆一也。

① 同上。
② 《燕岩集》卷七，《婴处稿序》。

《热河日记》中的18世纪京畿文化研究

隘与不恭,君子不由也。①

天地万物生生不息,自然界中的一切存在都在不断地变化、发展,同时又不断地有新的生命出现。艺术创作亦是如此,而要做到"法古创新",就必须真实地认识这个世界,用"心"去观察,用"心"去把握其中的真谛。所谓"乐由心生",文学创作亦是如此,发乎心的文学作品才能够感染读者的情绪,才能够具有永不磨灭的艺术魅力,久远流传。

中国学者在与朴趾源这样的外国人交谈时,相对比较轻松。如王民皞所说:"公外国人,仆所以畅襟一泄。"但清朝严苛的高压政策,让他们在交谈时无法做到畅所欲言,依然会有诸多顾虑。如"烧投炕下"这一举动就说明了当时清朝的高压政策给中国学者带来的精神桎梏,即使像奇丽川这样性格豪爽的满人,在与人交谈时依旧非常小心,虽然偶尔会表达出自己的不满,但也会随即把纸撕掉、烧掉或吞下,以免招来杀身之祸。

朴趾源在与中国文人交谈时,仔细观察了这一动作细节,并在作品中多次记载。如郝志亭在与朴趾源的交谈过程中就多次出现类似举动。郝志亭在与朴趾源进行笔谈时非常小心谨慎,写完之后经常会立即将纸撕碎投入火中,甚至听到开门的声音也要赶紧将纸塞入嘴中。

> 邹生熟视余良久曰:"先生此来不畏暾人乎?"余问什么暾人。邹生曰:"杨琏真珈,复生于世。"王君色变若争言状。余虽不识其为何语,而但两人气色不好,似责让邹生。此际志亭还坐,视其纸,急手裂纳口嚼之,目视邹生,久无所语。②

清廷实行严苛的文化高压政策,禁锢了人们的思想,在文人学者中造成了极大的恐慌,这不仅是对人们思想的束缚,也是对中国文化的一种摧

---

① 《燕岩集》卷一,《楚亭集序》。
② 《热河日记》卷三,《黄教问答》。

残。然而，即使在这种极端的高压政策之下，也没有影响到中朝文人之间的友情。朴趾源在作品中详细记载了自己在离开热河返回北京时，中国学者为其送别的感人场景。

> 转辞王鹄汀，鹄汀流涕曰："千古诀别，只在此宵，况奈来夜月明何？"盖前日约十五日中秋月夕，会话明伦堂故也。往志亭所，志亭出他宿，极可怅惜。又往别尹亨山，亨山拭泪曰："吾年老，朝暮草露。先生方盛龄，设再至京里，当不无此夜之思。"把杯指月曰："月下相别，他日相思，万里见月，如见先生也。"①

虽然相处的时间不长，但正是因为彼此真诚，以及共同的文化认知，才能让彼此之间建立起深厚的感情。朴趾源在作品中不仅记录了自己与中国士人交流的场景和内容，同时也记载了早于朴趾源的其他燕行学者，如洪大容、李德懋、柳得恭等与中国士人交流的内容。如朴趾源在《避暑录》中写道："敝邦洪大容，乾隆丙戌随贡使入都，遇潘。其后继有相交者。仆虽未见，神情默契。潘工书画，尝自写桃柳，题诗赠洪曰：'吾家西子湖边树，浅碧深红二月时。如此江南归不得，软尘如粉梦如丝。'"②洪大容于1765年随燕行使团出使中国，在中国期间与清代的士人学者严诚、潘庭筠等通过笔谈进行交流，并建立了深厚的友谊。此外，《避暑录》还记录了李德懋向潘庭筠求诗的内容。李德懋在中国的交友也较为广泛，除了潘庭筠，还有李调元的弟弟李鼎元、纪昀、祝德麟、翁方纲等中国文人，也正因如此，李德懋的诗作在清朝诗坛才会脍炙人口，他的博学也在中国士人学者之间广为流传。李调元对李德懋的《青庄馆集》还专门作了好评："《青庄馆集》，造句坚老，立格浑成，随意排储，而无俗艳，在四家中当推手。"③李德懋通过与清朝士人学者的交游，确立了其在清朝文坛中所占

---

① 《热河日记》卷二，《太学留馆录》。
② 《热河日记》卷四，《避暑录》。
③ 《热河日记》卷四，《避暑录》。

据的一定地位。

外国使臣与中国官方的文化交流是非常有限的,而作为随行学者交流的机会更是少之又少。但在 18 世纪的清代社会,相对宽松的对外政策为这些外国学者提供了很多了解中国的便利机会,尤其是与中国文人学者的自由交流。也正因如此,才吸引了更多的朝鲜学者出使中国,了解中国。与中国学者面对面地直接交流,成为当时朝鲜社会进步学者的迫切愿望。他们通过与中国士人学者的笔谈与诗歌唱和,以及购书、赠书等方式,深入了解了中国的社会和文化,同时与中国文人之间建立了深厚的友谊。

第四节　水乳交融的中西文化

中西文化的并存也是北京文化的一大特征。北京这个大都市从不拒绝外来文化,而且还能够将外来文化吸收并发扬光大。因此,北京文化既体现了传统与现代的融合,又是中西文化的合璧。作为全国政治与文化的中心,这里不仅聚集了各地的士人才子,还汇集了古今中外优秀灿烂的文化和艺术。

西学东渐早在明末清初就已通过欧洲传教士传入北京。明万历年间,随着耶稣会传教士的到来,西方宗教开始传入中国。1601 年,传教士利玛窦来到北京,他不仅将西方的宗教文化带到北京,而且将西洋乐器与西洋油画带入中国。西方文化与科技艺术的大量传入,不仅丰富了北京的文化,还吸引了大量的外国文人学者。17 世纪上半叶,西方的先进文化通过中国传到了邻国朝鲜,而朝鲜的燕行使对西学的传入起到了重要的媒介作用。燕行使臣从中国带走大量的有关西学的书籍:一部分是有关天主教教理、哲学论理、道德修养的书籍,如《西学凡》《辩学遗牍》《二十五言》等;另一部分则是同天文、历法、地理、算术等西洋科学技术有关的书籍,如《天文略》《几何原本》《数理精蕴》《泰西水法》等。①

同西方的教义教理比起来,朝鲜社会更多关注的是西方先进的科学技术,朴趾源在《热河日记》中记载了很多这方面的内容。如《太学留馆录》记载了朴趾源与贵州按察使奇丽川对"地球说"的探讨,同时还进一步提出了"地动说"的进步主张。《鹄汀笔谈》对"地动说"也进行了详细的阐述。

> 鹄汀曰:"吾儒近世颇信地球之说,夫方圆动静,吾儒命脉,而泰西人乱之,先生何从也?"余曰:"先生则何信?"鹄汀曰:"虽未能手拊六合之背,颇信球圆。"余曰:"天造无有方物,虽蚊腿蚕尻雨点涕唾,未尝不圆。今夫山河大地,日月星宿,皆天所造,未见方宿楞星则可征地球无疑。鄙人虽未见西人著说,尝谓地球无疑。大抵其形则圆,其德则方,事功则动,性情则静。若使太空,安措此地,不动不转,块然悬空,则乃腐水死土,立见其朽烂溃散,亦安能久久停住。许多负载,振河汉而不泄哉。今此地球面面开界,种种附足,其顶天立地,与我无不同也。西人既定地为球,而独不言球转,是知地之能圆而不知圆者之必转也。故鄙人妄意以为地一转为一日,月一匝地为一朔,日一匝地为一岁。岁(岁星)一匝地为一纪,星(恒星)一匝地为一会。看彼猫晴,亦验地转。猫晴有十二时之变,则其一变之顷,地已行七千余里。"②

这一观点对"地圆说"做出了较为详尽的补充和完善,但由于朝鲜社会一直实行闭关锁国政策,因而对西学并未能全面地了解。"大约西人不言地转者,妄意以为若一转地则凡诸躔度,尤难推测,所以把定此地,妥置一处,如择木橛,然后便于推测也。"朴趾源以为西人仅仅是提出了"地圆

---

① 李元淳:《朝鲜西学史研究》,一志社,1986,第66-68页。
② 《热河日记》卷四,《鹄汀笔谈》。

说"，而朝鲜人却将其扩展为"地动说"。其实早在两百年前哥白尼就已经提出了"太阳中心说"，指出地球不仅能够自转，还能同时围绕太阳公转。而朝鲜社会由于长期对外实行封闭政策，因而西方先进的自然科学于两百年后还未能传入朝鲜。

洪大容曾提出"宇宙无限说"，朴趾源在此基础上具体分析了太阳和地球，以及月球和地球之间的关系，即太阳大于地球，地球大于月球。由此也可以看出，朝鲜在 18 世纪时即提出了天文学说。

朴趾源还承认宇宙的客观存在，认为宇宙是由微尘组成的，即承认万物起源的同一性。他在《鹄汀笔谈》中还指出：

> 既未及月宫一走，则安能知何样开界。但以吾等尘界，想彼月世，则亦当有物积聚凝成。如今大地一点微尘之积也，尘尘相依，尘凝为土，尘粗为沙，尘坚为石，尘津为水，尘暖为火，尘结为金，尘荣为木，尘动为风，尘蒸气郁，乃化诸虫。今夫吾人者，乃诸虫之一种族也。[①]

由此可见，朴趾源认为天地万物都起源于微尘，同时还揭示了风、雨、雪、雷、电等自然现象产生的原因。另外，朴趾源还由此引出了"人物性同"的思想论调，即所谓人类只不过是"诸虫之一种族也"。朴趾源在《热河日记》中费了大量的笔墨来记载与中国学者就天文知识所进行的探讨，但其根本目的还是通过这一科学的宇宙观来论证其"人物性同"思想的正确性与可行性。

1609 年，伽利略制成了第一架天文望远镜，并用该仪器进行天文观测，研究天象，西方的天文学也由此步入了一个新时代。早在明末，望远镜便已传入中国，但是中国的天文学界，并未对此加以仿造和合理的利用，该仪器在当时的中国也未能成为重要的天象观测工具。中国是世界

---

① 《热河日记》卷四，《鹄汀笔谈》。

上天文学发展最早的国家之一。《尚书·尧典》记载,公元前24世纪的尧帝时代,就已有年、月、日、四季等概念,设立了专职的天文官,并出现了我国最古老、最简单的天文仪器——土圭。明万历年间,以利玛窦为代表的西方传教士来到中国,他们在将西方教义传入中国的同时,也将西方的天文历法、科学技术带到中国。

明末清初,随着资本主义经济萌芽的发展,社会对天文学产生了新的要求,天文学研究风靡一时。但此时,"西学中源"思想的出现,让中西方天文学之间发生冲突和碰撞。虽然早在明末徐光启就已提出"欲求超胜,必须会通"[①]的观点,但是这一主张却被后世演变为"西学中源"。因此,17至18世纪中国的天文学,并没有合理地吸收西方天文学的精华,也未能更好地发展,致使中西天文学发展水平的差距越拉越大。

朴趾源通过与中国学者的短暂交谈,便已敏锐地捕捉到了中国天文学发展的弊端。他在《热河日记》中记载了中国学者王民皞这样一段话:"古之号精浑仪者,闳、张以外,有蔡伯喈,吴之王番。刘曜光初中,有孔定、魏太史令晁崇,皆得玑衡遗法。而宋元祐中,苏子容为宗伯时,参考古器,数年而成,及西术之来中国,仪器尽属笨伯。"[②]浑仪和玑衡都是中国古老的天文观测仪器,虽然中国的天文学发展历史悠久,也取得过辉煌的成就,但很多天文仪器并没有得到合理的改进和利用,与西方先进的仪器相比,这些传统的仪器只能成为古董,再无用武之地。

天主教虽然早在17世纪就已经传入朝鲜,但是到18世纪后期朝鲜天主教才得以创立。天主教堂对于当时的朝鲜使臣来说是一个既神秘又陌生的地方,很多朝鲜学者入燕之后都会特意到天主堂,如朴趾源所说:

> 我东先辈若金稼斋、李一庵,皆见识卓越,后人之所不可及,尤在于善观中原。然其记天主堂,则犹有憾焉。此无他,非人思虑所到,亦非骤看所可领略。至若后人之继至者,亦无不先观天

---

① 《徐光启集》,中华书局,1963,第374页。
② 《热河日记》卷四,《鹄汀笔谈》。

主堂。然恍忽难测，反斥幽怪，是眼中都无所见者。①

朴趾源亦是如此，自热河返回燕京，便匆匆忙去寻找朝鲜学者们笔下所记载的天主圣堂。燕行录中的很多作品，如金昌业的《老稼斋燕行日记》、洪大容的《湛轩燕记》、李德懋的《入燕记》等对天主堂都有所记载。这些内容在朴趾源的《热河日记》中也都有提及，天主堂是当时朝鲜使臣同外国传教士交流的主要场所。

朴趾源在《热河日记》中记载："宣武门内，东面而望，有屋头圆如铁钟，耸出闾阎者，乃天主堂也。城内四方皆有一堂，此堂乃西天主也。"②朴趾源在这里将该堂称为"西天主堂"，这一点是不准确的。根据朴趾源的描述，这里所提到的天主堂应该就是坐落在北京南面的"南堂"。南堂亦称宣武门天主堂，位于北京城的南面，俗称"南堂"，是北京城内历史最悠久最古老的天主堂，最早由天主教传教士利玛窦于明万历三十三年（1605）修建。清廷对内实行文字狱等高压政策，但对外来文化一直持相对开明的政策。自顺治帝入关至乾隆帝时期，西洋传教士先后在北京修建了四座天主堂，分别是南堂、东堂、北堂和西堂，而天主堂的修建也为朝鲜使臣与西方传教士的交往提供了便利的条件。朝鲜使臣来到中国，希望能够与西洋传教士直接接触和交流，同时他们对天主堂的西洋乐器、油画、仪器等也非常关心。

朴趾源在《热河日记》中专门写下了《风琴》和《洋画》两篇，记载对天主堂的印象。遗憾的是，南堂在乾隆乙未年（1775）因遭遇一场大火，很多仪器都被损坏。因此，朴趾源访问天主堂时无法亲眼见到朝鲜使者所描绘的奇妙的乐器"风琴"，便详细记载了洪大容对风琴的描述——"风琴之制"，以表达自己的遗憾之情。

---

① 《热河日记》卷五，《黄图纪略·风琴》。
② 同上。

中有筒如柱如椽者,鍮鑞为管,其最大之管如柱椽,簇立参差,此演笙簧而大之也。小大不一者,取次律而加倍之,隔八相生,如八卦之变而为六十四卦也。金银杂涂者,侈其外也。忽有一阵风声,如转众轮者,为地道宛转相通,而鼓橐以达气,如口吹也。继以乐作者,风入城道,轮囷辊辗,而簧叶自开,众窍嗷噪也。其鼓橐之法:联五牛之皮,柔滑如锦袋,以大绒索悬之梁上,如大钟,两人握索奋跃,悬身若挂帆状,以足蹋橐,橐渐蹲伏,而其腹澎涨,虚气充满,驱纳地道,于是按律掩窍,则无所发泄,乃激金舌,次第振开,所以成众乐也。今吾略能言之,而亦不能尽其妙。[1]

朝鲜因为长期实行闭关锁国政策,对西方的科学技术、文化艺术等了解其少。因此,这种不同于传统乐器而又能发出如此美妙之声的"风琴",自然成为朝鲜学者眼中的稀罕之物,而洪大容的这段描述也是朝鲜有关风琴的最早记载。直至19世纪末,风琴才传入朝鲜。朴趾源在这里记载,"堂毁于乾隆己丑,所谓风琴无存者",这与中国史料中的记载不符。前面已经提到,南堂在1775年发生火灾,即乾隆乙未年,而朴趾源所记载的是乾隆己丑年(1769),这一点有误。朴趾源在天主堂没有聆听到风琴的美妙之声,却详细记载了天主堂精美绝伦的壁画。

今天主堂中,墙壁藻井之间,所画云气人物,有非心智思虑所可测度,亦非言语文字所可形容。吾目将视之而有赫赫如电,先夺吾目者,吾恶其将洞吾之胸臆也。吾耳将听之而有俯仰转眄,先属吾耳者,吾惭其将贯吾之隐蔽也。吾口将言之,则彼亦将渊默而雷声。逼而视之,笔墨粗疏,但其耳目口鼻之际,毛发腠理之间,晕而界之,较其毫分,有若呼吸转动,盖阴阳向背而自

---

① 《热河日记》卷五,《黄图纪略·风琴》。

生显晦耳。①

这里介绍的是西洋画法中的写实技法，是明万历年间传教士利玛窦传入中国的。当时，以利玛窦为代表的西方传教士，向中国介绍圣母像的画法，这在 18 世纪的清代社会引起了不小的轰动。西方的这种写实的技法使绘画"写照如镜取影"，画中人物的耳目口鼻，甚至毛发腠理都极为清晰分明，给人一种迫近感。西洋画通过写实、凹凸、透视等技巧来凸显绘画作品的立体效果和真实性，这与提倡"写意之法"的东方传统画法大相径庭。在朴趾源看来，西洋的这种写实画法，有种身临其境的美感，不仅可以用眼睛去欣赏，还可以用耳朵听到，用心去感悟到。

朝鲜学者来到中国，在他们的眼中，辽阔的土地、雄伟的建筑、繁华的店铺、热闹的街道和车马，这些是中国文化的象征。同样，已经在中国扎根、融入中国文化之中的西洋文化，也成为一种固定的中国印象。

朝鲜李朝自经历了"壬辰"与"丙子"两乱之后，一直实行闭关锁国政策，朝鲜对西方科学技术和文化艺术的了解也多来自中国，可以说中国北京是朝鲜使臣了解西学的一个重要中转站。在朝鲜人看来，包括宗教、科技、文化、艺术在内的西方文化已经成为北京文化中的一个重要组成部分，也是北学派学者们北学中国的一个重要内容。

朝鲜使臣之所以能够自由地接触到西洋文化，其中一个重要原因就是清廷对朝鲜使臣所实施的宽松的政策。朝鲜使臣入关以后，清廷赋予他们极大的特权，除公事以外，朝鲜使臣甚至可以以私人的身份接触中国的官员和学者，在中国境内自由出行。特别是康熙帝以后，清廷对门禁的管理更加松弛，朝鲜使团可以自由地出入官舍，或带领随从人员出外游玩。洪大容记载道：

> 贡使入燕，自皇明时已有门禁，不得擅出游观，为使者呈文

---

① 《热河日记》卷五，《黄图纪略·风琴》。

以请或许之，终不能无间也。清主中国以来，弭兵属耳，恫疑未已，禁之益严。至康熙末年，天下已安，谓东方不足忧，禁防少解，然游观犹托汲水行，无敢公然出入也。数十年以来，升平已久，法令渐疏，出入者几无间也。[①]

正是因为清廷相对宽松的对外文化政策，才吸引了众多的国外学者来到中国，体验中国进步的社会文化，也正因如此，才让北京的文化更加丰富多彩。

① 《湛轩书外集》卷七，《燕记·衙门诸官》。

第四章　多姿多彩的休闲文化

　　康乾盛世百余年间，清朝的政治、经济、文化的发展趋于鼎盛。清朝社会国力强盛、社会安定，促进了社会人口的不断增加，城市市民阶层不断壮大。古代都城多为休闲文化发达之地，北京城可以说是辽金元以后中国城市休闲的典型代表。北京城作为清代的都城，是全国的政治中心，也是经济繁荣的大都市。城市经济的繁荣发展，满足了人们对物质生活的需求，随之而来的便是人们对精神生活的追求与向往。城市经济的繁荣发展，市民阶层的壮大，这些都是城市休闲文化发展的必要前提。随着清代社会经济的繁荣发展，京畿地区的休闲文化也发展到一个鼎盛时期。

　　休闲，是人们在闲暇时间所从事的消遣娱乐活动，休闲的目的就在于获取精神上的放松与愉悦。休闲是一种生活态度，同样也包含着深厚的文化内涵，是物质生活之外的精神生活追求，是一种较高层面的生活艺术。休闲作为人们的一种生活方式和文化现象，在中国传统文化中占有重要位置，成为中国丰厚的文化遗产。在清代，休闲娱乐的内容较为丰富，有皇家的狩猎、郊游活动，还有行宫、园林的避暑消闲，这些内容在第二章皇家园林部分有具体介绍，本章所提到的休闲文化是以社会大众和休闲文化创造者为主体的活动，包括戏曲、说唱、庙会娱乐、杂耍等上下阶层均可共享的休闲娱乐活动。乾隆年间，说唱艺术方兴未艾、戏曲文化蓬勃发展，再加上热闹繁荣的庙会文化，这些都是人们追求精神生活享受的有力印证，并最终成为京畿地区特有的一种休闲文化。

第一节　方兴未艾的说唱艺术

商品经济的发展，使市井百姓的生活水平不断提高，下层民众的审美意识不断增强，他们对文学作品欣赏的要求也不断提高。以说教为目的的正统文学无法满足大众的口味，人们更需要反映社会现实，以消遣娱乐为主要目的，可以满足大众阅读的通俗文学。而此时，具有民间文学色彩的说唱文学便得到了前所未有的发展机遇。清代的说唱文学，主要是为了满足城市百姓的精神需求，描写市井百姓的风土人情、生活百态，同时也反映出城市百姓的日常休闲娱乐生活。

一、文化高压政策下的通俗文学

文化是一个国家的软实力。它是一种无形的力量，蕴含着巨大的潜能，对国家和社会的发展能够产生巨大的影响。文化传统和民族精神融入每一个民族的血脉和灵魂之中，是民族发展、国家振兴的巨大精神力量。因此，文化政策对一个国家而言至关重要，对一国文化的发展有着深远的影响。

为了稳固统治，平定天下，清廷在文化上实行高压政策。一方面，清朝统治者"尊孔崇儒"，倡导程朱理学，"兴文教，崇经术"，通过开科取士、编纂大型书籍等笼络文人；另一方面，清统治者在思想文化领域内对民众进行严格的控制，以此来缓解由民族矛盾带来的文化冲突，大兴文字狱，用极端残酷的方式来震慑文人。可以说，文字狱是清廷控制文人尤其是汉人的一种手段。

从秦朝开始，不少朝代的统治者都大兴文字狱，以此作为强化思想、控制文人的手段，但是却没有一个朝代像清朝这样，利用文字狱来控制人们的思想，同时也消磨着文人学士在文学艺术方面的创造力。清代的文字狱持续时间之长、文网之密、案件之多、打击面之广、罗织罪名之阴毒、手段之狠,都是超越前代的。① 特别是乾隆年间,文字狱案达到了空前的状态,共发生了135起,"胡中藻狱案""钱谦益案"等大案均发生在乾隆年间。乾隆帝三十九年,上谕:"明季末造,野史甚多,其间毁誉任意,传闻异词,必有诋触本朝之语。正当及此一番查办,尽行销毁,杜遏邪言,以正人心而厚风俗,断不易置之不办。"②

文字狱在很大程度上钳制了人们的思想,使当时的文人不敢轻易发表自己的思想和主张。梁启超曾在《中国近三百年学术史》中做过这样的总结:"凡当权者喜欢干涉人民思想的时代,学者的聪明才力,只有全部用去注释古典。欧洲罗马教皇权力最盛时,就是这种现象。我国雍、乾间也是一个例证。"③文字狱的大肆兴起,使全国各地都充斥着以文肇祸的恐怖气氛,迫使知识分子远离现实。同时,文字狱进而引发了全国范围的禁书、焚书,尤其是《四库全书》的编纂,它虽然对中国典籍的保存具有非常重要的意义,涵盖了中国文化的精髓,却也是一个禁书、焚书的过程。清统治者利用编修《四库全书》的机会,大量销毁、窜改不利于自己统治的书籍,禁毁书籍达几千种。

朝鲜学者朴趾源,用其敏锐的洞察力,对《四库全书》进行了透彻、犀利的分析和评价。

> 呜呼,彼岂真识朱子之学而得其正也。抑以天子之尊,阳浮慕之,此其意徒审中国之大势而先据之,钳天下之口而莫敢号我以夷狄也。何以知其然也? 朱子尊中国而攘夷狄,则皇帝尝著论而斥宋高宗不识春秋之义,讨秦桧主和之罪。朱子集注群书,则皇帝集天下之士,征海内之书,为《图书集成》《四库全书》,率天下而唱之曰,此紫阳之绪言,而考亭之遗旨也。其所以动遵朱

---

① 胡奇光:《中国文祸史》,上海人民出版社,1993,第117页。

② 《东华录》乾隆帝,三十九年八月。

③ 梁启超:《中国近三百年学术史》,东方出版社,2004,第22页。

子者，非他也，骑天下士大夫之项，扼其咽而抚其背。①

　　朴趾源认为，所谓《四库全书》的编纂目的是更好地统治汉人知识分子，是对文人进行的一种思想上的压制。同时，朴趾源还进一步指出，清朝大举编纂《四库全书》，其实质跟秦始皇的"焚书坑儒"并无太大的区别，只是清朝统治者"其愚天下之术可谓巧且深矣"。他们打着"崇古右文之治"的旗号，来实现其树立权威、控制百姓思想的目的。

　　清朝统治者在全国范围内大肆实行文化高压政策，对中国的文学尤其是通俗文学的发展影响颇深。清朝统治者将小说、戏曲、民间说唱等通俗文学上升到政治高度来看待，对通俗文学实行严格的控制。康熙皇帝于康熙五十三年（1714）晓谕礼部："近见坊间多卖小说淫词，荒唐俚鄙，殊非正理；不但诱惑愚民，即缙绅士子，未免游目而蛊心焉。所关于风俗者非细。"②乾隆皇帝也曾就禁译《水浒传》一事告诫臣民："似此（《水浒传》）秽恶之书，非唯无益；而满洲等习俗之偷，皆由于此，如愚民之惑于邪教，亲近匪人者，概由看此恶书所致，于满洲旧习，所关甚重，不可不严行禁止。"③

　　以《水浒传》《西厢记》为代表的通俗文学作品，在明、清时期一直作为禁书存在。乾隆十八年（1753），乾隆帝发布上谕，严厉谴责将《水浒》《西厢记》等作品译为满文。此外，还要求八旗大臣、东三省将军、各驻防将军大臣等，"除官行刊刻旧有翻译正书外，其私行翻写并清字古词，俱着查核严禁，将现有者查出烧毁，再交提督从严查禁，将原板尽行烧毁"④。乾隆十九年（1754），清廷通令全国："《水浒传》一书，应饬直省督抚学政，行令地方官，一体严禁。"⑤清廷担心"满洲习俗纯朴，忠义案乎天性"的传统遭

---

① 《热河日记》卷四，《审势编》。
② 王利器：《元明清三代禁毁小说戏曲史料》，上海古籍出版社，1981，第27页。
③ 同上书，第43-44页。
④ 《大清高宗纯皇帝实录》卷四百四十三。
⑤ 《学政全书》卷七，"书坊禁例"。

到破坏,因此特别禁止满人接触这些"伤风败俗"的"淫词小说"。关外东北三省,特别是"盛京地方,乃本朝创业之地,关系甚重"①,故而查管尤严。

在中国文学发展的历史长河之中,传统的诗文辞赋一直被视为正统文学、主流文学,而通俗文学却一直被这些正统文学边缘化,被封建统治者和正统文人视为不登大雅之堂的稗官俚语。但是,随着通俗文学的发展,其社会影响力不断扩大,通俗小说作为一种新兴的文学样式日趋成熟,开始在文坛中显示出其特有的地位和价值。清朝统治者大兴文字狱,实行禁书、焚书等文化高压政策,但是却无法阻挡通俗文学发展的潮流,通俗文学在原有的基础上依然不断地发展壮大。只是在文字狱和禁书等高压政策下,通俗文学的创作内容和方向开始发生深刻转变。

这一时期的文人学者在日益严酷的文化高压政策下已不敢干预时政,他们将目光投向家庭伦理、人生道路以及人性等方面。小说等通俗文学的创作,由注重故事情节到深入人的情感和精神世界,开始更多地思考人生和人性问题。康熙、雍正时期,才子佳人小说风靡于世。到了乾隆时期,通俗小说空前发展,佳作迭出,艺术水平不断提高,社会影响也日益扩大。乾隆帝本身对《三国演义》《水浒传》《西游记》等通俗小说比较感兴趣,曾命大臣张文敏制诸院本进呈,其中有部戏"演唐玄奘西域取经事,谓之《升平宝筏》,于上元前后日奏之"。后来,他"又命庄恪亲王谱蜀汉《三国志》典故,谓之《鼎峙春秋》。又谱宋政和间梁山诸盗及宋、金交兵,徽、钦北狩诸事,谓之《忠义璇图》"。② 这些剧目都是根据《西游记》《三国演义》《水浒传》等小说改编而来的,在宫中经常演出。清朝统治者一方面三令五申颁布各种禁令,另一方面却无法抵挡通俗文学的艺术魅力。也正因如此,通俗文学在清代社会不仅屡禁不止,反而实现了空前的发展。

康乾盛世不仅带来了经济繁荣、国泰民安,还为文学的蓬勃发展提供了一片沃土,推动了文学与文化的空前发展,中国古代文学进入鼎盛期。

---

① 《大清世宗宪皇帝实录》卷三十一。
② 昭梿:《啸亭杂录》,中华书局,1980,第 377 页。

此时的中国文坛文人众多,风格多样,呈现出百家争鸣、百花齐放的繁盛景象。《儒林外史》和《红楼梦》这两部绝世佳作的出现,使长篇小说呈现出前所未有的光芒,这是通俗小说创作的历史性进步,也是中国古代文学发展的进步。18世纪的清代文学可谓集中国古代文学发展之大成,数千年的文学积淀使中国古代文学的发展达到了全盛期。

二、说唱艺术方兴未艾

任何事物的存在和发展都有着历史的必然规律,文学的发展同样如此。清廷实行苛严的文化高压政策,大力提倡"古学复兴",在一定程度上牵制了人们的思想,但却并未阻挡文学发展的潮流,特别是以小说、戏剧为代表的通俗文学,让它们在文学发展的长河中激起了朵朵绚丽的浪花。

通俗文学作为非正统文学的存在,一直受到统治阶层的排斥。然而随着社会商品经济的发展,下层民众的审美意识不断增强,对文学的要求不断提高。以说教为目的的正统文学已经不能满足大众的口味;相反,以消遣娱乐为主要目的,供大众阅读的通俗文学的传播和发展成为大势所趋。此时,具有民间文学色彩的讲唱文学也得到了前所未有的发展,呈现出新兴文学鲜活的生命力。

通俗小说在我国源远流长,而它作为一种文学术语,最早出现在明朝末年。冯梦龙在《古今小说·序》中写道:"茂苑野史氏,家藏古今通俗小说甚富,因贾人之请,抽其可以嘉惠里耳者,凡四十种,畀为一刻。余顾而乐之,因索笔而弁其首。"由此,"通俗小说"一词开始被正式使用,距今已有三百多年的历史。通俗小说以娱乐价值和消遣性为创作目的,主要为了满足大众的需要。正如《汉书·艺文志》所说:"小说家者流,盖出于稗官,街谈巷语,道听途说者所造也。"

18世纪的通俗小说中融入了更多抒情言志的因素,突出个性化的创作,小说的创作不再只是为了消遣娱乐,更多的是为了抒发个人的情感。《红楼梦》《儒林外史》等经典文学作品的出现,打破了通俗小说传统的创作模式,作者们在作品中书写自己的人生情怀与内心情感。清代士人丁秉仁曾在《瑶华传》中写道:"……至剑术亦如文人之笔,非此莫达我心曲。"[1]"达我心曲"可以说是18世纪中国文人对通俗小说的理解,也是他们进行小说创作的宗旨。因此,从一定程度上来讲,18世纪的通俗小说与传统的诗文创作达成一致,融入了更多抒情的因素,使通俗小说更加成熟和独立。可以说,18世纪是通俗小说创作的繁盛时期,使古典文学的创作又达到了一个巅峰,也推动了清代说唱艺术的发展。

说唱文学,又叫讲唱文学,是中国通俗文学的一个重要分支,也是中国文学中的一个重要组成部分。"讲唱文学"的概念最早由郑振铎先生提出。他在《中国俗文学》中指出:"(讲唱文学)不是戏曲;虽然有说白和歌唱,甚至演唱时有模拟故事中人物的动作的地方,但全部是第三身的讲述,并不是表演的。"同时,郑振铎先生还进一步强调:

> 这一类的讲唱文学在中国的俗文学里占了极重要的成分,且也占了极大的势力。一般的民众,未必读小说,未必时时得见戏曲的演唱,但讲唱文学却是时时被当作精神上的主要的食粮的……这是真正的像水银泻地无孔不入的一种民间读物,是真正的被妇孺老少所深爱的作品。[2]

说唱文学是一种特殊的通俗文学样式,它对于一般民众而言更具有吸引力,更容易被他们接受。

《热河日记》记载了一些与18世纪的说唱艺术相关的内容。《三国演义》《水浒传》《西游记》《西厢记》等文学作品虽然被清朝统治阶层列为禁书,但是却一直深受民众的喜爱,并在民间广为流传。朴趾源刚到中国就提到了《水浒传》的相关内容。

---

① 丁秉仁:《瑶华传》,辽沈书社,1993,第　　页。
② 郑振铎:《中国俗文学史》,商务印书馆,2005,第7-8页。

余呼一胡曰："盖俄者才学于时大也。"其人欣然舍桨而来。余腾身载其背，其人笑嘻嘻入船，出气长息曰："黑旋风妈妈这样沉挑时，巴不得上了沂风岭。"赵主簿明会大笑。余曰："彼卤汉不知江革，但知李逵。"赵君曰："所谓目不识丁，正道此辈。而稗官奇书，皆其牙颊间常用例语，所谓官话者是也。"①

《水浒传》虽然被视为禁书，但是在中国东北地区却依然流传。一般的平民百姓未必有条件去读小说，也未必能看到书中相关内容的演唱，尤其是这里所提到的船夫，目不识丁，并未亲自读过《水浒传》，却对其中的故事耳熟能详，能够随口说出作品中的典故，并称之为"官话"。由此可以推断出，当时类似的通俗小说作品，或是以讲唱或是以讲谈的形式在民间传播。讲唱艺术已经成为百姓的一种精神食粮。

此外，朴趾源在途经关帝庙时也亲眼看到了当地的百姓们观看说唱表演的场景，具体内容如下：

庙中无赖游子数千人，闹热如场屋。或习枪棒（原文作"捧"——笔者注），或试拳脚，或像盲骑瞎马为戏。有坐读《水浒传》者，众人环坐听之，摆头掀鼻，旁若无人。看其读处，则火烧瓦官寺，而所诵者乃《西厢记》也。目不知字而口角溜滑，亦如我东巷肆中口诵《林将军传》。读者乍止，则两人弹琵琶，一人响叠钲。②

《水浒传》《西厢记》在当时都属于禁书，而在这里却被公开传阅，同时还以说唱的形式公开演出，书中的内容被演绎得淋漓尽致。由此可见，在18世纪的中国，随着通俗文学的传播与发展，说唱艺术作为一种老百姓喜闻乐见的文学形式迅速发展起来，并受到清代社会大众的广泛接受与

---

① 《热河日记》卷一，《渡江路》。
② 同上。

欢迎。

清代社会是中国通俗小说发展史上的最后一个阶段,也是中国古代小说创作的全面繁荣时代。尽管在文字狱的阴影下,中国的小说创作也发生了深刻变化,但 18 世纪通俗小说的创作已经成为中国古典文学发展史上的一个重要里程碑,清代的文人将小说的艺术水平推向了一个前所未有的高峰。清代的文化高压政策使得与这些内容相关的记载在中国的文献资料中很少见。朴趾源作为一名外国文人,因不受身份上的限制和要求,将这一文化现象记载在《热河日记》中,这些内容对我们研究中国古代小说的传播史有着很大的价值和意义。

第二节　异彩纷呈的戏曲文化

经过康熙、雍正时期的休养生息,清朝的政治、经济、文化各方面发展都趋于鼎盛。城市经济的发展促进了市民阶层群体的迅速壮大,随之对精神生活上的要求也不断提高。社会的稳定和经济的繁荣为戏曲的发展提供了稳定的环境和必备的物质条件。乾隆时期,北京成为全国戏曲的中心,各地戏曲在此荟萃,京城的戏曲舞台异彩纷呈,戏曲文化得到了前所未有的发展。同时,北京的戏曲文化还呈现出高雅与通俗、贵族与平民、地方与京城等多元化发展的新景象,不同的戏曲文化在此碰撞与交融,并不断创新与发展,京城出现了全民观戏的壮观景象。

一、盛大的宫廷戏曲

清朝统治者崇尚戏曲,康熙、乾隆两位皇帝对戏曲尤为喜爱。康熙年间,清廷设立南府和景山等演剧机构,专门管理演戏、编戏和排戏等事宜,宫廷演戏之风极盛,每逢节日、庆典等都要上演宫廷大戏。康熙六十寿辰盛典时,京师九门内外张灯结彩,连台大戏上演多日,形成了盛大的观演景观。① 乾隆帝即位以后,对戏曲也尤为喜爱,再加上社会的稳定和经济的发展,清代的宫廷剧空前繁荣,将中国的戏曲文化推向一个新的高峰。

乾隆时期,除了一些承应喜庆、例行公事的戏曲以外,乾隆帝还亲自下令编演一些历史大戏,对当时及后世的戏曲发展影响颇深。当时最著名的历史大戏有张照主撰的《劝善金科》《升平宝筏》,周祥玉主撰的《鼎峙春秋》《忠义璇图》等。除此以外,乾隆年间还编写了一套较为完整的、更接近历史剧的短剧本,有《列国传》《建业升平》《唐传》《残唐传》《宋传》《明传》,可以说这些剧本以戏曲的形式构成了一部中国通史。② 随着戏曲剧目的不断丰富,负责宫廷戏曲演出相关事务的机构规模也在不断扩大。南府,是清代专门负责宫廷戏曲演出活动的机构,始建于康熙年间。乾隆年间,南府规模逐渐扩大,乾隆十六年(1751),下谕选征苏州籍艺人进宫当差。可以说,南府的设立促进了宫廷戏曲与民间戏曲之间的融合,为18世纪中国戏曲的蓬勃发展提供了有利的条件。

乾隆四十五年 (1780),为庆贺乾隆七十寿辰,在热河行宫的清音阁戏台举行大型的庆典活动。朴趾源在《热河日记》中详细记载了当时的盛况:

> 八月十三日,乃皇帝万寿节,前三日后三日皆设戏。千官五更赴阙候驾,卯正入班听戏,未正罢出。戏本皆朝臣献颂诗赋若词,而演而为戏也。另立戏台于行宫东,楼阁皆重檐,高可建五丈旗,广可容数万人。设撤之际,不相胃碍。台左右木假山,高与阁齐,而琼树瑶林蒙络其上,剪彩为花,缀珠为果。每设一本,呈戏之人无虑数百,皆服锦绣之衣,逐本易衣,而皆汉官袍帽。其设戏之时,暂施锦步障于戏台。阁上寂无人声,只有靴响。少焉掇帐,则已阁中山嵽海涵、松矫日蠹,所谓九如歌颂者即是也。

① 贾奋然:《北京审美文化史》,北京大学出版社,2013,第120页。
② 王政尧:《清代戏曲文化史论》,北京大学出版社,2005,第12-13页。

《热河日记》中的18世纪京畿文化研究

歌声皆羽调,倍清,而乐律皆高亮,如出天上,无清浊相济之音,皆笙、箫、篪、笛、钟、磬、琴、瑟之声,而独无鼓响,间以叠钲。顷刻之间,山移海转,无一物参差,无一事颠倒。自黄帝、尧、舜,莫不像其衣冠,随题演之。①

　　根据朴趾源的记录,当时演出的规模非常庞大,台上数百名演员,台下数千名观众,但整个演出秩序井然,无一处喧哗之声。"每设一本,呈戏之人无虑数百,皆服锦绣之衣,逐本易衣,而皆汉官袍帽。其设戏之时,暂施锦步障于戏台。"②演员阵容强大,服装考究,道具布景设计精巧,由此也可以看出当时宫廷剧发展颇具规模,演员训练有素,经验丰富。

　　此外,朴趾源还详细记载了乾隆帝万寿节时期,清朝大臣们精心准备的八十部大戏的名称,加上最后的"梅花炮",共称"九九大庆会"。

　　九如歌颂　光被四表　福禄天长　仙子效灵　海屋添筹　瑞呈花舞　万喜千祥　山灵应瑞　罗汉渡海　劝农官　檐卜舒香　献野瑞　莲池献瑞　寿山拱瑞　八佾舞虞庭　金殿舞仙桃　皇建有极　五方呈仁寿　函谷骑牛　士林歌乐社　八旬焚义券　以跻公堂　四海安澜　三皇献岁　晋万年觞　鹤舞呈瑞　复朝再中　华封三祝　重译来朝　盛世崇儒　嘉客逍遥　圣寿绵长　五岳嘉祥　吉星添耀　缑山控鹤　命仙童　寿星既醉　乐陶陶　麟凤呈祥　活泼泼地　蓬壶近海　福禄并臻　保合大和　九旬移翠巘　黎庶讴歌　童子祥谣　图书圣则　如环转　广寒法曲　协和万邦　受兹介福　神风四扇　休征叠舞　会蟾宫　司花呈瑞果　七曜会　五云笼　龙阁遥瞻　应月令　宝鉴大光明　武士三千　渔家欢饮　虹桥现大海　池涌金莲　法轮悠久　丰年天降　百岁上寿　绛雪占年　西池献瑞　玉女献盆　瑶池杏世界　黄云扶日　欣上寿　朝帝京　待明年

---

① 《热河日记》卷四,《山庄杂记》。
② 《热河日记》卷二,《驲汛随笔·戏台》。

图王会 文象成文 太平有象 灶神既醉 万寿无疆①

朴趾源对这些戏本名目的详细记载,对于研究清代的宫廷戏曲文化也有着非常重要的意义。此外,当时宫廷剧演出的戏台修建得也着实宏伟壮观,典雅精致。承德当时是清代第二个政治和文化中心。因此,为了满足帝王和王室成员对戏剧欣赏的需要,避暑山庄内建有五处皇家专用戏楼。清音阁戏台建于乾隆十九年,是一座三层楼阁式大戏楼,位于德汇门东宫内,主要用于大型庆典和皇帝寿辰时演戏活动。

另外,朴趾源对当时精美绝伦的演出效果也是大为惊叹,"歌声皆羽调,倍清,而乐律皆高亮,如出天上,无清浊相济之音"。清音阁造型独特,戏台上有三口天井,地板下有五口地井,一口有水,其余全是枯井。天井和地井的巧妙搭配,大大地提高了演出的效果,尤其是演出时的音响效果,是专供演出"九九大庆"及"连台本戏"之类的大戏使用的戏台。舞台上演员队伍庞大,各种乐器同时演奏,但是却能够做到"山移海转,无一物参差,无一事颠倒",音律和谐而优美,如天籁之音一般。

二、热闹的民间演出

在清代,宫廷戏曲空前发展,民间戏曲文化也盛极一时。朴趾源在《热河日记》中记载了很多有关戏曲文化的内容,无论是在城镇还是在乡间,戏曲活动都十分活跃。朴趾源在留宿通远堡时记载道:"主人粗卤,目不识丁,而丌上犹有《杨升菴集》《四声猿》。"②《四声猿》是明代才子徐渭的戏曲集,包括《狂鼓史渔阳三弄》《玉禅师翠乡一梦》《雌木兰替父从军》《女状元辞凰得凤》四部短剧,是明代杂剧中的杰作。王骥德曾经这样评价《四声猿》,"徐天池先生所为《四声猿》,而高华爽俊,瑰丽奇伟,无所不

---

① 《热河日记》卷四,《山庄杂记》。
② 《热河日记》卷一,《渡江录》。

有，称词人极则，追躅元人！……故是天地间一种奇绝文字"①。

18世纪的朝鲜依然盛行着传统的对清观，对中华和夷狄存在着强烈的纷争，"中华"代表的是文明的世界，而"夷狄"则代表了野蛮。朝鲜一直将明朝视为中华正统文化的象征，而明朝灭亡以后则将自己视为明朝衣冠的继承者，称自己为"小中华"。"尊周思明"的思想一直在朝鲜徘徊，朝鲜使臣在给清廷朝贡的时候，还依然身着明朝的服饰。朴趾源在这里所提到的这家店主，虽然目不识丁，但为了投朝鲜使臣所好，将明代著名文集藏于屋内，且房间的摆设布局也遵循明制。"明制椅卓屏障，俱有雅致，不似穷边村野气。余问尔家计粗足否。对曰：'终岁勤苦，未免饥寒。若非贵国使行时，都没了生涯。'"②由此也可以看出，当时的朝鲜使臣频繁往来于中国，使燕行沿线出现了一些专门靠接待朝鲜使臣为生的百姓。

此外，清代施行严苛的文字狱，明代的诸多作品作为禁书不得流传，然而像《四声猿》这类明代浙江曲家创作的剧本，竟依然在东北民间流传，一方面可以看出这些书籍的影响之广，另一方面也可以了解到清代的高压政策在东北这些偏远地区并没有想象中那么严苛。

朴趾源在燕行途中还详细观察了当时各地的戏台及观众。

> 寺观及庙堂，对门必有一座戏台，皆架七梁，或架九梁，高深雄杰，非店舍所比。不若是深广，难容万众，凳桌椅兀，凡系坐具，动以千计。丹雘精侈，沿道千里，往往设芦簟，为高台，像楼阁宫殿之状，而结构之工，更胜瓦甍，或扁以中秋庆赏，或扁以中元佳节。小小村坊，无庙堂处，则必趁上元、中元，设此簟台，以演诸戏。尝于古家铺道中，车乘连络不绝，女子共载，一车不下七八，皆凝妆盛饰，阅数百车，皆村妇之观小黑山场戏，日暮罢归者。③

---

① （明）王骥德：《曲律》卷四。
② 《热河日记》卷一，《渡江录》。
③ 《热河日记》卷二，《驲汛随笔·戏台》。

由此可见，当时民间的戏曲文化也在蓬勃发展，到处都有戏台，且具有相当规模，可容纳千万名观众，如同楼阁宫殿一般壮观。没有庙堂的小村庄，每逢节日，也要搭建戏台演出。此外，朴趾源还特意强调一点，观看演出的观众中以女子居多，且个个盛装打扮，成群结队，乘车去观戏。戏曲演出从白天一直到傍晚，场面热闹非凡。

古代社会，最初只有统治阶层、贵族阶层才有资格和条件享受娱乐文化。随着商品经济的发展，人民生活水平的提高，百姓们也开始追求精神上的娱乐享受。乾隆年间，国家安定，社会富足，为戏曲等娱乐文化的发展提供了更广阔的空间。此时，女性同男性一样，都渴望有更多的娱乐。然而，女性深受受封建礼教的束缚，封建士大夫们绝不会轻易容忍女性在大庭广众之下与男子摩肩接踵。女性观戏禁忌已成为古代戏曲禁毁文化中的一项重要内容，被认为是伤风败俗之举。康熙五十六年（1718）十二月初十日，朝廷曾颁布《藩宪岁暮劝谕民事十二款告示》，规定"妇人女子，无论大家小户，皆当不出闺门"。男女一同观戏，有失体统，女性乘坐车轿去观戏同样败俗伤风。"妇女台前看戏，车轿杂于众男子中，成何风伤！"①而且戏曲本多为"淫词艳曲"，如《西厢记》《牡丹亭》本就被视为禁书，妇女们经常观看必然会被其迷惑，败坏门风。戏剧禁毁之于女性，以清代最为严苛，从寺庙、广场等公开演剧场所，到商业性的茶馆、戏楼，几乎所有可能演戏的地方都有条条禁律限制着女性的出入。然而，朴趾源在中国所看到的妇女观戏的景象与当时清代的规定截然相反，不仅成群结队，还乘坐车轿，盛装出席。

可见，在中国，戏曲文化空前繁荣，此时完全把女性排斥在剧场之外已不现实，清廷虽对女性观戏有严苛规定，然而地方管理相对松散，女性可以自由出入欣赏戏曲表演，而且与男性相比，他们更加渴望这种精神上的娱乐和享受。正是百姓的这种需求，才促进了民间戏曲文化的蓬勃发展。戏曲文化已经不只是一种文化艺术，它已经深深地扎根到民众的心

① （清）申涵光著、刘承干校：《荆园小语》，民国十年（1921）刻本，第 18 页。

中,成为当时民众休闲娱乐的一个重要内容。

朴趾源在《热河日记》中多次记载了入关以后百姓观戏的场景。进入河北玉田县,"行至龙泣庵,庵前大树下十余闲汉纳凉。有弄兔者,又有弹吹,方演《西游记》"①。进入三河县境内时,他发现百姓们看戏的热情更高,且剧目更加丰富,处处搭建着戏台,无比热闹。"道旁连簟蔽阳,处处设戏,有演《三国志》者,有演《水浒传》者,有演《西厢记》者,高声唱词,弹吹并作。"②

这些演出,一方面满足了当地老百姓的文化娱乐需要,另一方面也为远道而来的客商们提供了休憩娱乐的场所。

18世纪,清廷实行文化高压政策,推行文字狱,然而却无法阻挡通俗文学在民间的传播,《西游记》《西厢记》等文学作品在清代都被列为禁书,但是却深受百姓的喜爱,并以多种形式在民间流传。《忘羊录》中有一段关于朴趾源与中原士大夫王鹄汀交谈的内容,其中王鹄汀提到:"如近世杂剧演《西厢记》,则倦焉思睡,演《牡丹亭》,则洒然改听。此虽闾弄鄙事,足验民俗趣尚随时迁改。"③通过这部分内容我们可以看出,《西厢记》本被视为"淫词艳曲",禁止公开阅读与传播,但在中国各地依然备受欢迎,而且在江南地区,观众们听此曲便"倦焉思睡",大家更多追捧的是《牡丹亭》这类作品。由此可见,《西厢记》这类作品在江南地区的上演过于频繁,因此才会让观众们兴致索然。

清代北京的戏曲文化蓬勃发展,南戏北上,各地戏曲汇集于京城,南北文化也得以进一步交流与融合。当然,这些地方戏曲进入京城以后,为了满足京城百姓的审美需求,在保留地方戏曲特色的同时,也要进行一些调整和改进。戏曲的风格也要尽量做到雅俗共赏,只有"民俗趣尚随时迁改",才能适应观众的欣赏水平。

通过朴趾源在《热河日记》中的记载,我们可以看出,在中国,戏曲文

---

① 《热河日记》卷二,《关内程史》。
② 同上。
③ 《热河日记》卷三,《忘羊录》。

化已经深入人心,各地戏曲文化都得到了空前的发展。同时,朴趾源又通过介绍南北戏曲文化的差异、百姓们审美水平的不同,进一步指出南北文化的不同特点,以及南北士人不同的思想认识。他在《审势编》中指出:"东南开明,必先天下有事情,喜轻浮而好议论。"[①]南方地区相对于中国其他的地区来说,在思想上更加开明一些,言论上也更加自由活跃,对清廷的抵触情绪也更加强烈。清朝统治者都曾多次下过江南,尤其是乾隆时期,曾经六次下江南,一方面是为了安抚民众,另一方面也是为了具体把握南方文人的最新动向,掌控南方地区民众的思想言论。

朴趾源在中国滞留的时间不长,但是通过其细心观察,以及与中国文人的交谈,对清廷统治中原的基本思路把握得非常清晰。清朝社会大兴文字狱,很多通俗文学相关内容在文献资料中都没有记载,尤其是一些与禁书相关的内容,而朴趾源在《热河日记》中的相关资料,对于我们了解中国文学,乃至18世纪整个中国社会的发展现状都有很大的帮助,从一定程度上弥补了我国文献资料的不足。

第三节　日新月异的庙会文化

庙会,始称"社祭",源于传统民间宗教活动,是一种祭祀神灵的信仰仪式。庙,最初的含义是祭祖的场所,即宗庙。庙会,一般而言,是指围绕着庙宇所发生的群体性信仰活动。[②]庙会最初是以集市的形式出现的,就其最初的功能而言,主要是用于娱神,然后逐渐增加了娱人和经济的功能。民众的娱神活动可以追溯到原始社会时期对自然神和民族守护神等神灵崇拜的原始宗教活动。伴随着商品经济的不断发展和人口的快速增长,因庙为市的集市规模不断扩大,制度不断完善,庙会的举办形式也逐渐趋于成熟,形成了定期庙会、节日庙会等多种分类。此时,庙会已由单一的宗教信仰逐渐演化成兼具宗教、娱乐、商业等多种功能。

---

① 《热河日记》卷四,《审势编》。
② 高有鹏:《庙会与中国文化》,人民出版社,2008,第4页。

北京有近千座寺庙。庙会文化是北京城独具特色的民俗文化,蕴含着丰富的文化传承和民族精神。北京庙会是北京千百年来的社会活动之一,是中华传统文化的重要组成部分。庙会文化是陈列在广阔大地之上的文化遗产,它不仅拥有厚重的历史,蕴含着中华民族的文化精神,同时还要面向现在和未来。我们要弘扬中国传统文化,展示中华文化的独特魅力,通过文学典籍,让书写在古籍里的文字活起来,重现庙会文化的灿烂风采,将古老的庙会文化融入现代文明之中,使中华民族的文化基因与当代文化相适应、与现代社会相协调,为其注入新的生机与活力。

朴趾源在《热河日记》中记载了清代老北京的庙会文化。例如,弘仁寺、报国寺、白云观、福隆寺、关帝庙等诸多著名寺刹宫观的庙会文化在作品中都有详细记载。本节主要从烧香祈福的圣地、商品交易的市场和休闲娱乐的空间等方面,具体阐述作品中所记载的清代北京庙会文化。

一、烧香祈福的圣地

寺庙原本是祭祀祖先、烧香祈福的场所,尤其是在古代社会,逛庙会的大多是香客、信徒。因此,庙会最兴盛的地方往往是该庙之神最受崇拜、香火最旺之处,如城隍庙、关帝庙、药王庙、土地庙等。庙会期间,善男信女们进庙烧香拜佛,其目的或是祈福,或是求子,或是求寿,或为还愿。

清代的庙会发展极为繁盛,这与清朝社会经济的繁荣发展及空前活跃的商品经济密切相关。18 世纪的清朝社会在历经康熙、雍正、乾隆三世之后,封建统治达到顶峰。在此期间,中国社会的各个方面在原有的体系框架中达到极致,国富民强,社会安定,疆域辽阔,经济飞速发展。北京作为国家的首都,是全国的政治、经济和文化中心,社会经济的繁荣发展进一步巩固了北京的重要政治地位,也推动了北京城市建设及北京文化的发展。乾隆帝强调商业的重要作用,鼓励发展商业经济,同时还不断调整商税,减轻商人的负担。

史料记载,乾隆帝曾规定:"通行内外各省,凡市集落地税,其在府州

第四章 多姿多彩的休闲文化

127

县城内，人烟辏集，贸易众多，且官员易于稽查者，照旧征收。但不许额外苛索，亦不许重复征收。若在乡镇村落，则全行禁革。不许贪官污吏，假借名色，巧取一文。"①在这一大背景下，中国的社会经济迅速发展。城市经济的飞速发展，促进了城市规模的不断扩大，城市人口迅速增长。"明万历六年，户 161134，口 703861"②，"顺治十八年，顺天府人丁 104392，康熙二十四年，顺天府人丁 135131，雍正二年 158133"③，"乾嘉之际为户口极盛时期"④。

在这样一个太平盛世的背景下，清代的庙会文化随之得以充分发展，盛极一时。清朝统治者开始了大规模的寺庙开建和重修工作，僧侣的人数和寺院的数量逐年见增。据学者统计，清乾隆时期，北京城的各种庙宇共计 1300 多座，土地庙和真武庙都在 50 座左右，其他神庙诸如火神庙、龙王庙、五圣庙等庙宇各有 30 座左右。⑤ 在清代，统治者与王公贵族都非常重视寺庙、道观的修建，富商大贾也纷纷捐助修建寺院，并以此来彰显自己的身份。

> 皇城外内间阎阎廛铺之间，所有寺刹宫观，不特天子敕建，皆诸王驸马及满汉大臣所舍第宅。且富商大贾，必创一庙堂，以资冥佑，与天子竞其奢丽。故天子不必更事土木，别置离宫，以奢天子之都也。自皇明正统、天顺间，发帑所造者二百余区，而比年所创多在内，外人不得见。独我使至，则有时引纳，恣其纵观。然余所游历仅百分之一，或为我译所操切，或争难门者，方入其中，则顾影匆匆，唯日不足。⑥

---

① 《清乾隆朝实录》卷五，中华书局，1986。
② 周家楣、缪荃孙等：《食货志一·户口》，《光绪顺天府志》，北京古籍出版社，1987，第 1784 页。
③ 同上书，第 1787 页。
④ 韩光辉：《北京历史人口地理》，北京大学出版社，1996，第 128 页。
⑤ 马书田：《华夏诸神》，燕山出版社，1990，第 117 页。
⑥ 《热河日记》卷五，《盎叶记》。

这是朴趾源在《盎叶记》序中的详细记载,北京城的寺庙不仅数量规模较大,且建筑风格奢华,可以"与天子竞其奢丽"。而这在一定程度上也发展了北京城的城市建设,不需要天子另建别宫,已经能够尽显都城的繁华壮丽。在清代,政府对内城控制非常严格,公卿士大夫们都不得随意出入。当时,朴趾源以朝鲜使行团随行人员的身份,享有特殊优待,可以在内城参观。但是,限制诸多,不允许随意游览,再加上时间有限,因此所参观的庙宇也只不过是北京城庙宇的"百分之一"。即使这样,朴趾源在《盎叶记》中也详细记载了当时19座有名的寺庙、道观。

> 关帝庙遍天下,虽穷边荒徼,数家村坞,必崇侈栋宇,赛会虔洁,牧竖馌妇,咸奔走恐后。自入栅至皇城二千余里之间,庙堂之新旧,若大若小,所在相望,而其在辽阳及中后所,最著灵异。其在皇城,称白马关帝庙;载于祀典,则正阳门右关帝庙是也,每年五月十三日致祭。前十日,太常寺题遣本寺堂上官行礼。是日,民间香火尤盛。凡国有大灾,则祭告之。[1]

关帝庙也称关羽庙,是为了供奉三国时期蜀国的大将关羽而兴建的,大大小小的庙宇遍布天下。在北京城的庙宇中,修建最多的就是关帝庙,全北京城加上郊县的关帝庙一共有二三百座。而这些关帝庙中,香火最旺的是位于正阳门西侧的关帝庙,就是朴趾源在这里所说的"正阳门右关帝庙",也称前门关帝庙。正阳门前有两座庙,西侧是道教寺庙关帝庙,东侧是佛教寺庙观音庙。这两座寺庙于1967年被拆除。自明代起,正阳门关帝庙便载于皇家《祀典》,每年的阴历五月十三日,正阳门关帝庙都会举行官方祀典,祈求风调雨顺、国泰民安;凡是国家有大灾,也都要到关帝庙上香,焚表祭告。后来,这一祭祀习俗被百姓们保留下来,八方信徒汇聚于此,为自己及家人祈福。平民百姓参加庙会,主要是为了烧香拜佛、祈

---

[1] 《热河日记》卷五,《盎叶记·关帝庙》。

福许愿。

此外，北京城的太阳宫在清代社会亦是香火旺盛，香客云集。太阳宫建于清代，在北京日坛正北6000米处。相传，清乾隆帝巡游路过此地时，正值太阳东升，看到阳光下的村落非常好看，便为此地赐名"太阳宫"。

> 出法藏寺，西行数百步，有太阳宫，香火甚盛，车马骈阗。内外诸殿，左右廊庑，男女祈祷者日千万计。阶城之间，烛泪成峰，香烬如雪。前殿当中紫微星君，东太阳星君，西太阴星君。后殿九天星君圣母。左一殿关帝，右一殿释迦。[①]

太阳宫原是供奉太阳神的庙宇，每年的二月初一在此祭祀太阳神，祈盼一年中风调雨顺，五谷丰登。后来这里也举行中国的传统民俗和民间信仰活动，是人们祈求辟邪除灾、迎祥纳福的圣地。进香的日子，"烛泪成峰，香烬如雪"，香火极旺。而如今，昔日热闹非凡的太阳宫已荡然无存，只留下"太阳宫"这样一个地名。

此外，清代庙会的繁荣发展自然离不开清廷相对宽松的宗教文化政策。清统治者对于宗教持相对宽松的政策，注重其教化百姓和维护社会稳定的功能。史料记载，乾隆帝认为：

> 夫释道原为异端，然诵读经书而罔顾行检者，其得罪圣贤，视异端尤甚焉。……彼为僧为道，亦不过营生之一术耳。穷老孤独，多赖以存活。其劝善戒恶，化导愚顽，亦不无小补。帝王法天立道，博爱无私，将使天下含生之类，无一不得其所。僧道果能闭户焚修，亦如隐逸之士遁迹山林，于世教非有大害。[②]

在清代，青藏高原、大漠南北和天山北路的蒙古、藏民族大多信奉藏

---

① 《热河日记》卷五，《盎叶记·太阳宫》。
② 《清圣祖实录》卷38，中华书局，1986。

传佛教,崇奉藏传佛教不仅关系到西藏地区的安定,而且对稳定蒙古、青海等地区的政治局势有极大的关系。清朝统治者将藏传佛教作为团结边疆地区蒙古族、藏族首领的重要手段,对藏传佛教尤其是其中的黄教实行保护政策,借以削除边疆地区出现的割据势力,达到统一边疆的目的。正是在这一背景下,京城内外藏传佛教寺院逐渐增多,京城五大定期庙会之中的隆福寺、护国寺、白塔寺、雍和宫、黄寺都是藏传佛教的寺院。

道教亦是如此。道教是中国本土的宗教,具有劝善惩恶、教化百姓的作用,只要加以正确引导,就不会危及自身的统治。道教是多神教,所供奉的神灵众多,将历史上许多声名显赫的英雄和传说中的人物以及自然界的神灵纳入神灵行列。其中有被当作守护神的城隍和土地,带有人间特征的关帝和文昌,带有特定功能的财神、药王、灶王。[1]《热河日记》也记载了药王庙的相关内容。

> 天坛之北有药王庙,武清侯李诚铭所建也。殿中设太昊伏羲氏,左神农,右轩辕,配以历代名医,如孙真人、岐伯、扁鹊、葛洪、华陀、王叔和、韦真人、太仓令、张仲景、皇甫士安,多不能尽记,概仿文庙从享之制。每月朔望,士女云集,祈祷疾病。烛烬香炧,堆积如雪。方有一女子,盛妆叩头,粉汗渍席。殿宇壮丽,殆与太阳宫相伯仲。[2]

道教有着较强的世俗性,与百姓的生活有着密切的关联。药王庙,是祈求健康长寿的庙宇。善男信女们来此焚香祷告、祈求平安,"堆积如雪"一词就可以看出药王庙的香火之盛。而且,药王庙的殿宇壮丽,规模与当时香火兴盛的太阳宫不分上下。道教在民间的影响较大,因此,即使道教最终衰落了,但道教宫观的庙会也会长久不衰。

清朝社会相对宽松的宗教文化政策,以及经济的繁荣昌盛,为庙会文

---

① 李鸿斌:《庙会》,北京出版社,2004,第 90 页。
② 《热河日记》卷五,《盎叶记·药王庙》。

化的发展注入了新的活力。北京城的庙宇不仅数量较多,而且建筑风格华美、装饰奢丽,具有较高的审美价值。朴趾源在《热河日记》中记载了一些宫观殿宇的建筑风格,如"白云观,周遭壮丽,不减天宁寺,道士百余人居之"①。康乾盛世让清朝社会实现了前所未有的社会稳定、经济繁荣、文化昌盛,而这些在一定程度上为庙会文化提供了充足发展的机会,促进了庙会的繁荣与发展。

二、商品交易的市场

庙会亦称庙市,是中国的市集形式之一。庙会最初用于宗教活动,按节日举行;到了明代中后期,随着商业贸易的不断发展,以集市贸易为主的庙市出现,按月定时举行。明代凌濛初的《二刻拍案惊奇》卷三中有一段关于北京庙市的描写:"京师有个风俗,每遇初一、十五、二十五日,谓之庙市。凡百般货物俱赶在城隍庙前,直摆到刑部街上来卖,挤挤不开,人山人海的做生意。"②这里的庙会就兼具"庙会"与"庙市"的功能,在定期举行宗教活动的同时,会附设一些商业活动,而这种商贸功能也是庙会之所以能够经久不衰的决定性因素。

北京作为六朝古都,寺庙、道观数量居全国都市之首,庙会活动自然也更为热闹,有的一年一度,有的一个月内就有数日,会期大多为固定的日子。庙会期间,小商小贩汇集于此,售卖善男信女们烧香祈福所用之物,如香烛、供品、吉祥物等,热闹非凡。香客游人络绎不绝,他们除了购买祈愿用品,也会在庙会集市中选择一些其他日用品。

清朝定都北京,加强了对内城和外城的管理,将汉官、商人和平民由内城迁到外城,将庙市也移至报国寺。每月初五、十五、二十五,商贩们在这里出售图书、古玩、字画等,使得当时的报国寺庙会繁盛至极。朴趾源

---

① 《热河日记》卷五,《益叶记·白云观》。

② (明)凌濛初:《二刻拍案惊奇》卷三"权学士权认远乡姑 白孺人白嫁亲生女",上海古籍出版社,2012,第 37 页。

在作品中也详细记载了当时报国寺热闹非凡的庙会盛景。

> 报国寺在宣武门外迤北一里。月三五为市日，海内百货辏集，佛殿三寮厢周遭，而居僧鲜少，皆京外商旅，无异阛阓，禅林中一大都会也。第一殿扁曰"一尘不到"。第三殿后有毗卢阁，中间为大路，廛铺罗列，车马闹热，不独市日为然也。余谓《史记》苏秦说齐王曰，"临淄之道，车毂击，人肩磨，挥汗成雨，连袵成帷"，始以为过矣，今观于九门，信然。诸寺如报国、隆福，皆如九街，然后益知古人言语文字，不为虚辞夸炫也。列国之时，日寻干戈，而都邑之富庶犹能若彼，况升平天子之都乎？①

报国寺庙会期间，游客云集，车马骈阗，百物杂陈。普通庙会所销售的商品大多是一般的日用百货，而像报国寺这种大型庙市，销售的商品大多是珠玉珍宝、古玩字画、花鸟虫鱼等奢侈品，吸引了当时的皇室贵族、王公大臣、文人雅士来此购买自己的所需之物。

报国寺在宣南地区，而当时南城会馆云集，文人名士荟萃，庙会上的奇珍异宝，吸引了当时无数风流雅士留连驻足。再加上报国寺内备有客房，游客们可以在此借宿，因此这里也常是骚人墨客们吟诗作赋、交游酬唱的场所。乾隆帝时期，国库充盈，于清乾隆十九年（1754）对报国寺进行了重新修葺。该时期，报国寺规模宏伟，有殿宇数层，连同配殿共计六十余间。庙内有大毗卢阁，有三十云蹬石阶，阁外通廊环行一周，可眺望西山远景，这也成为当时报国寺的重要一景。仅报国寺一处，便如此车水马龙、热闹喧哗，如同街市一般。因此，朴趾源才更加认识到当时清代社会的繁华盛世与国泰民安。

其结果造成了内城人口锐减，商业严重衰落和萧条。康熙末年，为促进内城经济的发展，隆福寺和护国寺两大庙市相继开市，并称东西两庙，

---

① 《热河日记》卷五，《盎叶记·报国寺》。

由此标志着内城商业的恢复和发展。① 至乾隆时期，内城依然在大兴庙宇，如朴趾源所记载"比年所创，多在内"②，庙会集市已经成为推动经济发展的一个重要因素，它所带来的经济效益并非仅仅局限于庙会集市本身，还包括对周边地区消费的刺激和推动。

隆福寺位于北京东城东四牌楼之西，是北京名刹之一。它曾是皇家寺庙，在明代也称大隆福寺，始建于明景泰三年(1425)。隆福寺凭借其皇家寺庙的地位，香火自然十分旺盛，人来人往，热闹非凡，庙会的规模也位居京城庙会之首。隆福寺特殊的地位和影响力吸引了众多的百姓与商贩前来，于是隆福寺庙会的商业活动便兴盛起来，这也在一定程度上促进了城市商业的发展。《京都竹枝词》有云："东西两庙货真全，一日能消百万钱，多少贵人闲至此，衣香犹带御炉烟。"这是一首描写北京庙会繁荣景象的清代竹枝词。清代自有"东富西贵"之说，这首诗词中的东庙指的就是隆福寺，西庙则是护国寺。清代至民国时期，隆福寺庙会成为享誉京城的商业中心，为庙市之冠，因其坐落在东城，故人们称它为"东庙"。护国寺位于北京西城西四牌楼之北，护国寺街西口内路北，故被称为"西庙"，与隆福寺相对。《燕京岁时记》对东西庙有详细记载：

> 西庙曰护国寺，在皇城西北定府大街正西。东庙曰隆福寺，在东四牌楼西马市正北。自正月起，每逢七、八日开西庙，九、十日开东庙。开庙之日，百货云集，凡珠玉、绫罗、衣服、饮食、古玩、字画、花鸟、虫鱼以及寻常日用之物，星卜、杂技之流，无所不有。乃都城内之一大市会也。③

庙会集市上不仅售卖日常杂货，还有珠宝玉器、古玩字画等珍贵物品。东西两庙，带动了北京城的商业发展，而商业的繁荣兴盛又促使开庙

① 李鸿斌：《庙会》，北京出版社，2004，第14页。
② 《热河日记》卷五，《盎叶记》。
③ 富察敦崇：《燕京岁时记》，北京古籍出版社，1987，第53页。

设市不断增多。乾隆年间,"上庙买物"成为一种普遍的商业现象,庙市也逐渐成为当时商业交易的一种特殊形式。[①]

朴趾源在《热河日记》中详细记载了游隆福寺的情景,"是日值市,车马尤为阗咽,寺中咫尺相失,遂独行观玩"。隆福寺庙会期间,百货云集,车水马龙,"百货盈庭,珠玉珍宝之物,磊落宛转于履屐之间,令人足踏如也,心怵如也,而视瞿瞿也"[②]。一片熙熙攘攘的商业景象,热闹非凡,这些景象甚至让朴趾源感到"心怵""视瞿"。隆福寺是著名的皇家寺院,这一特殊身份,使其能够聚集各地的权贵富商来往其中,隆福寺及其周围便随之形成特殊的商业文化圈。这种大型的庙会,主要是依靠王公贵族的消费,既促进了隆福寺庙会的快速发展,也带来了内城商业的日趋繁荣。

需要注意的是,朴趾源记载的隆福寺市日为"每月三一",而《(乾隆)大清一统志》记载,"(隆福寺)每月之九、十日有庙市,百货骈阗,为诸市之冠",《燕都丛考》《旧都文物略》等资料也都有同样的记载,只是到了民国时期,又增加了"一、二两日"[③]。由此可见,关于隆福寺开市之日的问题,《热河日记》的记载是有误的。朴趾源在《盎叶记》开篇就指出:"才读一碑,辄移数晷,贝阙琳宫,隙驷滩船,是以五官并劳,四友俱瘁,恒如梦读篆书,眼缬海蜃,颠倒依稀,名迹多错。"[④]因时间有限,管理较严,很多庙宇只是走马观花,因此在记录的过程中就难免会有一些错误,尤其是有关时间和年代方面的记载。

隆福寺因其特殊地位,庙会的游览者大多是翰林学士。这些文人士大夫在逛庙会的同时,也会趁机走亲访友,打探家乡的消息。

> 然今吾历访卖买者,皆吴中名士,稗(原作误作"裨"——笔者注)贩驵侩之徒,以游览来者,类多翰林庶吉士,为访亲旧问讯

---

① 李鸿斌:《庙会》,北京出版社,2004,第15页。
② 《热河日记》卷五,《盎叶记·隆福寺》。
③ 北京市东城区园林局:《北京庙会史料通考》,北京燕山出版社,2002,第253-255页。
④ 《热河日记》卷五,《盎叶记》。

家乡,兼买器服。其所觅物,类多古董彝鼎,新刻书册、法书名画,朝衣朝珠,香囊眼镜,非可以倩人为皮膜苟艰事,莫若亲手停当为愉快。"①

这些大型庙会的特殊位置,吸引了大量的社会上层人士来此消费,隆福寺庙会可以称得上北京城的高级商贸市场。此外,北京作为全国政治、文化的中心,全国各地的士人学者汇集于此,庙会的开放性与自由性,为这些士人学者提供了交际的机会和场所。在这里,朝鲜使臣和学者也可以直接参与商业活动,与北京城内不同的阶层尤其是当时的一些士大夫文人接触与交流,庙会已经不只是一个贸易集市,其社会交际功能愈加显得重要。

清代的社会上层人士在这里进行商业交易,这一点让朝鲜使臣们非常震惊。朴趾源写道:"卿大夫连车骑至寺中,手自拣择市买。"②当时的士大夫和官僚们可以到庙会亲自挑选购物,直接参与商业活动,甚至在庙市上与商贾们争论市价。18世纪的清代,随着城市商品经济的发展,人们的商业观和商业意识已经开始发生转变,而这种进步的商业意识对于落后的朝鲜来说,自然是令人无比震惊的。这也正是朴趾源所感慨的:"我国贫士,家虽乏五尺僮者,未尝敢身至场市间,与贾竖辈评论高下,为鄙屑事也,宜其大骇于我人之目。"③对当时的士大夫官人而言,庙会不仅为他们提供了一个信息交换的场所,同时也是一个相对自由的商业空间,在这里可以一定程度上摆脱封建礼法的束缚。在中国古代,对士大夫的商业行为同样也有着严格的控制,"市四面有门,每日市门开则商贾百物皆入,唯民得入,公卿大夫士皆不得入,入则有罚"④。但在庙市却没有这么多的限制。它为这些士大夫官人提供了一个相对宽松的商业环境,这

---

① 《热河日记》卷五,《盎叶记·报国寺》。
② 《热河日记》卷五,《盎叶记·隆福寺》。
③ 同上。
④ (清)孙承泽:《天府广记》卷5,"后市",北京出版社,1962。

也就是士大夫官人及王公贵族流连于此的原因。乾隆时期，文人戴璐记载曰："庙市唯东城隆福、西城护国二寺，百货具陈，目迷五色，王公亦复步行评玩。鲍西冈有句云，'三市金银气，五侯车马尘'，足括庙市之胜。"①

庙会中热闹而又自由的商业气息，给朝鲜学者们带来了巨大的冲击，这里既有平民百姓，也有皇亲国戚、士大夫官人等身份高贵之人；既有一般的商品交易，也有各地特色的文化交流与共享。庙会已经成为展示京城文化的一个重要窗口，也是对外文化交流的窗口，这里融合了具有各地特色的文化元素，吸引了全国各地的商旅，同时也是外国使臣学者们向往的地方。他们可以在这里广泛地接触中国的百姓，了解最真实的中国，还可以在这里结交中国的文人墨客，自由地交游唱和。而这种市集上的中外文化交流，也成为当时北京庙会所独具特色的商业文化现象。

三、休闲娱乐的空间

逛庙会、赶集，已经成为百姓们的日常生活。庙会成为一种民间的商业集市和大众娱乐的场所。它在推动城市商业活动发展的同时，也促进了民俗文化的繁荣发展，成为北京重要的民间活动。在这里，宗教艺术与世俗艺术共存，共放异彩，而这种娱乐功能使庙会形成了巨大的文化向心力。② 庙会期间，百姓们纷至沓来，进香祈福的人很少，而买卖百货的人越来越多。

庙会是中国传统社会中少有的全民性活动之一，不同阶级、阶层，以及不同职业、民族和地域的人，都可以自由地参加这类活动。当然，不同的人所参加的程度、范围、态度自然也不完全相同。如朴趾源在《热河日记》中所记载，"皆吴中名士，殊非稗贩驵侩之徒，以游览来者，类多翰林庶吉士"③。在封建社会，身份等级制度森严，各阶层之间"安分守己"，恪守

---

① 戴璐：《藤阴杂记》卷4，北京古籍出版社，1982。
② 高有鹏：《庙会与中国文化》，人民出版社，2008，第84页。
③ 《热河日记》卷五，《盎叶记·报国寺》。

封建伦理制度。然而,庙会却给百姓提供了一个自由开放的场所,开市之日,各阶层百姓汇集于此,男女老少,其乐融融。

尤其是封建社会中的妇女,因传统封建礼教的束缚,平日里谨言慎行,但庙会期间,她们不仅可以自由地到寺庙烧香祈福,还可以结伴逛庙会、看戏听曲。朴趾源曾记载了当时百姓到太阳宫烧香祈福、逛庙会的盛况:"有太阳宫,香火甚盛,车马骈阗。内外诸殿,左右廊庑,男女祈祷者,日千万计。"①也正因如此,清廷曾以"男女杂沓,伤风败俗"为由,多次禁令寺庙走会,有的文人还给这种迎神赛会罗列了诸如"渎鬼神、乱法度、耗财用、误本业、混男女、煽火烛、兴赌博、聚打降、招盗贼、坏风俗"等十大罪状。但是庙会是当时多数市民和村民为数不多的娱乐活动,所以虽屡禁而不止。②

除了王公贵族和一般的平民百姓,庙会期间,小商小贩、杂耍艺人们也会准时前往。这里不仅有百货杂陈,还有丰富的娱乐活动,如杂耍、魔术、唱戏等传统的民间艺术在这里大放异彩,吸引着各地的游客和百姓。杂耍是一项重要的节目,各庙会一般都设有杂耍场。过去所说的杂耍有文有武,也就是我们现在所说的"曲艺"和"杂技",清时统称为"杂耍"。《春明旧事》曾写道:"'杂耍'一名由来已久,清人杨掌生(懋建)在《梦华琐簿》中记载,北京'内城无戏园,但设茶社,名曰杂耍,以唱清音小曲,打八角鼓、十不闲,以为笑乐'。"③《旧京琐记》对清代的杂耍也有详细记载:

> 京师杂技并八角鼓班,统谓之杂耍。其中种种,如抖空钟、耍花坛、踢毽子,皆有独到之技。有说笑话者曰穷不怕,滑稽突梯,不可方物,盖柳敬亭之流也。继之曰万人迷,又有百鸟张者,其学鸟兽音足以乱真。厥后有戏迷华子元者,能学各名角之音

---

① 《热河日记》卷五,《盎叶记·太阳宫》。
② 李鸿斌:《庙会》,北京出版社,2004,第 94 页。
③ 石继昌:《春明旧事》,北京出版社,1996,第 175 页。

调,非唯曲折毕肖,并其疵处亦摹仿之,可怪也。①

由此可见,旧时的杂耍集曲艺与杂技于一身,包括评书、相声、口技、杂技等各种技艺,是京城民俗文化中的一个重要内容。

丰富多彩的曲艺杂耍已经成为一种文化景观,吸引着全国各地的游客,同样也让外国使臣们大为赞叹。朴趾源在《热河日记》中就记载了太阳宫庙会期间热闹非凡的景象:"贩卖酒食花果,戏弄禽鸟,逞伎售术,辐辏杂沓,寺观中一大都会也。"②又如隆福寺,"阶城玉栏所布挂,皆龙凤毡罽。而衣被墙壁者,尽是法书名画。往往施帷幕,撞金伐鼓者,逞戏售术者也"③。各地的商贾游客聚集于此,人潮如织,而这里又有稀奇古怪的娱乐杂耍、戏禽逗鸟、字画售卖,如同一个热闹非凡的大都会,集宗教信仰、商业贸易和民间娱乐于一身。在外国使臣们的眼中,这里的一切宛如一幅极具中国民俗风情的美丽画卷,让他们流连忘返。

北京城各大寺院的庙会文化内容丰富,游客云集,而周边城镇的市集也同样热闹非凡。"门外贾客云集,持马驴,携书册、书画、器玩,亦有弄熊诸戏,而弄蛇、弄虎者已罢去,未及观,可叹。有卖鹦鹉者,日已昏,不得详看其毛色,方觅灯之际,卖者已去,尤为可恨。"④朴趾源在途经蓟州时,记下了这一段相关内容。蓟州作为京畿地区的一个小城镇,其市集的规模自然比不上京城的庙会,但市集文化同样丰富多彩,在进行商品交易的同时,也不乏杂耍等民俗活动。

庙会文化是中国传统民间文化的重要载体,在传承民族文化与艺术的过程中,起到了很好的展示作用。但是,庙会文化作为中国非物质文化遗产中的一个重要内容,在保留民族文化传统的同时,也要面向未来,不断创新与发展。如今,很多地方的庙会都在探索创新之路,既保留像杂

---

① 夏仁虎:《枝巢四述 旧京琐记》,辽宁教育出版社,1998,第 132 页。
② 《热河日记》卷五,《盎叶记·太阳宫》。
③ 《热河日记》卷五,《盎叶记·隆福寺》。
④ 《热河日记》卷二,《关内程史》。

耍、魔术、唱戏等传统的民间艺术，又结合时代特点开创新的节目，在表演中融合现代元素；有些庙会专门设置了非物质文化遗产展示区，吹糖人、拉洋片、剪纸、毛猴等非遗传承人在现场展现绝活，将庙会作为中国非物质文化遗产对外传播的窗口。

除了民俗表演，寺院的园林特点也是吸引百姓前往的一个重要原因。寺庙、道观等一般都建在环境宜人之处，是一种特殊的景区，是热闹喧哗的城市中的一方净土，也是百姓们乐此不疲的去处。明清五百年间，寺院遍布京城内外，闲暇期间京城的百姓和游人络绎不绝。如北京的什刹海地区，是佛教寺院较为密集的地方。什刹海也叫作"十刹海"，因其四周有十几座佛寺，故有此称。元代，什刹海被称为"海子"，为一宽而长的水面。明初逐渐缩小，形成了西海、后海和前海，现在所说的什刹海主要是指这三海及其周边地区。这里柳树成荫，风景宜人，是游玩消暑的好去处，也是燕京胜景之一。

朴趾源在游览北药王庙时，就注意到了前来赏景游玩的游客："北药王庙，殿宇位设一如南庙。而东临海子，沿堤万柳阴浓，湖滨游客常满。"[1]北药王庙位于北京内城北城根，小石桥偏北。北京旧鼓楼大街北口西侧，娘娘庙、大觉寺和北药王庙，三座庙宇自东向西并列排开。北药王庙建于明嘉靖二十五年，庙内有顺治年间大学士洪承畴的两块石碑，每逢农历初一、十五为开庙之日，善男信女们前往参拜，热闹非凡。朴趾源特意描绘了北药王庙周边绿柳成荫、游人如织的热闹景象，体现了当时寺庙独特的游玩娱乐功能。

崇文门的金鱼池，在过去也是京城的一处秀丽景观。金鱼池垂柳依依，碧波荡漾，游人们来此观鱼赏景，消暑纳凉。金鱼池附近有很多达官贵人的园亭楼阁，安国寺就建于此处，且在当时最为壮丽。

　　崇文门外西南，有金鱼池，一名鱼藻池。界池为塘，盛植桃

---

① 《热河日记》卷五，《盎叶记·北药王庙》。

柳，居人岁种。五色鱼市易为业，金色最多，故号金鱼池。每岁端午，都人尽出，走马池边。池阴一带，园亭甚多，而安国寺最为壮丽。寺门左右有钟鼓阁。有大殿三。殿前东西廊庑数百间，皆有像设，金碧炫耀，殆难名状。殿后又有三大楼，金槛绣槛。缥缈云霄间，而只有二僧相守，香火稀到。是可怪也。①

　　安国寺的殿宇虽然在当时最为壮丽，但主要是用来供游人们消暑纳凉以及观赏之用，因此当时朴趾源看到仅有两位僧侣，香火也不大兴盛。而安国寺最大的特点就是其建筑奢华壮观，又坐落在风景怡人的金鱼池旁边，成为当时北京城的一个重要景点，也是百姓们休闲娱乐的场所。

　　寺庙园林是中国园林的三种基本类型之一，包括寺庙建筑、宗教景物和人工、天然山水。自然环境、宗教艺术、人文景观，在这里实现了高度的融合，这些都是其他园林所无法与之媲美的，是中国传统园林文化中的瑰宝。古代寺院的设计非常考究，既注重环境清幽，又重视建筑风雅，同时结合造园手法，将寺院建筑与植物景观和谐地搭配；寺院内的小桥流水、曲径林荫、亭台廊榭，这些设计通过空间的巧妙利用，将寺院文化与自然元素恰如其分地融为一体，浑然天成，形成寺庙园林独具特色的美。如《热河日记》中所记载的"火神庙"，"殿后水亭临湖，金碧照映涟漪间。壮丽与药王庙相并，而胜概过之"②。北京的这类寺院很多，院落中，既有绿树成荫、湖水荡漾，又有亭台廊榭、假山叠石。所谓"曲径通幽处，禅房花木深"，寺院与园林，这两种元素相互交融、相互渗透。

　　庙会已经成为一种民间信仰，它承载着人们的一种精神寄托，是对美好生活的向往，与人们的生活息息相关。随着社会的不断进步与发展，庙会的社会功能逐渐朝着多元化方向发展，已经不只是烧香祈福，其世俗化倾向愈加明显，商业贸易、文化娱乐等社会活动成为庙会文化的重要组成部分。

---

①　《热河日记》卷五，《盎叶记·安国寺》。
②　《热河日记》卷五，《盎叶记·火神庙》。

北京的庙会作为国家非物质文化遗产，是中国传统文化中的一种特殊的人文景观，既蕴含着厚重的历史和文化，也展现着中华民族的文化精神，承载着传统文化的传承与发展，是北京文化建设中的一个重要内容。过去，庙会是百姓们祈福拜佛的圣地，是商品交易的市场，也是百姓们休闲娱乐的场所，它的产生与发展都与百姓们的生活息息相关。如今，庙会作为中国的传统民俗文化，已经融入百姓的生活之中，是展示中国文化和民俗的一个窗口。在民族化与现代化和谐发展的新时代，既要保持庙会的文化传统，深入挖掘庙会的文化底蕴，同时也要面向世界与未来，将传统文化与现代元素、与国际相融合，推进庙会文化的创新与发展。

第四节　神秘莫测的幻术表演

一、"幻戏"的定义及由来

"幻戏"又名"幻术"，是运用人为的隐秘技法制造幻觉、幻象，展现超自然奇迹的表演艺术。朝鲜使臣对中国的幻戏表演特别感兴趣，在很多燕行作品中都有与幻戏相关的内容记载。一些资料记载，中国古代的幻戏表演应该包含"杂技"与"魔术"这两种表演艺术。

《热河日记》中的《幻戏》一篇，4000 余字，详细记载了与幻戏表演相关的内容，以及 1000 字左右的幻戏评论，是燕行史料中记载最为详尽的一篇。《幻戏》包括 20 场幻戏表演，从表演的内容和形式、表演者的动作，到观众的反应以及自己的心里感受等。朴趾源在《幻戏记·序》中首先给幻戏下了一个定义，"盖自上世有此，能役使小鬼，眩人之目，故谓之幻也"①。朴趾源认为，幻戏是一种方术，是通过一定的手法迷惑观众，从而达到以假乱真的一种表演。这一观点，与中国史料中的相关定义是一致的。"幻"，在《说文解字》中解释为"相诈惑也，从反予"，即欺骗、迷惑之意。《玄应音义》中对"幻术"的注解为，"谓相欺眩以乱人目也"[1]。幻戏普遍被看作一种骗术，因此幻戏也被称为变戏法、眩术、妖术、把戏等；幻戏的表演者被称为幻人、幻术人、骗子、幻术师等。朝鲜燕行史料中也有类似的叫法，如朝鲜使臣李德懋在北京观看幻戏时写道："观骗子戏，骗子者，即幻术人也。"[2]朴趾源在《幻戏记》中也阐述了中国幻术的产生、发展和演变的历史。

> 夏之时，刘累扰龙，以豢孔甲。周穆王时，有偃师者。墨翟，君子也，能飞木鸢。后世如左慈、费长房之徒，皆挟此术以游戏人间。而燕、齐迂怪之士，谈神仙以诳惑世主者，皆幻术，当时未之能觉。意者其术出自西域，故鸠罗摩什、佛图澄、达摩尤其善幻者欤？[3]

据朴趾源在这里的记载，幻戏源自西域。中国史料中也有类似记载，认为中国的幻戏大多来自西域，是一种虚而不实、假而似真的方术。如《旧唐书》写道："大抵散乐杂戏多幻术，幻术皆出西域，天竺尤甚。汉武帝通西域，始以善幻人至中国。安帝时，天竺献伎，能自断手足，刳剔肠胃，自是历代有之。"

自断手足、割舌断脉、吐火吞剑等，这些都是幻戏最初的表演内容，而表演形式过于惊悚和血腥，一度被认为是邪术，宫廷多次发出禁令通文。《通典·乐六》记载："大抵散乐杂戏多幻术，皆出西域，始于善幻人至中国。汉安帝时，天竺献伎，能自断手足，刳剔肠胃，自是历代有之。大唐高宗恶其惊人，敕西域关津，不令入中国。"《唐会要》卷三四也有记载："显庆元年正月，御安福门，观大酺。有伎人欲持刀自刺，以为幻戏，诏禁之。"

然而，幻戏的历史久远，中国幻术历史远远早于汉代的西域表演。中

---

① 宋福邦、陈世铙、萧海波主编《故训汇纂》，商务印书馆，2003，第687页。
② 李德懋：《青庄馆全书》卷六十七，《入燕记（下）》。
③ 《热河日记》卷四，《幻戏记》。

国的幻术表演是中国文化的产物，它深深地植根在中国文化沃土之中。西域幻术传入中原之前，中国已有不少关于幻术的记载。战国列御寇所著的《列子·周穆王》中有记载："穷数达变，因形移易者，谓之化，谓之幻。造物者其巧妙，其功深，固难穷难终；因形者其巧显，其功浅，故随起随灭。知幻化之不异生死也，始可与学幻矣。"张衡在《西京赋》中记载了很多幻术表演，其中有很多来自中国的传说故事，如"爬绳偷桃""穿胸人入贡"等来自《山海经》的传说；"鱼龙曼衍""划地为川"等均出自中国的古代神话，"曼衍"为神话动物，象征福寿延绵，"鱼龙"则是追求喜庆吉祥的意蕴，表达人们对美好生活的向往；而"东海黄公""立兴云雾""冀厌白虎"等皆为戏剧式的幻术表演。当然，记载中还有来自西域的表演内容，如"水人弄蛇""易貌分形""吞刀吐火"等外来节目。

西域的幻术输入，是对中国幻术表演艺术的一种补充，使传统的幻术更加丰富多彩，但绝不是中国幻术的源头。人们将外来的幻术表演融入中国传统的幻术艺术之中，并结合中国大众的审美，将中国的文化因素和中国人的智慧不断融入其中，经过千百年的不断丰富与创新，逐渐将其发展成为中华民族传统幻术的一部分，演变成民众喜闻乐见的一种表演艺术。

二、朴趾源对幻戏的接受

18 世纪，幻戏在中国经过了千百年的发展和演变，已经发展成为百姓们喜闻乐见的一种表演艺术；形式多样、变化莫测的幻戏表演还日趋发展成为各种宴会活动中必不可少的娱乐节目。新帝登基、帝王寿辰等喜庆节日时，全国上下都会举行大规模的庆祝活动，其中就会有吞刀、吐火等各种扣人心悬的杂耍幻戏表演。朴趾源在"光被四表"牌楼就看到了当时百戏竞演的场景，"盖天下奇伎淫巧杂剧，皆趁千秋节，待诏热河，日就牌楼,演较百戏"①。这些杂耍艺人每天在牌楼刻苦练习,目的就是准备赴热河参加乾隆帝的七十寿辰庆典活动。

18世纪以前,幻戏在朝鲜被看作异端邪术,是一种迷惑百姓的妖邪思想。朝鲜时期,儒家思想被定为国家的统治思想,推崇儒教,对佛教和道教等思想极力排斥,而幻术中融入了佛家、道家、神仙思想,儒家思想反对"怪力乱神"之说,自然将幻术定为邪术。当时的朝鲜使臣在中国看到幻戏表演时,也同样持否定的态度。许筬在《朝天记》中写道:"今日杂戏之人,或抽出玉佩,或盛开彩花于中虚之器,此必是幻术,而余等为所眩,而且不能烛破其邪妄,有愧于傅奕多矣。"②此时的朝鲜使者在观看幻戏时,并不是抱着一种欣赏的态度,而是将其看作一种虚幻的邪术,所以才会因无法看破其中的玄机而感到羞愧。《朝天日记》中也有类似的记载:"译员辈,招优人技戏者,眩幻百巧,妖诡不欲观,即还。"③这里的态度更为极端,因将其视为妖邪鬼怪之术,甚至不屑于观看。

此后,随着中朝之间的频繁往来,大量的朝鲜使臣来到中国,更多、更直观地接触到中国的文化,其中就包括幻戏表演,逐渐改变了原来较为极端的认识,能够更加客观地看待幻戏。姜浩溥在《桑蓬录》中写道:"今中国以妇人为戏具,虽千诡百怪,视之寻常,只作一场戏。"虽然此时依然将幻戏看作"至妖至怪"之物,但却已经能够将其看作一种娱乐表演。至18世纪后期,随着实学、北学等进步思想在朝鲜的进一步传播,朝鲜进步学者们能够以更加客观的态度,去认识和评价清代的社会文化,其中包括清代丰富多彩的民间艺术和民俗文化。

朴趾源是朝鲜18世纪北学思想的倡导者和推动者,朴趾源极力主张学习中国的进步文化与科学技术,对清代的各种文化现象都表现出极大的兴趣与关注,对被视为邪术的幻戏表演依然如此,因此才不惜花费大量的笔墨去详细描述了20场幻戏表演。但当时大部分朝鲜人受传统思想

① 《热河日记》卷四,《幻戏记》。
② 许筬:《朝天记》中,万历二年甲戌 八月十六日条。
③ 张锡骏:《春皋遗稿》卷一,《朝天日记》正月初七日条。

的影响,对幻戏依然持怀疑和否定的态度。在《幻戏记》的第二场幻戏表演中,朴趾源记载了这样一段内容:

> 幻者负柱而立,使人反接其手,缚其两拇,柱在臂间。两拇青黑,痛不可忍。众人环看,无不酸悲。于焉幻者离柱而立,手在胸前,其缚如故,未尝解脱,指血会肿,色益黑紫,不忍奇痛。众乃解绳,血气渐通,绳迹犹红。我人驿夫注目谛视,心中自怒,义形于色,鼓囊出钱,大呼幻者,先给与钱,要再细观。幻者称冤:"我不汝愚,汝不我信,任汝缚我。"驿夫发愤,投弃其绳,自解鞭缘,含口柔之,乃执幻者,背负其柱,反接缚之,比初益急。幻者哀号,痛楚入骨,泪落如豆,驿夫大笑,观者益众。未见脱时,已自离柱,缚竟不解,以示神通。如是三次,无可奈何。[①]

　　幻者双手被捆,却能够瞬间从柱子上解脱,这是幻戏中常见的表演,也是现代魔术表演中经常出现的一个节目。朴趾源在记载这段幻戏表演时,重点并不是描述表演内容,而是幻者表演时痛苦的表情,以及观众们对幻者的怜悯和同情。表演结束,大家关心的并不是这段表演是否精彩,而是先去帮幻者解开绳索,以减轻幻者的痛苦。与此相反,朝鲜使行团中的一个随行马夫,却认为这是幻者的骗术,不顾幻者的痛苦,一而再再而三地要求重复表演。朝鲜马夫的这一无理做法,与中国观众对幻者的态度形成了强烈的对比。幻戏在中国已经成为百姓们喜闻乐见的一种表演,虽然知道其只是一种骗人的把戏,但并不去追究其虚假真实,只是作为生活中的一种娱乐享受。然而,当时的朝鲜人对幻戏却依然持有偏见,将其视为一种幻术、邪术,或是一种骗人的戏法。朴趾源通过这一场景描写,既反映了18世纪中国百姓们对幻戏表演的接受与认可,同时也从侧面反映了朝鲜一般民众对幻戏的怀疑与否定。正因为朝鲜人对幻戏的这

---

① 《热河日记》卷四,《幻戏记》。

种否定态度，才引出后面幻者故意戏弄朝鲜人的场景。

> 幻者纳手毡底，摸出苹果三枚。苹果，即我国所称沙果。中国所称沙果，即我国林檎。我国古无苹果，东平尉郑国载仑奉使时，得接枝东还。公中始盛，而名则讹传云。连枝带叶者一枚，指向我人请买。我人掉头不肯，曰："闻汝往日常以马矢戏人。"幻者笑而不辨。于时众人争沽啖之，我人始乃请沽。幻者始靳，久乃拈出一枚与之，我人一嗑即吐，马矢满口，一市皆笑。[①]

这是朴趾源记载的第 11 场幻戏表演，描写了当时幻者对朝鲜人的嘲讽和戏弄。对于以观赏娱乐为目的的观众，幻者让他们品尝到的是苹果，而对于满心怀疑的朝鲜人，让他们尝到的则是马粪。幻者在这里是故意戏弄当时的朝鲜人，以此来嘲讽他们的愚昧、偏执和狭隘。当然，朴趾源作为朝鲜学者，受传统思想的影响，对幻戏的态度并非完全接受。在朴趾源看来，幻戏依然是"能役使小鬼，眩人之目"，是迷惑观众的戏法。但作为进步的学者、思想家，与其他朝鲜学者相比，朴趾源能够较为客观、真实地对幻戏进行评价，这已经是一大进步。

朴趾源不只是对幻戏表演进行记载，更多的是思考这一现象背后的东西，比如中朝两国对幻戏的不同态度，幻戏在中国盛行的原因，等等。朴趾源认为，幻戏之所以能够被中国的百姓接受和认可，除了能够满足人们的娱乐生活以外，更主要的是中国统治阶层开明的统治思想，以及对幻戏进行合理的引导与接受。

> 或曰："售此术以资生，自在于王法之外，而不见诛绝，何也？"余曰："所以见中土之大也，能恢恢焉并育，故不为治道之病。若天子睪睪然与此等较三尺，穷追深究，则乃反隐约于幽僻

---

① 《热河日记》卷四，《幻戏记》。

罕睹之地,时出而炫耀之,其为天下患大矣。故日令人以戏观之,虽妇人、孺子,知其为幻术,而无足以惊心骇目,此王者所以御世之术也哉。"①

幻术在朝鲜被视为邪术,禁止公开表演;而在中国,幻术不仅允许公开表演,还被作为宫廷宴会中的重要表演节目。对待幻术,清代统治者采用的是开放与包容的态度,如"大禹治水",没有采用强行围堵的方式,还是遵循大自然的规律,通过"疏导"来最终解决问题。世间万物都是可认知的,是自然界的客观存在,不会随着人的主观意志而转移。但如果我们能够承认自然、尊重自然,同样也可以改造自然,与自然和谐共生。对于一个国家的治理,这种"疏导"的智慧同样奏效,如果只知道压抑人民的意愿,那么最终迎来的将是人民的反抗。通过"疏导"不但可以避免这种矛盾的激化,而且可能收到意想不到的效果。18世纪的幻戏表演,经过清代统治者"疏导"式的治理,没有成为"天下大患",反而丰富了人们的娱乐生活,还发展成为中国传统文化中的一项重要遗产。

中国文化博大精深,又能够博采众长、兼收并蓄,能够包容各民族、各国的文化,并将它们智慧地融入中国的本土文化之中。自古以来,中国的治国理念中都融入了中国传统的文化思想及中国人的智慧,其中一个重要的思想就是"开放包容"。《礼记·中庸》写道:"万物并育而不相害,道并行而不相悖。"万物之间竞相生长,但是彼此之间并不妨害;日月运行、四时更替,各有各的规律,相互之间没有冲突。尊重多样性,通过兼收并蓄来弥合彼此之间的不同,是中国人奉行的处世哲学,用求同存异的态度来寻求共识,以相互尊重的方式来化解冲突。每一个生命都不是独立存在的个体,人与自然、人与万物之间和谐共生。《周易》将自然视为一个生命体,主张"天人合一""物我一体",强调自然物之间相互的依存性和包容性。

---

① 《热河日记》卷四,《幻戏记》。

儒家思想历来重视中和之道,孔子所主张的"无可无不可"便是一种不偏不倚、刚柔相济的中庸之道,是一种"和合"思想的具体体现。道家经典《老子》中的"道生万物",《道德经》中的"人法地,地法天,天法道,道法自然",都是"和合"思想的一种体现,揭示了万物之间共存共生的一种唯物主义思想。"和合"一词,从语言学的角度来看,主要有和谐、中和、协调、融合等内在含义。中国历史文化中的各个学派,对"和合"思想都有广泛的认同,而其中所蕴含的和谐、协调、包容、合作等思想,自古以来就是中华传统文化中的核心理念,为中国各个历史时期的人们所接受,并智慧地运用到治国理念之中。

一花独放不是春,百花齐放春满园。中国从来都是和平的使者、文化的传播者,文明是多彩的,人类文明和谐共生,人类文明也因交流互鉴而更加绚丽多彩。清代统治者对待"幻戏"的态度亦是如此,即朴趾源所说的"此王者所以御世之术也哉"。

中国是世界幻术发源地之一,中国幻术具有浓郁的民族特色。外来的幻术文化与中国本土的幻术文化,经过长期的融合与发展,已经不再是朝鲜人传统意识中的方术、邪术。它内容丰富,影响久远,不论是它的表演形式、表演技巧,还是它的创作主题以及所选用的表演器材,都是依托中国的本土文化,依靠中国人的智慧,不断吸取中外文化之精华。"剑、丹、豆、环"是中国传统幻术的代表之作,朴趾源在作品中也详细记载了一些相关表演,这些表演中蕴含着深厚的中华文化底蕴,是中华民族智慧的结晶。中国的幻术表演经过数千年的磨炼与积累,逐渐演变成为一种极具中国特色的文化艺术,它既具有一定的科学性与技术含量,又蕴含着丰厚的哲学与美学文化内涵。

朴趾源生活的朝鲜李朝时代,对中华和夷狄存在着强烈的纷争。作为"北学思想"的倡导者,朴趾源主张万物一体、和谐共存。他认为,世界万物是和谐共生的关系,夷狄的文明虽然不等同于中华文明,但是它们在本质上却存在着一致性,在一定程度上都体现了人类文明的发展。朴趾源认为,清廷在统一中原之后能够实现一百多年的国泰民安和太平盛世,必定有它先进文明的一面,而这些是当时的朝鲜社会所无法比拟的,值得朝鲜去学习和借鉴。中华文明自古以来都有着"海纳百川、兼容并包"的气度和胸怀。几千年来,中华文明一直吸收并消化着周边的异质文明,形成了开放、包容的文化特征。因此,朴趾源极力主张学习清代先进的文化,并强调北学中国并不有悖于社会和文明的发展,反而是朝鲜社会进步与发展的必然。

三、幻戏中的人生哲理

幻戏是一种兼具娱乐性与技术性的文艺表演,也蕴含着深厚的文化底蕴,综合了科学、哲学、美学等丰富的文化内涵,是中国传统文化中的珍贵艺术。幻术表演,亦真亦幻,亦虚亦实,现实与虚幻交织在一起,让人应接不暇,真伪难辨。生活亦是如此,人生中本就有很多"幻术",真真假假,虚虚实实,朴趾源所记载的幻戏表演中就讲述了这样一个道理。

> 幻者置大琉璃镜于桌上,设架立之。于时幻者遍招众人,开视此镜,重楼复殿,窈窕丹青。有大官人手执蝇拂,循栏徐行。佳人美女,四四三三,或擎宝刀,或奉金壶,或吹凤笙,或踢绣球,明珰云鬟,妙丽无双。室中百物,种种宝玩,真定世间极富贵者。于是众人莫不羡悦,耽嗜争观,忘此为镜,直欲钻入。于是幻者挥众喝退,即掩镜扉,不令久视。幻者闲步四向唱词,又开其镜,招众来视,殿阁寂寞,楼榭荒凉,日月几何,宝女何去。有一睡人,侧卧床上,傍无一物,以手撑耳,顶门出气,袅袅如烟,本纤末圆,形如垂乳。钟馗嫁妹,鸺鹠娶妇,柳鬼前导,蝙蝠执帜,乘此顶气,腾空游雾。睡者乍伸,欲寤还寝,俄然两腿化为双轮,而其辐轴犹然未成。于是观者莫不寒心,掩镜背走。世界梦幻,本自如此,犹于镜里,炎凉顿殊。一切世间种种万事,朝荣暮枯,昨富今贫,俄壮倏老,梦中说梦,方死方生,何有何亡,孰真孰假?寄

语世间善心善男、菩萨兄弟,幻界梦身,泡金电帛,结大因缘,随气暂住,愿准是镜,莫为热进,莫为寒退,齐施钱陌,济此贫乏。①

　　幻者利用技术手法,让人们通过一面镜子欣赏到人世间的富贵与繁华,然而当人们沉醉于其中,镜子被掩上,一切景象顿时消失。幻者仅仅用一面镜子,便让观众们认识到了人生中的虚幻与无常。世间万事,富贵荣华,如同梦境一般,转瞬即逝,到头来只是一场空而已。正如《金刚经》所说:"凡所有相,皆属虚妄,一切有为法,如梦幻泡影,如露亦如电,应作如是观。"②一切皆为虚幻,所有你看到的都只是世间万物在你脑中的一种映射,幻术之所以能够迷惑观众,生活之所以给人以假象,正是因为人们的各种欲望驱使。只有认清这一道理,不被自己的欲望驱使,才能够不被假象蒙蔽,才能认清幻术及生活中所隐藏的真相。

　　关于幻戏中所表现的生活哲理,早在高丽时期的学者李奎报就提到过类似的说法。李奎报在观看完幻戏表演之后写了这样一首诗:

造物弄人如弄幻,达人观幻似观身。
人生幻化同为一,毕竟谁真复匪真。③

　　造化弄人,人生如戏,变化无常的人生就如同幻戏一般。人世间纷繁复杂,生活中的是非曲直、真假虚实,让人难以分辨。朴趾源与李奎报一样,认为人生如同幻戏一般,变化莫测,人生如梦。然而,对于虚幻的人生,朴趾源并不只是抒发感慨,而是从实学者的角度告诉人们,在这如梦如幻的人生中,应该如何去实现自己的价值。富贵荣华皆身外之物,只有用这些身外的钱财去救济天下的贫苦百姓,"齐施钱陌济此贫乏",才能够更好地发挥它们的作用,也才能真正实现自己的人生价值,这也就是儒学

①　《热河日记》卷四,《幻戏记》。
②　《金刚经》,鸠摩罗什 汉译,《应化非真分 第三十二》。
③　李奎报:《东国李相国后集》卷第三,《观弄幻有作》。

中的"经世致用"思想。

儒学,也被称为经世之学,其显著特点就是经世思想,即"经世致用"。"经世"指的是儒学者们心系天下、参与政治,以最终实现天下治平的一种理念。随着时代的变化,儒学的内容也在不断地丰富与发展。然而,儒学者们"先天下之忧而忧,后天下之乐而乐"的经世理念,以天下兴亡为己任的儒家精神,这些都是儒家思想中亘古不变的精神内涵。一个真正的儒学者,既要具有高度的道德自觉性,又要拥有面向社会、改造现实的能力。可以说,18世纪朝鲜实学者代表朴趾源,就是一位具有这种"经世致用"思想的儒学者。

如何才能透过这些虚幻看清人生的本质,做到不被世俗羁绊,那就需要我们抛开所有私心杂念,用自己的一颗本心去认识这个世界。朴趾源在详细描述了20场幻戏表演之后,又将自己与鸿胪寺少卿赵光连就幻戏所展开的评价进行了详细的记载。

> 余谓赵卿曰:"目不能辨是非、察真伪,则虽谓之无目可也。然常为幻者所眩,则是目未尝非妄而视之,明反为之崇也。"赵卿曰:"虽有善幻,难眩瞽者,目果常平哉?"余曰:"敝邦有徐花潭先生,出遇泣于道者,曰:'尔奚泣?'对曰:'我三岁而盲,今四十年矣。前日,行则寄视于足,执则寄视于手,听声音而辨谁某则寄视于耳,嗅臭香而察何物则寄视于鼻。人有两目,而吾手足鼻耳无非目也,亦奚特手足鼻耳!日之早晏,昼以倦视;物之形色,夜以梦视。无所障碍,未曾疑乱。今行道中,两目忽清,瞖膜自开。天地寥廓,山川纷郁,万物碍目,群疑塞胸,手足鼻耳颠倒错谬,皆失故常,渺然忘家,无以自还,是以泣尔。'先生曰:'尔问尔相,相应自知。'曰:'我眼既明,用相何地?'先生曰:'还闭尔眼,立地汝家。'由是论之,目之不可恃其明也如此。今日观幻,非幻者能

眩之，实观者自眩尔。"①

这段对话借用了朝鲜学者徐敬德与盲人之间的一个故事，讲述了所谓幻术，并不是幻者对观众的欺骗，而是观众自己的眼睛蒙蔽了自己。正如前文所说的盲人，眼睛看不到的时候，靠声音、味道等完全可以辨明方向，生活自如；而眼睛突然复明，却变成了"万物碍目，群疑塞胸，手足鼻耳颠倒错谬，皆失故常"，连自己的家都无法返回。盲人之所以出现这种问题，责任不在于山川万物，是受困于因眼睛而无法安静的内心。世间万物纷繁复杂，用眼睛无法看清最本质的东西，只有用心才能看到事物的根本。

朴趾源在其作品中多次提到"冥心"这一词，"其冥心如丹家内观，其警醒如禅家顿悟，八十一难顷刻而过，四百四病倏忽以经"②。又如，朴趾源在《一夜九渡河》中通过人们过河时的场景及心理分析，具体阐述了"冥心"的实质与内涵。

> 吾乃今知夫道矣。冥心者，耳目不为之累。信耳目者，视听弥审，而弥为之病焉。今吾控夫足为马所践，则载之后车，遂纵鞚浮河，挛膝聚足于鞍上。一坠则河也，以河为地，以河为衣，以河为身，以河为性情，于是心判一坠，吾耳中遂无河声，凡九渡无虞，如坐卧起居于几席之上。昔禹渡河，黄龙负舟，至危也，然而死生之辨先明于心，则龙与蝘蜒不足大小于前也。声与色，外物也。外物常为累于耳目，令人失其视听之正如此。③

这里所谓"冥心"，指的就是抛去一切私心杂念，不受外界干扰，用平静的内心去揣摩、去判断。有些事情不能只是靠眼睛、耳朵来判断，而是

① 《热河日记》卷四，《幻戏记》。
② 《热河日记》卷二，《漠北行程录》。
③ 《热河日记》卷四，《一夜九渡河》。

需要你去静下心来认真思考,透过现象观察它的本质,即不要主观臆断,而是做到主客观合一的一种心境。《一夜九渡河》中渡河的场景,也是人们的一种幻觉,如同平时看到的幻戏一般。夏季,白河水上涨,水流湍急,人们因为波涛汹涌的水面而心生胆怯,无法以平静的心态去做出正确的判断。因此,人们在过河的时候都仰首望天,以免受到干扰。

> 渡水之际,人皆仰首视天。余意诸人者仰首默祷于天,久乃知渡水者,视水洄驶汹荡,身若逆溯,目若沿流,辄致眩转堕溺。其仰首者,非祷天也,乃避水不见尔,亦奚暇默祈其须臾之命也哉? 其危如此而不闻河声,皆曰辽野平广,故水不怒鸣,此非知河也。辽河未尝不鸣,特未夜渡尔,昼能视水,故目专于危,方惴惴焉,反忧其有目,复安有所听乎? 今吾夜中渡河,目不视危则危专于听,而耳方惴惴焉不胜其忧。吾乃今知夫道矣。冥心者,耳目不为之累。信耳目者,视听弥审,而弥为之病焉。①

朴趾源在这里所描述的人们渡河的场景,跟前面所说的徐敬德与盲人之间的故事是一个道理。任何事物都可能会有很多不同的面,不同的角度去观察得出的结果可能不尽相同,所以不能局限于一种思维、一种定式,而要透过各种表象去观察其本质,也就是所谓以"冥心"的态度去看待世界万物。正如朴趾源在《菱洋诗集序》中所描述的:"瞻彼乌矣,莫黑其羽,忽晕乳金,复耀石绿,日映之而腾紫,目闪闪而转翠。然则吾虽谓之苍乌可也,复谓之赤乌,亦可也。彼既本无定色,而我乃以目先定,奚特定于其目不观,而先定于其心。"②不要先去主观臆断,要客观、真实地去认识事物,这样才能不被假象所迷惑,才能够给予正确的判断。

---

① 《热河日记》卷四,《一夜九渡河》。
② 《燕岩集》卷七,《菱洋诗集序》。

四、幻戏中的与处世哲学

幻戏中不仅蕴含着丰富的人生哲理,而且反映出世人的处世哲学。人生中本就包含着诸多幻术,人与人的相处亦是一种幻术般的博弈。忠、孝、礼、仪是儒家思想中的精髓,而这些其实也都可以看作一种幻术,是世人的为人之本、处世之道。

> 赵卿曰:"然。世言飞燕太瘦,玉环太肥。凡言'太'者,已甚之辞也。既论其肥瘦,而轻加以已甚之辞,则已非绝世之佳人。彼二帝之目,独眩于肥瘦之间,世之无光明眼、真定见久矣。太伯之文身采药,幻以孝者也;豫让之漆身吞炭,幻以义者也;纪信之黄屋左纛,幻以忠者也。沛公其幻也帜,张良其幻也石,田单以牛,初平以羊,赵高以鹿,黄霸以雀,孟尝君以鸡,蚩尤之幻铜头铁额,诸葛之幻木牛流马。王莽之金縢请命,幻之未成也;曹操之铜雀分香,幻之破绽也;禄山之赤心、卢杞之蓝面,皆幻之拙者也。自古妇人尤能善幻,如褒姒之于烽也、骊姬之于蜂也。然圣人神道设教,亦有然者。愚虽未敢致疑于阶草之指佞、庭凤之仪韶,而亦未能尽信于负舟之黄龙、流屋之赤乌。"①

泰伯让位之孝,豫让吞炭之义,纪信代死之忠,这些忠、孝、义的典范,其实与赵高、王莽、曹操、安禄山等另类人物的行为一样,都只不过是一种迷惑别人的幻术,都是为了自己人生的目的和目标而采用的一种处事方式,只是生活理念不同,处事的方式也不同。

几千年来,儒家思想作为封建社会的正统思想,规范着人们的言行,塑造着人们的精神。朝鲜社会亦是如此,朝鲜李朝将儒家思想作为国家

① 《热河日记》卷四,《幻戏记》。

的治国理念和统治思想,用于教化百姓,治国安邦。儒家文化已经渗透到百姓们的生活之中,儒家思想已经成了人们行动和思想的标尺。朴趾源在这里借用鸿胪寺少卿赵光连的话,用儒家思想中所标榜的故事典范来阐述幻术的本质,即所谓幻术并不只是一种骗术和把戏,它蕴含着丰富的哲学思想,与儒家思想所提倡的处世哲学具有异曲同工之处。

> 自古神圣愚凡,莫不有一番不可知之事。或有嗜疮痂者,或有好驴鸣者。虽谓之幻,可也;虽谓之性,亦可也。幻之为术也,虽千变万化,无足畏者。天下有可畏之幻,大奸之似忠也,乡愿之类德也。余曰:"胡广之三公,幻以中庸;冯道之五代,幻以明哲。而笑中之有刀,酷于口里之吞剑耶?"相与大笑而起。[①]

幻戏表演中的幻术也并不都是妖术、邪术,它还具有科学性与哲学性。不带有偏见,客观地去看待幻术,才能够真正地认识幻术的本质。幻术虽然千变万化,实际上无足畏惧。自古以来,不管是圣贤之人还是平民百姓,在为人处世中都会有幻术的痕迹,都会有"一番不可知之事"。当时朝鲜人将幻术视为邪术,对幻术过分惧怕和排斥,赵光连对朝鲜人的这一心理和态度也是了解的,因此才用大段的故事和道理向朴趾源讲述幻术的本质。他从存在论的角度,将幻术与现实结合,指出幻术与其他存在一样,现实中本就存在着诸多幻术,亦真亦幻,才是真实的人生。因此,幻术本身并不可怕。

同时,话题进一步延伸,由幻术表演转到处世哲学。与迷惑观众的幻术表演相比,那些口蜜腹剑、欺世盗名的大奸大恶之人才更令人畏惧。奸臣们总是以忠、义之名来包装自己,如同使用幻术蒙蔽世人一般;而那些不分是非、同于流俗的乡愿,同样也是以德之名伪善欺世。正如孔子在《论语·阳货篇》中所说:"乡愿,德之贼也。"这种"乡愿",虚伪矫饰,言行

① 《热河日记》卷四,《幻戏记》。

不符，表面上看起来忠厚、廉洁，实际上则是口蜜腹剑、笑里藏刀，没有一点道德原则，是似德非德之人。

朴趾源最后又借用胡广和冯道的故事，进一步阐述了幻术中的处世哲学。胡广，字伯始，精通世故，历事安帝、顺帝、质帝、冲帝、桓帝、灵帝，可谓六朝元老，任相时间最长。东汉后期，政治黑暗，政局多变，胡广也曾多次被罢官免职，但每次都能够化险为夷，履险境如坦途，被称为东汉后期政坛上的"不倒翁"。纯熟地运用中庸之道，便是胡广在东汉时期能够长盛不衰的根本原因。"中庸"一词始见于《论语》。"中庸之为德也，其至矣乎！民鲜久矣。"中庸属于哲学范畴，是儒家思想中的一个重要内容，它是一种生活智慧，追求的是一种高度和谐的生存状态。五代十国，也是中国历史上一个战争频发、朝代更迭频繁时期，冯道便是这一时期的一位传奇人物，历经四个朝代、十个皇帝。冯道之奇，在于他超人的政治智慧。他的智慧不仅在于"独善其身"，还在于救世济民，"兼治天下"。生于五代十国这样的乱世，他能够做到两者兼顾，已是一种奇迹。

然而，朴趾源在这里引用两位传奇人物的故事，并非要称赞他们的政治智慧，而是借用他们的处世哲学来论证幻术的本质。朴趾源认为，胡广、冯道只是假借中庸、明哲等儒家思想来保全自己、安身立命，所谓的忠诚也只不过是一种机会主义的体现。对于他们来说，所谓的中庸、明哲，只是他们采用的一种蒙蔽众人的幻术手法。

当然，对于胡广、冯道这些人物的明哲保身做法，历史上的评价一直都褒贬不一。冯道是中国古代士大夫中最饱受争议的一位，欧阳修骂他"不知廉耻"，司马光也痛斥其为"奸臣之尤"。生于乱世，社会动荡，民不聊生，有些志士选择"舍生取义"，而有些人则选择"明哲保身"，人生观、价值观不同，选择的处世方式固然不同。正如《诗经》所说，"既明且哲，以保其身"。明哲保身，是一种安身立命，体现了处世的策略与智慧。

由此可见，幻术不仅是一种表演艺术，还蕴含着生活的智慧与处世的哲学，集艺术、哲学、科学、美学于一身，是几千年来人们智慧的结晶，是中国优秀的传统文化中的一个重要部分。朴趾源在《幻戏记》中详细记载了

20 场幻戏表演，一场场精彩的表演，如同一幅幅画面，让我们欣赏到了 18 世纪中国蓬勃发展的幻戏艺术，而这些内容对于研究中国民间杂技艺术来说也都是难得的珍贵史料。同时，作品中对幻戏的详细评论，也让我们对幻戏这一表演艺术有了更加深刻的认识，并进一步了解了 18 世纪朝鲜社会对幻戏的认识与偏见。

第五章　繁荣兴盛的商业文化

清朝统治者为了迅速恢复经济的发展，对商业的态度相对开明，提出了一系列扶持商业发展的政策。在清代，北京作为国家的首都，地处中原的北端，交通运输四通八达，是汉族和北方少数民族商业贸易往来的主要商品集散地。贯穿北京的大运河，千帆竞渡，昼夜不息，运河经济的发展带动了运河周边城市的发展，北京城也成为全国商业贸易的中心。北京城历史悠久，商业繁盛，乾隆时期，这里不仅是全国的政治中心、文化中心，也是一个繁华的商业城市。繁荣的商业发展，不仅促进了北京城的发展与进步，也增进了北京与各地区的文化交流，巩固了北京的重要政治地位。

第一节　历史悠久的运河文化

所谓"京畿"，指的是京都及其附近的地区，就是我们今天所说的"首都圈"，又可称为王畿、帝畿、畿甸等。"京畿"一词最早出现于汉代潘勖的《册魏公九锡文》中，"遂建许都，造我京畿，设官兆祀，不失旧物"。京畿，由于它的特殊位置，一方面要担负着拱卫京都的重要使命，另一方面与京都的经济发展又有着密切的关联。"京畿者，天下之根本"，京都与京畿承载着一个国家的政治、经济与文化发展的命脉，两者的协调发展关系到一个国家的繁荣与安定。三千年的悠久历史孕育了北京独特的京城文化，元、明、清三朝将国都定于北京，北京拥有丰厚的文化底蕴，发展成为全国的政治、经济、文化中心，而北京及周边的天津、河北等京畿重地也呈现出与众不同的文化魅力。尤其是在当今社会，京津冀已确立了在合作与交流等方面的良好格局，资源共享、互惠互利，是今后京津冀协调发展的一个总体方向。

古代的北京，之所以在当时能够成为一个最华丽、最繁荣的世界大都市，与贯穿南北的京杭大运河有着千丝万缕的联系。京杭大运河始建于春秋时期，形成于隋朝，后经元、明、清不断修复和扩建得以最终形成，是世界上最长、最古老、最著名的运河。大运河是贯穿中国南北水上交通的大动脉，是进行商品和物资交流的重要渠道，促进了南北政治、经济和文化的交流与融合。2014年6月22日，中国的大运河被列入世界文化遗产，运河申遗成功。运河文化也是京畿文化的一个重要内容，北京、天津、河北是运河北段的主要地段，运河的复建与发展，有利于促进京津冀一体化更好地协调发展。清代的大运河，南起杭州，北到通州，贯通海河、黄河、淮河、长江、钱塘江五大水系，全长约1794千米。大运河共分为七段，分别是通惠河、北运河（白河）、南运河、鲁运河（会通河）、中运河、里运河和江南运河。大运河是活态的运河，古为今用，继承发展，运河文化才能生生不息、源远流长。

本节所要探讨的就是贯穿于京津冀地区的运河文化，从18世纪繁荣兴盛的漕运商贾、先进科学的造船技术、热闹繁华的城市建设以及生态风雅的运河艺术等方面具体阐述朝鲜学者朴趾源眼中的京畿运河文化。

一、繁荣兴盛的漕运商贾

运河开凿主要就是为了漕运。漕运是大运河的一个重要功能，也是运河文化的重要内涵。"国家大计，莫过于漕。"[①]漕运是我国历史上一项重要的经济制度。在我国历代的王朝历史上，尤其是明清两代，忙碌于大

---

① 《清经世文编》卷46，户部。

运河之上的漕运,可以说是维持京都北京乃至整个国家正常运转的一条重要的生命线。明清两朝,大运河得到较好的疏浚和治理,成为运输漕粮的主要渠道,此时的漕运商贾盛极一时。宋应星在《天工开物·舟船》中记载:"凡京师为军民集区,万国水运以供储,漕舫所由兴也。"他讲述了运河漕运之于京师的重要作用,以及运河之上漕舫齐聚的繁荣景象。

大运河对于北京而言尤为重要,供养京城的食粮和日用品,都是依靠大运河从全国各地运送而来。清代前期运河畅通之时,每年都有六七千艘重运漕船沿运河北上,把数百万石漕粮运往北京,以保证京师的粮食供应。①《清史稿》记载,每年运往京师的漕粮定额为四百万石,而清道光以前,运河漕运兴达四百十二万石左右。② 除此以外,北京皇家建筑所需要的木材、砖瓦、石料,平均每年通过漕船附带的南北货物绸、瓷器等手工业产品等也都经由运河运往北京。自明末清初起,京杭大运河贯通南北,漕运商贾盛极一时。位于京杭大运河北端的通州,紧靠全国的政治中心北京,是一座典型的运河与漕运城市,其境内水利资源极其丰富,有白河、浑河、榆河、通惠河等多条河流,而且该地区地势较为平坦、土壤肥沃、经济发达,是屏卫京畿的重要商贸与军事基地。《通州志》便介绍了通州漕运的重要性:"漕运之资于水利大矣,通州为漕渠重地,以外有潞河,内有通惠河也,金始因潞以通山东、河北之粟,元郭守敬遂议浚通惠河,乃罢陆挽,民甚便之,由是商贾辐辏,四方云集者日益众。"③运河漕运已经成为联系南北经济的重要纽带,是沟通南北物资流通的大动脉,对清代经济的繁荣发展起到了不可磨灭的重要作用。

朴趾源在《热河日记》中便记载了白河津渡的漕运景象:"至白河津渡,喧争莫可即涉,方造浮桥,船皆运石,只有一艇济人。"由此可见,当时的漕船主要用于运输粮食、建筑材料和货物,而为了方便人们渡河则专门建造了浮桥。历史上通州城周边曾设有三座浮桥,分别是州城东白河上

① 《清朝文献通考》卷 43,《国用考》5。
② 《清史稿》卷 122,《食货志》3 参考。
③ 高天凤:《通州志》序,清乾隆四十八年(1783)刻本。

的东浮桥、州城西北温榆河上的西浮桥和州城东北的北浮桥。到了民国初年,这些浮桥均被拆除。朴趾源在这里所记载的浮桥,应该就是白河上的东浮桥。白河也称为潞河,但清代所说白河应该属于潞河的上游。白河发源于河北省沽源县,经延庆、怀柔,流至密云县与潮河汇流,称潮白河。潞河在今天的通州区,位于大运河的北运河段,明清又称潮白河,由潮、白河合流而成。有关这部分内容,在《热河日记》的《漠北行程录》和《一夜九渡河》中也有大致的记载。

> 行未数里,已平明。忽闻震雷轰天,潞河舟中万砲声云,朝露澹荡,遥看樯头簇立如茶。……舟楫之盛,可敌长城之雄。巨舶十万艘皆画龙,湖北转运使昨日领到湖北粟三百万石。……船旗大书"浙江""山东"等号,沿河百里之间密若竹林。南通直沽海,自天津卫会于张家湾,天下船运之物,皆凑集于通州。不见潞河之舟楫,则不识帝都之壮也。①

八月初一丁未,朴趾源一行刚刚抵达潞河,就被潞河之上的漕运盛况所震撼。潞河之上万船齐聚、轰鸣震天、帆樯如林,汇集了全国各地的商船。朴趾源所记载的这段运河正是自通州至天津段的北运河。潞河是大运河之首,是京都的生命之河,京都所需南方物资,无论海运、河运,都从直沽(天津)中转到通州潞河。

另外,朴趾源还详细记载了北京至通州的通惠河上千帆竞渡的漕运景象。通州是京杭大运河的北起点,通州之名本身就与漕运有关,取运河漕运通畅周济之意。八百多年来,通州地区一直是漕运及仓储重地。通惠河是元代挖建的漕河,元世祖以前,南方的粮食运送到通州之后,要再经过陆路运送到京城,粮多路远,运粮兵民苦不堪言。至元三十年(1293),通惠河工竣,元世祖赐名"通惠"二字。通惠河开通以后,漕船可

---

① 《热河日记》卷二,《关内程史》。

以到达积水潭,因此积水潭,包括今天的什刹海、后海一带,便成了大运河的终点。

但是,明中期以前,由于通惠河治理不彻底,河道淤浅,因此南来的漕粮都要在张家湾卸载,然后再经车运转至通州或北京。明统治者曾多次下令整治通惠河,但始终效果不佳,这主要是由于明代通惠河水道的水量较少。自明初永乐以后,中国进入至今五六百年的寒冷期,气候总体趋势逐年偏旱,明代中期以后旱情更为严重,由此导致运河水量偏少。[①] 至明嘉靖七年(1528),通惠河才得以重新开通,自北京东便门外的大通桥,至今朝阳区杨闸附近,打通了元代淤塞的通州城北闸河旧道,使通惠河自通州城北汇入白河,通惠河口移至通州城北关附近。[②] 此后,在明清两朝的精心治理下,通惠河一直畅通无阻,南来的漕船无须经张家湾中转,而是一路畅通直达通州和北京城。清朝时,每年要有几百万石漕粮汇集于通州,经护城河,转运到京城仓库。通惠河在明清两朝的维护下,一直沿用到 20 世纪初。

18 世纪的中国漕运发展迅速,大运河成为南北物资流通和商品贸易的重要渠道,每日都会有无数的商船穿梭往来,北学派文人洪大容就曾经感慨道:"运输之利,人不如马,马不如车,车不如船。"[③] 而朴趾源出使中国的时间是乾隆四十五年,此时中国正处于康乾盛世的繁荣兴盛期,运河文化亦是达到了顶峰。因此,朴趾源所看到的通州运河景象自然是一片繁荣,"天下船运之物皆凑集于通州",而且"(永通桥)桥下舟楫,直达朝阳门外"[④]。朴趾源所记载的这些内容与中国史书上的记载是一致的。

朴趾源作为实学思想家,与其他文人相比更长于观察与思考,他在描绘运河盛况的同时,也指出了当时运河存在的一些问题。他在《热河日

---

① 常征、于德元:《中国运河史》,北京燕山出版社,1989,第 489 - 490 页。
② 陈喜波、韩光辉:《明清北京通州运河水系变化与码头迁移研究》,《中国历史地理论丛》,2013 年 1 月。
③ 洪大容:《湛轩书》外集,卷七,《燕记》。
④ 《热河日记》卷二,《关内程史》。

记》中记载道："桥下舟楫，直达朝阳门外，复以小船，开闸运漕，以入太仓云。"[1]前面已提到，通惠河于明嘉庆七年才得以重新开通，但由于此段运河河身较窄，水量较小，水浅易淤，所以需要经常疏浚，才能保持一定的航运能力。而由于漕船一般体积都较大，除了个别涨水时节，一般不能直接到达通州城下，此时会将漕船上的粮食和货物分装在平底的小驳船上。驳船与一般的漕船相比，吃水浅，载货量大，适合水位较浅的河段。因此，在通惠河段，人们经常能够看到撑篙无篷的小船，也就是驳船。朴趾源在这里所提到的"以小船开闸运漕"，描述的就是这种现象。

此外，历史上，白河、潞河水势湍急，雨天时经常会泛滥成灾，明、清两代为防御洪水曾多次修筑堤坝。朴趾源在有感于运河的壮观漕运之时，也意识到了运河水势之凶猛。

> 嗟夫！势之不足恃如是，而势之所在，奔骛苦狂。转眄之顷，时移事冷，无所凭倚。泪然如泥牛之入海，涣然若冰山之遇日。千古滔滔，岂不哀哉。忽有愁云四压，风雷大作，犹不若去时之怖懔。来往之际，皆如此，甚可异也。皇明天顺七年，密云、怀柔大雨，白河溢数丈，漂密云军机库及文书房。意者此古战场，风盲雨怪，发作无时，电怒雷愤，烦冤尚结耶。[2]

同时，他还进一步分析了运河水灾给百姓带来的危害。"一旬前，京师大雨，潞河涨溢，坏民庐舍数万户，人畜漂溺不计其数。今于马上，以烟竹，伸臂仰揣柳上水痕，距平地可为数丈。"[3]根据此段内容，我们就可以了解到当时运河水灾给沿岸的百姓所带来的灾害，河水上涨之时可高达数丈，房屋淹没，人畜受损。历史上，北京城经常会发生水灾，主要是夏秋之际多暴雨，再加上河流决堤，怀柔、密云和顺义等地区是北京地区经常

① 《热河日记》卷二，《关内程史》。
② 《热河日记》卷三，《还燕道中录》。
③ 《热河日记》卷二，《关内程史》。

洪水泛滥的地方。通州地处北京的东南面,与其他各州县相比,地势最为低洼,为京郊汇水之处。潮白河、温榆河、坝河、通惠河、凉水河等,于境内先后相汇,合为北运河。每年夏秋之际,北运河的雨量较为集中,因此这里经常会发洪水,冲决堤岸,致使两岸田庄淹涝。

朴趾源作为一位实学思想家,始终以"利用厚生"思想为指导,关注国计民生。"利用厚生"是儒家思想的一个重要内容,中国的《尚书·大禹谟》早就写道:"德唯善政,政在养民。水、火、金、木、土、谷,唯修。正德、利用、厚生,唯和。"《左传·文公七年》又进一步提出:"六府三事,谓之九功。水、火、金、木、土、谷,谓之六府。正德、利用、厚生,谓之三事。"正德、利用、厚生分别代表着三种不同的内涵。《尚书·孔传》对三者进行了具体的解释:"正德以率下,利用以阜财,厚生以养民,三者和,所谓善政。"正德是根本,而利用厚生则是社会发展的最终目标,物有所用,民有所养。正是出于对社会和民众的责任,朴趾源才会细致地发现盛世繁荣的运河文化中所潜藏的危机,这也是中国历代统治者在运河的治理过程中面临的最艰巨、最棘手的任务。直至今日,通州水系的治理工程仍是通州乃至京畿文化圈建设的一项重要内容。过去,大运河是中国重要的漕运通道和国家的经济命脉;而如今,运河文化经过千年的积淀,已经成为中国文化中的一个重要篇章。

二、先进科学的造船技术

繁荣的运河漕运离不开先进发达的造船技术。人类较早地使用船舶这种工具,利用船可以获取水中的资源,也可以将其作为一种交通工具,后来人们又将船用来载运货物。因此,为了满足人们不同的生活需求,船的种类和造型也在不断地更新、发展。中国古代船舶的形式逐渐呈现多元化发展,船舶的设计也在不断地走向文明和进步。《天工开物·舟车》记载,中国古代的船舶种类繁多,名称可达百千种。"凡舟古名百千,今名亦百千,或以形名(如海鳅、江鳊、山梭之类),或以量名(载物之数),或以质名(各色木料),不可殚述。游海滨者得见洋船,居江湄者得见漕舫。若局趣山国之中,老死平原之地,所见者一叶扁舟、截流乱筏而已。粗载数舟制度,其余可例推云。"

进入清代社会,漕运已经成为维系清朝统治的一个重要经济命脉,对南北物资的流通也起到至关重要的作用。两江总督高晋、江苏巡抚明德在乾隆三十二年(1767)五月二十一日的奏折中写道:"凡京城所需南货,全赖江南漕船带运,而江南所需北货,亦赖漕船带回。若漕船全停,不唯南北货物,不能流通。"①由此可见,在清代社会,漕船的正常运行已经关系到整个国家物资的顺畅流通。随着漕运地位的不断提升,人们对漕船的设计和种类就提出了更高的要求。清代漕船的种类形式繁多,有腰船、头船、行运船、兑粮船、百宝船、红船、快船、风林船、金刚船、白粮船、兑粮船、细米船、尖头船、彩凤船等。康熙时期开始限制漕船的载重量与吃水深度,并重新设定了船的尺寸,便于统一管理。康熙十七年(1678)之际,有规定漕船载米不得超过四百石,吃水不能超过六捺,运河水深也只有三尺五寸,也就是 112 厘米。②

与此相反,18 世纪的朝鲜社会实行闭关锁国政策,经济发展滞后,交通运输业不发达。以朴趾源为代表的北学者们来到中国时,亲眼看到了中国的繁盛景象,除了心生感慨,更多的是去分析和探究造成这种差距的原因。朝鲜经济之所以停滞不前,一个重要的原因就在于交通运输业发展滞后。交通运输业的发展对国家经济有着至关重要的影响。它可以促进商品和物资的流通,推动整个社会经济的发展;相反,交通运输发展滞后则会给国家经济的发展带来阻碍。

朴趾源作为实学派学者,一直奉行"经世致用""利用厚生"等重要实学思想。这也是儒家思想的一个重要内涵,儒家思想提倡"修己",也同样重视"治世"。"经世"概念最早见之于《庄子·齐物论》,其言有曰:"六合之外,圣人存而不论;六合之内,圣人论而不议。《春秋》经世,先王之志,

《热河日记》中的18世纪京畿文化研究

圣人议而不辨。"朴趾源的实学思想与这一点是高度契合的,他指出:"夫读书者,将以何为也? 将以富文术乎,将以博文誉乎。讲学论道,读书之事也。孝悌忠信,讲学之实。礼乐刑政,讲学之用也。读书而不知实用者,非讲学也。所贵乎讲学者,为其实用也。"[1]在实学的基础上,朴趾源又进一步提出了北学思想,主张学习中国清代先进的文物制度。他指出,"圣人之利用厚生之道,唯恐其巧之未尽也","工欲善其事,必先利其器,器械不利而能善其事者,未之有也。……如欲利其器械,则莫如学中国"。[2]

朴趾源对中国的交通运输尤为关注,中国的车制、漕船对朴趾源来说都极具吸引力。朴趾源在《热河日记》中详细介绍了当时中国船舶有趣的名称,并与当时朝鲜船舶的名称及各自的功能进行了对比。

> 沿路河津,船制不一,此河船制有如我国津船,而或有锯截船腰,乃还绳缚为一船者。一犹怪矣,乃有三焉。造字者多象形,如舟旁曰舠、曰艓、曰舴、曰航、曰艋、曰艇、曰舰、曰艨,随形锡名,物物皆然。我国小船曰杰傲,津船曰捏傲,大船曰漫藏伊,漕船曰松风排,出海曰唐突伊,上流曰物遇排,关西称船曰马上伊。制虽各异,只一字曰船而已矣。虽借用舠、艓、舴、艋等字,而名实无当耳。[3]

根据朴趾源的记载,我们可以大致了解当时朝鲜船舶的种类及用途,但是相比较于 18 世纪的中国,朝鲜社会发展缓慢,朝鲜的船制也相对落后。北学者朴齐家曾经在《北学议》的"船"篇中就中朝之间的船舶进行了详细的比较:"我国既失全车之利,又不尽舟船之用。无论运船津船,隙水

---

① 《燕岩集》卷十,《原士》。
② 《燕岩集》卷十六,《课农小抄》。
③ 《热河日记》卷三,《还燕道中录》。

常满。舟中之胫,如涉川然,舀而弃之,日费一人之力。"①由此可见,朝鲜当时船舶的质量是相当粗糙的,既不能御水,又无法挡雨,水路运输可以说是劳民伤财的一种选择。而在中国,船舶一直以来都是一个重要的交通工具,尤其是在江南地区,"其舟行人贵贱来往以代马车、屝履。舟即小者必造窗牖堂房,质料多用杉木"②。这些小船看似小巧,但是制作精良,船上都建有房间、船户、小帆等,而且可以来往三四百千米,直达天津和通州。

朴趾源一行刚抵达白河渡口,就领略了运河之上热闹非凡的景象。"至白河津渡,喧争莫可即涉,方造浮桥。船皆运石,只有一艇济人。"③在当时的码头,大部分船舶都用于漕运载货,而不再只是一个简单的代步工具。船舶用于商用的功能最早记载于春秋时期有关文献对范蠡的描写,"夏则资皮,冬则资绤(细葛布),旱则资舟,水则资车,以待乏也","其人水行而山处,以船为车,以楫为马"④。后来把运粮的船统称为漕船,漕船成为水运粮食的专用船舶。但是到了宋代以后,内河的漕运非常繁荣,漕船的功能已经不只是运输粮食,还包括茶叶、盐、香料、瓷器、木材等多种物资。"京师百货之集,皆由粮船携带。"⑤因此,漕船的设计和规格也随着其运输功能的变化而不断改进。朴趾源在《热河日记》的《船制》一篇中,详细介绍了当时大运河之上华丽的商船。

> 试登一船,略玩其制度。船皆长十余丈,以铁钉装造,船上铺板,建层屋。谷物皆直卸于舱煌中。屋皆饰以雕栏画栋、文窗绣户,制如陆宅。下库上楼,牌额柱联,帷帘书画,渺若仙居。屋上建双樯帆,……浑船以铅粉和油厚涂,上加黄漆,所以点水不

---

① 朴齐家:《北学议》进上本,《船四则》。
② 《天工开物》中篇,《舟车·杂舟》。
③ 《热河日记》卷三,《还燕道中录》。
④ 《国语》卷二十,《越语上》。
⑤ 《清续文献通考》卷77,《国用考》15。

渗,上雨亦无所忧也。①

中国古代的船舶,非常注重审美艺术,将形式美、装饰美、技术美集于一身。"雕栏画栋、文窗绣户",微风吹拂,帷幔飘荡,若隐若现,渺若仙居。通过朴趾源这段描写,我们可以了解到,当时清代的漕船不仅形式多样、气势雄伟,而且雕琢精美、造型华丽,即使是运载货物的商船也同样注重船体的装饰与艺术。

作为实学思想家,朴趾源对中国船舶的认识,并不只停留在对这种独具匠心的造船艺术的赞叹和欣赏上,他更多关注的是这些船舶的功能和实用性。正如前面他所提到的,每一艘漕船上都建有装载粮食的仓库,而且船舶的木板经过铅粉、油漆等特殊处理,有防水防潮的效果,粮食可以直接倒入其中。关于这一点,朴趾源在其晚年创作的《课农小抄》中也进行了具体说明:"臣尝见中国槽河及陆地运谷者,其船板库箱皆直受粒谷,不用驴负轿载者乃用布囊,而其在仓宇则又以栋宇为器,直湾其中,故一仓所积可以从外推测,而不差斗斛。"②由此可见,朴趾源对中国漕船的装船之法印象深刻,漕船上的粮仓不仅密不透水,而且设计科学合理,装载量大。有关这方面的内容,北学者朴齐家在其《北学议》中也留有详细的记载,并指出了朝鲜船舶所存在的问题。"今削木不精,隙水常满,舟中之胫,如涉川然。舀而弃之,日费一人之力。谷不能直载,而藁石之积倍于谷。……载不能满,亦不能高,或有篷而短,空其头尾,天雨则遂作贮雨之器。"③

朝鲜北学者们之所以如此细致地观察中国的船舶,主要原因就在于他们认识到了船作为交通运输工具的重要性,它已不仅仅是运货载人的工具,更是保证物资流通顺畅进行的重要手段,对发展国家经济有着至关重要的作用。朝鲜是一个三面环海的国家,其本身的地理条件也决定了

---

① 《热河日记》卷二,《关内程史》。
② 《燕岩集》卷十六,《课农小抄》。
③ 朴齐家:《北学议》内篇,《船》。

发展本国水路交通的必要性。同时，朝鲜距离中国的港口城市较近，与其他国家相比，这一优势让朝鲜更便于学习中国的船制进行海上贸易。只有这样，朝鲜才能够扬长避短，发挥地理优势，克服其国内自身物资贫乏、市场狭小的弱点，从而达到繁荣经济、富国裕民的最终目的，这也是朴趾源等北学者们北学中国的最终目的。

三、热闹繁华的运河城市

大运河是沟通南北经济和文化交流的大动脉。航行于大运河之上的民船、商船、货船不可胜数，运河漕运不仅带动了南北经济的发展，而且刺激了运河沿岸城市的发展与繁荣。漕船南来北往，都要在天津、通州、临清、苏州、扬州等运河沿线的港口城市停泊，商贾客旅们便可上岸，出售随船携带的货物，也可购买当地的土产品。此时，运河沿岸的城市便成了一个小型的南北商货贸易市场，呈现出一片车水马龙、熙熙攘攘的繁忙景象。前面所提到的通州，就是因"漕运通济"而得名，取运河糟运通畅周济之意，素有"一京、二卫、三通州"之盛名。通州作为漕运枢纽和北京的门户，曾经盛极一时，是大运河北端一颗璀璨的明珠。通州依运河而生，通州的繁荣得益于京师北京，得益于贯穿南北的大运河。源源不断的粮食和货物从南方漕运到通州，再由此送到北京。濒江临海、得天独厚的地域特征给通州带来了巨大的经济效益，刺激了通州城经济的发展。

同时，大运河将全国各地的文化元素融入通州。通州经过多年运河文化的洗礼和沉淀，已经形成了兼收并蓄、独具特色的文化底蕴，以及自信、包容的城市精神。自古至今，文人墨客留下了诸多描写通州的诗篇，他们不惜笔墨，大肆赞美通州的美景；同时，这些诗中蕴含着古老而又神秘的运河文化。元代诗人贡奎在《二月二达通州》中写道："河冰初解水如天，万里南来第一船。彻夜好风吹晓霁，举头红日五云边。"清代诗人王维珍在《古塔凌云》中也盛赞通州的美景："云光水色潞河秋，满径槐花感旧游。无恙蒲帆新雨后，一枝塔影认通州。"这些诗句给通州这座运河古城增添了几分诗情画意。朝鲜学者对这座古老的运河城市亦极为关注,他们不仅沉醉于通州的美景,更感慨于通州的繁荣。在他们看来,大运河的漕运不仅是维持首都北京正常运转与发展的生命线,也带来了运河沿岸城市的繁荣与发展。

朴趾源随使行团初至通州潞河,看到宽广而又清澈的河水,以及河面上樯帆如林的景象,不禁心生感慨。"舟楫之盛,可敌长城之雄;巨舶十万艘,皆画龙。"①朴趾源用简单的几笔就勾勒出通州运河的壮观与繁盛景象。漕运促进了运河沿线城镇的崛起与发展,它们承载着货物的集散与流通,成为大江南北商品流通的重要枢纽。北京通州便是在这种背景下孕育而生的,并一直以漕运码头的城市形象闻名于世。

朴趾源在《热河日记》中不仅描绘了运河漕运的壮观景象,同时也记载了通州街市的热闹与繁华。

> 下船登岸,车马塞路不可行。既入东门,至西门五里之间,独轮车数万,填塞无回旋处。遂下马,入一铺中,其瑰丽繁富,已非盛京、山海关之比矣。艰穿条路,寸寸前进。市门之匾曰"万艘云集",大街上建二檐高楼,题曰"声闻九天"。②

通州城门紧邻运河,东门外的东关大街沿运河东南延伸,俗称大河沿,为民用码头群集之处。来自国内以及海外各类物资均经东门入城,因此东大街成为通州城内最繁华的商业街,大街两侧店铺林立,市场多分布于东大街附近。通州旧城分为北大街、南大街、东大街、西大街,其中东大街是当时有名的商业区;而新城以新城大街为主,主要是仓储区。③"既入东门,至西门五里之间,独轮车数万,填塞无回旋处。"根据朴趾源的这一记载,我们可以推断出,这里所描述的正是自东门至西门的通州旧城东

---

① 《热河日记》卷二,《关内程史》。
② 同上。
③ 陈喜波、邓辉:《明清北京通州古城研究》,《中国历史地理论丛》,2017年1月。

大街、西大街和通州西城的新城大街这一段街景。商铺林立,车水马龙,客旅如织,18世纪的通州已发展成为一个繁华热闹的商业城市。

通州得益于水运及陆路交通之便,交通发达,商业繁荣。而明清时期,通州作为漕运重镇,商业愈加繁荣。雍正帝在《御制通州石道碑文》中有云:"潞河为万国朝宗之地,四海九州岛岁致百货,千樯万艘,辐辏云集,商贾行旅梯山航海而至者,车毂织络,相望于道,盖仓庾之都会,而水陆之冲逵也。"①关于通州繁华的商业景象,其他燕行学者在燕行录作品中也有记录。在他们看来,通州"舟楫之盛",与"皇都之神丽""辽野之旷阔"可并称为三大"壮观"景象。② 朝鲜学者李德懋曾写道:"通州路虽狭,市肆逶迤十里,江南杂货委积于此,四方商贾缤至而辐辏。"③康熙年间,朝鲜使臣李宜显则更具体地描绘了通州的商业状况。

> (通州)岸上间阎,皆临水而居,望之如画,往往以白灰涂其屋上,河水冰合,百余艘舠舰泊在上下,亦有江南商舶之留着者,若比我国三江之船泊则不啻倍之。而曾闻通州船樯,有如万木之森立,为天下壮观云。今来见之,不尽如此。由东城而入,街路之上,往来行人及商胡之驱车乘马者,填街溢巷,肩磨毂击,市肆丰侈,杂货云委,处处旗榜,左右罗列,如绒裘、皮鞯、红帽子、画、磁器、米、谷、羊、猪、姜茵、葱、白菜、胡萝菖之属,或聚置廛上,或积在路边,车运担负,不可尽数。至如壕堑之深广,城壁之坚致,楼榭台观之壮丽,署宇仓厂之宏大,非如沈阳之比,真畿辅之襟喉、水陆之要会也。④

漕运的兴盛,使通州呈现车船如织,商铺林立,百货山积的繁荣景象。

---

① 光绪《通州志》卷首,《宸章》。
② 姜长焕:《北辕录·潞河漕船记》,《燕行录全集》卷77。
③ 李德懋:《入燕记(上)》,正祖二年五月,十四日。
④ 李宜显:《庚子燕行杂识》,《燕行录全集》卷77。

通州作为大运河北端的一个河岸城市,其命运与大运河息息相关,依运河而繁荣。通州运河之上,漕船往返于南北城市之间,南北及海外货物汇聚于此,商贾客旅在这里进行商业贸易。朝鲜学者们不仅详细记载了通州繁荣的商业景象,而且准确把握了通州在京师北京的重要地位——"畿辅之襟喉、水陆之会要"。

朴趾源在作品中还介绍了通州的仓廒和漕运的重要路线。"城外有三所仓廒,制如城郭。上覆瓦屋,屋上建疏窗小阁,以泄积气,墙壁间垂穿旁穴,以疏湿气,引河环仓为壕。行至永通桥……桥下舟楫,直达朝阳门外,复以小船,开闸运漕,以入太仓云。"①顺治初年,定京城八仓、通州三仓。而乾隆十八年(1753),南仓被裁撤,并入中仓和西仓。因此,清代自乾隆以后,通州只有大运西仓和大运中仓两座粮仓。② 而朴趾源在这里的记载却是"城外有三所仓廒",这一内容还有待于进一步斟酌。另外,"开闸运漕,以入太仓",这部分内容也存在一些问题。"太仓",曾是运河沿岸的一个重要粮仓,今江苏淮安西北运河东岸。《通州志》记载:"通之水利,漕河为大,东南粟米,舳舻转输几百万石,运京仓者由石坝,留通仓者由土坝,故通于漕运非他邑比。"③当时运河漕粮入通州之后便由土坝上岸,然后自土坝起车或由小船载入通州仓和京仓。因此,朴趾源在这里所记载的"太仓"实际上就是"京仓"。朝鲜学者的史料记载,在很多地方丰富了中国文献中的不足,但是有些内容还需要仔细推敲,尤其是异域文化所带来的一些误读现象。因此,对待丰富的域外汉籍资料,我们要用辩证的眼光去认识和接受。

此外,运河的桥梁建筑也是运河城建中的一个重要内容。朴趾源在《热河日记》中就重点介绍了通惠河上的永通桥。"行至永通桥,一名八里桥也,长数百丈,广十余丈,虹空高十余丈。左右设栏,栏头坐数百狻猊,

---

① 《热河日记》卷二,《关内程史》。
② 乾隆《通州志》卷 3,《漕运志》,清乾隆十八年(1753)。
③ 乾隆《通州志》卷 3,《漕运志》,清乾隆四十八年(1783)。

雕刻之工,类图章细钮。桥下舟楫直达朝阳门外。"①永通桥是通惠河上的一座大型石拱桥,史称"陆运京储之通道",也是北京四大名桥之一。永通桥距通州城西八里,故又俗称"八里桥"或"八里庄桥",现在其原名已经鲜为人知了。八里桥建于明正统十一年(1446),并由正统皇帝亲自赐名"永通",南北走向,横跨通惠河,为石砌三券拱桥。桥用花岗岩石砌造,中间有一个大跨度的桥拱,可通舟楫,两边各有一个小型的对称桥拱,呈错落之势。桥长 50 米,宽 16 米,桥上的每块石头之间嵌铁相连,十分坚固。李时勉在《永通桥记》中写道:

> 通州城西八里河,京都诸水汇流而东。河虽不广,每夏秋之交雨水泛滥,常架木为桥,比舟为梁,数易辄坏。内官监太监李德以闻于上,欲于其地建石桥,乃命司礼监太监王振往经度之。总督漕运都督武兴发漕卒……桥东西五十丈,为水道三券……题曰永通桥,盖上所赐名也。②

在中国,桥梁的发展有着久远的历史。它不仅方便了人们日常的交通,对古代运河漕运及陆路运输都带来了较大的便利,同时对地区经济的发展也起到了极大的推动作用。石拱桥与其他桥型相比,扩大了桥洞的空间,既可以保证桥上的交通顺畅,又不会妨碍桥下的运输,更有利于水上航运。正如朴趾源所说,"(永通)桥下舟楫直达朝阳门外",这样既缩短了货物运输的时间,又减去了诸多不必要的周转环节。另外,在运河沿岸修建桥梁,也可以免去商旅上下渡船的麻烦。与此相比,朝鲜不仅船舶设计较为简陋,沿岸的桥梁修建也不完善。朴齐家在《北学议》中写道:"泊岸不桥,负人以过,跃马令入。以可桥之高,跃不横板之深,几何而马不折

① 《热河日记》卷二,《关内程史》。
② 《建苑拾英:中国古代土木建筑科技史料选编第二辑》上册《庙碑记》,李时勉《通州桥记》,同济大学出版社,1997,第 420 页。

脚也？故马有善舟、不善舟之称，无桥之故也。"①河岸没有桥梁，不仅不便于商旅通行，而且给运送货物带来诸多不利。也正是因为朝鲜的交通发展滞后，才会导致其国内的商品流通困难，经济发展缓慢。朴趾源等北学者经过自己在中国的实地考察，认识到交通是商品流通的重要保证，也是经济发展的必要条件，朝鲜社会要改变落后的状况，实现富国民强，必须完善国家的交通状况。交通问题与经济发展紧密相关，改善交通状况，充分发挥水、陆等交通的作用，才能促进经济的快速发展，这也就是朴趾源所主张的先学会"利用"，然后才能够"厚生"。

古老的运河带动了通州这类运河城市的发展，同时为它们积淀了宝贵的文化遗产，造就了运河城市独具特色的文化和历史。如今，作为"京畿门户"的通州，在新时代又被赋予了新的使命。作为京津冀"一核两翼"中的一翼，作为北京城市的副中心，通州在京津冀协同发展中起到了至关重要的作用，关系到首都的建设、繁荣与稳定。

四、生态风雅的运河艺术

大运河承载着千年的运河文化，是中国古代南北交通的大动脉，是国家经济发展的大动脉。大运河犹如一幅瑰丽壮阔的历史画卷，蕴含着中国千年来厚重的文化和艺术。运河沿岸，热闹繁华的城市景观，宁静恬淡的自然景观，古朴自然的人文景观和谐共生、相辅相成，构成运河绿色生态文化的重要特征。同时，运河文化又是"活态"的，它源远流长，生生不息。

朴趾源在《热河日记》中除了详细介绍运河的漕运和运河城市的繁荣，还特意描绘了史书上看不到的运河景观。"窗外斑竹栏干，映纱玲珑。邻船鼓乐喧咽，鸥鸟烟云。楼台之胜，透窗映带，沙堤浩渺，风帆出没。悠

---

① 《北学议》内篇，《船》。

然忘其为浮家泛宅,若寓身阛阓华堂之间,而兼有江湖景物之乐。"①

朴趾源运用抑扬顿挫的词句,将运河之上的美景描绘得栩栩如生。在这里,"鼓乐喧咽,鸥鸟烟云",人与自然和谐共生,犹如小桥流水人家般的诗情画意;而华丽的亭台楼阁,烟波浩渺的河面,风帆林立的商船,则将人文景观与自然景观完美的结合,构成了运河特有的生态美景。正如中国画一般,运河的美在于将"天人合一"的哲学思想巧妙地融汇在一起,寓动与静,相得益彰。而朴趾源之所以特意强调运河的生态美景,与其一贯主张的"五行相生""人物性同"的思想是一致的。"五行相生,六气相宣","自天地生物之仁而论之,则虎与蝗虫,蜂蚁与人,并畜而不可相悖也"。②朴趾源认为,五行之间,人与物之间,在本质上是和谐统一、相资而长的,"故相生者,非相子母也,相资焉以生也"③。只有万物和谐统一,也就是儒家思想中的"天人合一",才能够实现生命的生生不息和文化的活态传承。

另外,运河之上闲适风雅、诗情画意般的文化生活也构成了18世纪清代运河人文艺术的一大亮点。运河之上帆樯林立的漕船不仅可以用来运载货物,还具有一定的休闲娱乐功能。漕船的建筑优美,设计华丽,船上房屋较多,有的甚至建有两三层的阁楼。朴趾源对运河漕船的设计和装饰进行了细致的描绘。清代运河之上的漕船不只局限于运输粮食和货物,还兼具着艺术审美与文化娱乐的多重功效。

康乾盛世,带来了18世纪清代社会的繁荣与稳定,同时也促进了当时经济的迅速发展。随着人们生活水平的提升,物质生活的富足已经不能满足人们日常的生活需求,精神方面的消闲与享乐成为当时人们更高的生活追求。运河之上来往的商旅们,在闲暇之余尽情享受运河之上的美景,人们在船上抚琴唱曲,吟诗赋对,品茗赏月,感受别样的运河情趣。"江中处处船游小艇,或张红伞,或设青幔。三三五五,各踞短脚椅,或坐

① 《热河日记》卷二,《关内程史》。
② 朴趾源:《燕岩集》卷二,《虎叱》。
③ 朴趾源:《燕岩集》卷一,《洪范羽翼序》。

《热河日记》中的18世纪京畿文化研究

凳子。床上摆列书卷画轴、香鼎茶槍，或吹凤笙龙管，或据床作书画，或饮酒赋诗。未必尽高人韵士，而闲雅有趣矣。"[1]

风雅闲适的慢生活，一直是古代文人墨客的心之所向，素履所往。他们或游山玩水，或吟诗作画，或吹箫抚琴，在优雅闲适的生活中修身养性，陶冶身心。"风雅"一词渗透在中国几千年的传统文化之中，成为人们内心深处最向往的生活。同样，这也是运河文化最吸引朝鲜文人的一个重要原因。他们与清朝的官员们在运河的漕船之上谈笑风生，举杯畅饮，感受中国传统文化与艺术的魅力，体验风雅闲适的运河生活。也正是这种悠然闲适、心旷神怡的感觉，才让他们产生了"若寓身阛阓华堂之间，而兼有江湖景物之乐"[2]的美妙感觉。当今社会，随着生活节奏的不断加快，生活压力的不断加大，这种风雅闲适的生活更具有魅力和吸引力。人们缺乏这种恬淡自然的心境，需要这种"山气日夕佳，飞鸟相与还"的闲适与惬意。

朴趾源用骈文的形式，将运河之上诗情画意般的人文景象娓娓道来。而音韵和谐、简洁凝练、朗朗上口的语言，更为运河艺术增添了几分美感。骈文，起源于汉末，形成并盛行于南北朝。骈文是一种极具美学特点的文体，全文以四六句为主，讲究句式的对仗，体现出整齐的建筑美；同时，骈文的辞藻华丽、音韵和谐，将色彩美与音乐美融为一体。虽然唐代的古文运动让骈文一度衰退，但是骈文并没有从此消亡，直至清末，骈文创作依然十分流行。韩国的古典散文兴起于三国时期（前 57—668），统一于新罗时期（668—901），文坛深受唐代文学的影响，为文崇尚骈文。高丽王朝后期，苏轼、韩愈的古文创作对当时的文坛产生了极大的影响。徐居正在《东人诗话》中写道："高丽文士专尚东坡。每及第榜出，则人曰：'三十三东坡出矣！'"然而，骈文本身所具有的独特魅力，依然吸引着众多朝鲜文人，在朝鲜文坛始终占有一席之地。朴趾源善用骈文，偏爱其简洁凝练的语言、和谐对仗的音律以及华丽典雅的辞藻，即骈文所具有的形式美、音

---

① 朴趾源：《热河日记》卷二，《关内程史》。
② 同上。

乐美、和谐美、典雅美等美学特征。

运河文化以水为魂，喧闹与宁静、自然与人文、恬淡与风雅在这里和谐共存，相得益彰，这也构成了运河两岸独具特色的生态文化。水、岸、城，是运河文化的重要组成部分，三者之间的和谐共生是运河城市发展与文化传承的重要保证，打造运河绿色生态文化，才能再现水清河畅、景美文兴的繁荣运河景象。

大运河是中国古代人民的伟大创造，它见证着中国千百年的历史。大运河以黄河流域文化为核心，与海河、淮河、长江、钱塘江共同孕育出具有独特魅力的运河文化。大运河的漕运是北京赖以生存的"生命线"，它为北京提供了重要的物资保障，同时也促进了北京的政治、经济和文化的发展。大运河推动了南北经济的发展，同时将五大水系连在一起，在它们之间架起了一座文化的桥梁，全国各地的文化在这里融合、碰撞。运河文化成为北京及京畿历史文化的一个重要特征，开放包容，而这里的文化又通过运河向全国辐射，成为引领全国文化潮流的中心。

如今，运河之上已经不再有繁忙的漕运景象，但是漕运所带来的运河文化已成为运河沿岸城市文化中一个重要篇章。宽阔的运河之上，游艇小船行驶其间，两岸的楼阁亭台、商贾店铺，以及弹曲说唱的艺人，仿佛依然可见当年运河的风景。古老的运河积淀了千年的文化和历史，而这也必将成为新时代城市发展中不可或缺的一个重要部分，是运河城市文化的一个重要象征。2014 年，大运河申遗成功，成为北京第七处世界文化遗产。因此，围绕大运河展开一系列的工程和建设，是今后首都北京发展的一个重要方向，也是京津冀一体化协调发展的一个重要内容。大运河是流动的文化，运河水运、运河生态、运河城建、运河旅游等全面协调可持续发展，是大运河发展的必然方向。只有将大运河打造成人与自然和谐发展的生态文化长廊，才能凸显中国古运河的独特魅力，传承并弘扬中国优秀的传统文化。

第二节　发达便利的道路运输

在古代,船和车都是非常重要的交通工具,船是水上交通和运输的重要工具,而陆上的交通和运输则需要依靠车来实现。18 世纪的清代,经济繁荣,国泰民安,水陆交通都较为发达。而此时的朝鲜相对闭塞,交通运输业发展滞后,朝鲜使臣出使中国,目睹了清代社会的繁荣昌盛,尤其对当时发达的交通运输业不胜感慨。交通运输业的发展不只是便利一个国家和城市的交通,缩短各地区之间的距离,更主要的是它对这个国家和城市经济的发展有着至关重要的影响。交通运输业的发展可以更好地促进商品和物资的流通,从而带动整个国家的经济发展;相反,交通发展滞后则会致使整个国家的闭塞和落后,也会严重阻碍社会经济的发展。因此,朝鲜使臣极力倡导学习中国的交通运输,以此来促进朝鲜国内以及与邻国之间的物资流通,从而推动朝鲜社会经济的发展。

一、科学便利的车制

车是一种出现较早的交通工具。关于古代车的起源,史料中也有不同的记载,最早的记载为黄帝造车。《太平御览》记载:"黄帝造车,故号轩辕氏。"[①]然而,在五千年前,中国尚处于新石器时代,人们还只是使用简陋的石器,能否制造出较为复杂的车子还有待进一步考证。学界相对比较认可的说法则是奚仲造车。在公元前 2250 年,夏朝初期的大禹时代,奚仲制造了世界上第一辆车。《左传》记载:"薛之皇祖奚仲居薛,以为夏车正(专司车旅交通、车辆制造的官)。"关于奚仲造车一事,《荀子》《墨子》等古籍中都有记载。不管是皇帝造车说还是奚仲造车说,可以肯定的是,在中国,车的历史较为久远,与人们的日常生活紧密相连。

---

① 李昉:《太平御览》,中华书局,1985,第 10 页。

正如朴趾源所说："乘车载车,尤系生民先务,不可不急讲也。"①朝鲜北学者们对中国的车制和交通运输尤为关注。朴趾源在出使中国之前,就通过其他北学派学者了解到了中国发达的交通运输业。自到了中国以后,他通过实地考察,更加充分认识到中国交通的便利与发达。他在《热河日记》中单独写了《车制》一篇,详细记载了清代的车制。18世纪,中国的造车技术较为发达,而且种类繁多,如载人的"太平车"、载物的"大车"、农业灌溉用的"龙屋车""龙骨车""恒升车""玉恒车",还有救火用车、战车等。

18世纪的朝鲜社会,造车技术依然较为落后,没有大车载人,更没有随从乘坐之处。朝鲜北学者朴齐家就记载过朝鲜使团出使中国时的尴尬。"夫行万里之路,而责人以步从者,唯我国有之。非特步从,而又必使之不离左右,疾徐如马。故马卒入中国者,皆因首蓬发,不择燥湿,贻羞异国,莫此为甚。"②因为车小载人不便,朝鲜使团的随行人员只能跟随着马车一路奔跑。因此,这些随行人员入中国时往往蓬头垢面、狼狈不堪,这样"贻羞异国",自然影响了朝鲜的国际形象。与朝鲜相比,中国当时载人用的"太平车"就进步得多了。车身高大,结实牢固,而且装饰华丽,载人较量大,御者随从皆可以同主人一道乘车。朴趾源在《热河日记》中多次提到"太平车",并且对"太平车"进行了详细的描写。

> 乘车曰太平车,轮高及肘,三十辐共一毂,枣木团成,铁片铁钉,围遍轮身。上为圆屋,可容三人,屋以青布,或绫缎或羽缎为帐,或垂绸,帘用银钮,开闭左右,傅玻璃为窗。屋前设横板,以坐御者。屋后亦坐从者,驾一驴而行,远道则益马与骡。③

当时的清代社会,不仅造车技术发达,而且用车方便,街道上随处可

---

① 《热河日记》卷二,《驲汛随笔·车制》。
② 朴齐家:《北学议》内编,"车"。
③ 《热河日记》卷二,《驲汛随笔·车制》。

见拉人载货的车辆。《北学议》记载：

> 燕京白昼车毂訇訇，常若有雷霆之声。每街市间行，左右呼而请者林立，必云："要车么？"各停车驾马而待之，以售贳。贳之轻重，随车马之华俭，大约十里五六十钱，两人同载，加三之一，以我钱计之，凡如东郊、三江等地，无出三四十文。贳站驴，十里十钱。①

由此可见，当时的北京城，车水马龙，热闹非凡，不仅乘车方便，而且价格实惠。

也许正因如此，朝鲜学者们对中国的太平车较为偏爱，出行时常常要感受一番太平车的舒适与便利。朴齐家在《北学议》中就记载了多次乘坐太平车的乐趣。"一车中可以看书，可以对客，即一能行之屋耳。余于琉璃厂西南，数与懋官同车，而国子监、烟灰缸、太液池、文山庙、法藏寺塔等使臣出游处，辄与使臣同车而载焉。"②朴趾源亦是如此，一入北京便迫不及待地与随从一起体验了一把太平车。"日出后，始开馆门，遂与时大、张福出馆，步至瞻云牌楼下，雇一辆太平车，驾一驴而行。厨房为给一日之资，使时大还钱，置车前，银二两，为钱二千二百叶（贯）。时大为车右，张福坐车后。"③仅需一头驴，太平车便可以疾驰于大街小巷，而且更主要的是随从可以同主人一起乘车，这在当时的朝鲜社会算是待遇极高的了。对于运载货物的"大车"，朴趾源记载得更为详细。

> 载物曰大车，轮高稍异于太平车，辐为廿字形，载准八百斤，驾两马，八百斤以外，量物加马。载上以簟为屋如船篷，坐卧其中。大率驾用六匹，车下悬大铎，马项环数百小铃，郎当警夜。

---

① 《北学议》内编，《车》。
② 同上。
③ 《热河日记》卷二，《关内程史》。

太平车轮转,大车轴转,双轮正圆,故能匀转而行疾。辕下所驾,必择壮马健骡,不用衡轭,为小木鞍,再以革条套索,互敛辕头而驾。余马皆以牛革为鞅鞥,系绳而引之,载重者驾出轮外,高或数丈,引马多至十余匹。御者号称看车的,高坐载上,手执一条长鞭,系两绦长可二丈,挥绦打中不用力者,中耳中胁,手惯妙中,鞭打之响,震动如雷。[①]

由此可见,当时大车的载货量已经是非常可观的了,载重可超过八百斤,而且还可以疾行于市。反观当时的朝鲜,则不得不令朝鲜学者们汗颜。"今车材太重,空车而行,已疲一牛,又与旁两毂太远,虚地多而实功少。……驾一大牛,一人驱之,轮小,数陷于沟,又一人持棒夹举之,喧阗半日。若是,则多此一车与一牛也。"[②]载人用车不够先进,载物用车也不够科学,人力和畜力都没有得到较好的利用,往往是事倍功半的效果。因为设计不够科学合理,不仅载货量少,而且行驶不畅,所以大部分朝鲜人认为,使用这种载物车完全就是劳民伤财,多此一举。这也就是朴趾源所说:"我东未尝无车,而轮未正圆,辙不入轨,是犹无车也。"[③]要改变人们对车的认识和使用,首先必须改进造车技术,才能做到物尽其用,利民便民。

与前面所说的两种车相比,"独轮车"的使用则更为方便。独轮车是以人力推动的小型运载工具,因其设计简单、便捷,常用来运物、载人。朴趾源在作品中详细地记载了独轮车的形状、设计原理,以及独轮车的广泛用途。

自后一人腋辕而推之,当中为轮,轮之半,既出舆上,则左右为箱载物,不得偏重。当轮处为半鼓形,夹轮以隔离之,使轮与

① 《热河日记》卷二,《驲汛随笔·车制》。
② 《北学议》内编,《车》。
③ 《热河日记》卷二,《驲汛随笔·车制》。

物不相碍。腋辕下有短棒双垂,行则与辕俱举,止则与轮俱停,所以支吾撑柱,使不倾翻也。沿路卖饼饵果蓏者,皆用独轮车,尤便于田中输粪。尝见两村妇,分坐两箱,各抱一子。[①]

由于这种车子只是凭一只单轮着地,对路面的宽度要求不高,窄巷、田埂、木桥上都能通过,因而独轮车也就更加广泛地被应用到人们的日常生活之中。也就是朴趾源所看到的,既可以作为街市上小商小贩的商车,也可以用作田间灌溉田地的粪车,载人运货极为方便。

朴趾源不仅关注中国科学进步的造车技术,而且关注到先进的车制与经济发展之间的密切关系,通过对比当时中朝两国经济发展状况,分析朝鲜社会经济发展滞后的原因以及解决的方案。

> 大凡车者,出乎天而行于地,用旱之舟而能行之屋也,有国之大用莫如车,故《周礼》问国君之富,数车以对。车非独载且乘也,有戎车、役车、水车、炮车,千百其制,而今不可仓卒俱悉。然至于乘车、载车,尤系生民先务,不可不急讲也。吾尝与洪湛轩德保、李参奉圣载讲车制。车制莫先于同轨,所谓同轨者何? 轴之距两轮之间也。两轮之间不违恒式,则万车一辙,所谓“车同轨”者是也。若使两轮之间恣意阔狭,则路中辙迹,何以入轨? 今见沿道千里,日阅万车,而前车、后车同循一迹,故称不谋而同者曰一辙,后之视前者曰前辙。城门当辙处凹然成笕,所谓“城门之轨”者是也。……中国之货财殷富,不滞一方,流行贸迁,皆用车之利也。今以近效论之,我使之行,除却百弊,我车我载,直达燕京,何惮而不为也。[②]

中国地大物博,但物资流通顺畅,社会经济发达,这在很大程度上与

---

① 《热河日记》卷二,《驲汛随笔·车制》。
② 同上。

中国便利发达的交通运输有关。中国的造车技术科学先进,道路交通顺畅,自然促使了各地商品交易的顺利发展。商业是连接生产和消费的重要纽带,交通业的发展,促进了商业的流通,从而带动了整个社会经济的发展。清朝社会之所以能够发展得如此迅速,与交通工具的科学合理利用有非常密切的关系。车的存在和利用,对于一个国家来说至关重要,因为它不仅是一个交通工具,更重要的是承载着一个国家的物资流通,关系着国家经济的发展。18世纪的中国,车制发达,交通便利。而与此相反,邻国的朝鲜,在当时却还持有"山势险峻不宜用车"的观点。朴趾源通过在中国的考察,用中国的道路交通实际状况,驳斥朝鲜社会的错误认识。

> 中国固有剑阁九折之险、太行羊肠之危,而亦莫不叱驭而过之。是以关陕、川、蜀、江、浙、闽、广之远,巨商大贾及絜眷赴官者,车毂相击,如履门庭,訇訇轰轰,白日常闻雷霆之声。今此磨天青石之岭、獐项马转之坂,岂下于我东哉? 其岩阻险峻,皆我人之所目击,亦有废车而不行者乎?①

中国各地的交通运输协调发展,即使是道路偏远的陕、川、蜀地区,依然能够实现经济贸易繁荣发展。而当时朝鲜"舟不通外国,车不行域中"②,落后的交通状况既不能保证国内商品的正常流通,更达不到与其他国家之间的贸易交流,最终造成社会经济发展缓慢,人们生活水平也相对较低。

> 岭南之儿不识虾盐,关东之民沉楂代酱,西北之人不辨柿柑,沿海之地以鲱鳅粪田,而一或至京,一掬一文,又何其贵也! 今夫六镇之麻布、关西之明䌷、两南之楮纸、海西之绵铁、内浦之鱼盐,俱民生日用而不可缺者也;青山、报恩之间千树枣,黄州、

---

① 《热河日记》卷二,《驲汛随笔·车制》。
② 《燕岩集》卷二,《贺金右相履素书·别纸》。

凤山之间千树梨，兴阳、南海之间千树橘柚，林川、韩山千畦芢苧，关东之千筒蜂蜜，为民生日用而莫不欲相资而相生也。然而此贱而彼贵、闻名而不见者，何也？职由无力而致之耳。方数千里之国，民萌产业，若是其贫，一言而蔽之曰：车不行域中。①

朝鲜半岛的国土面积不及中国的五十分之一，然而朝鲜南北之间交通不便，商品贸易无法正常进行，不仅影响了朝鲜经济的发展，也极大地降低了人们的生活水平。因此，朴趾源认为改变朝鲜落后的交通现状，改进朝鲜的车制，这是朝鲜社会迫切需要解决的问题。他充分肯定中国科学的造车技术，强调车制对社会经济发展的重要促进作用，并主张学习中国的车制，"利生民之日用，而有国之大器也"②。首先要改革朝鲜落后的造车技术，做到科学合理地用车，发展交通运输业，才能确保朝鲜境内及境外物资的顺畅流通，带动整个国家经济的发展。

二、完善的道路交通

物资的顺畅流通，需要科学进步的交通工具，同样也离不开完善的道路交通建设。物资流通与交通运输、道路交通息息相关，道路建设完善才能使物资流通更加安全、快捷，才能保证物流运输的质量和效率。京津冀地区是我国经济发展最具潜力的区域之一，也是交通物流网络最为密集的区域之一。京津冀高效成熟的交通物流系统是区域经济发展的助推器，也是目前京津冀协调发展的重要内容之一。要确保京津冀地区商品物资的顺畅流通，交通运输业必须先导先行。

在 18 世纪的中国，京畿地区的发展尤为重要，它关系到首都的建设与发展，而其中之一便是道路交通的建设与保障。京津冀地区自古形成了四条重要的交通大道，北京西北方向通向太行山以西及内蒙古草原的

---

① 《热河日记》卷二，《驲汛随笔·车制》。

② 同上。

"居庸关大道",沿太行山东麓南北一线的"太行山东麓大道",北京东北方向经燕山南麓或山海关通向松辽平原的"燕山南麓大道",北京东北方向通向燕山腹地的"古北口大道"。这四条大道,推动着区域内部与外部的交流与融合。其中的"古北口大道"也是清代朝鲜使臣入燕京时的必经之路,在燕行作品中经常被提及。朴趾源在《热河日记》中多次提到"古北口",还专门写下《夜出古北口记》一篇,开篇便强调了其地理位置的重要性。

> 自燕京至热河也,道昌平则西北出居庸关,道密云则东北出古北。自古北口循长城,东至山海关七百里,西至居庸关二百八十里。中居庸、山海而为长城险要之地,莫如古北口。蒙古之出入,常为其咽喉,则设重关以制其阸塞焉。①

古北口位于密云区东北部,距离北京约 120 千米。古北口地势险要,在山海关、居庸关中断,为辽东平原和内蒙古通往中原地区的咽喉,历来是兵家必争之地,有北京东北门户之称。

朴趾源一入辽东便开始关注中国的道路交通,对所经之处道路的修建处处留心。"自入辽东以来,村间不绝。路广数百步,沿路两旁,皆种垂杨,间阎栉比处。"②辽东处于关外,但道路却如此宽阔,而且道路两旁还栽种着垂杨。在清代,道路两旁常常栽种着大量的树木,炎炎夏日可以给过往行人提供休憩场所,既绿色又美观,可谓一举多得。清代社会,人们不仅具有较高的审美意识,同时还非常注重绿色环保,具有一定的生态观念。朝鲜北学者朴齐家在《北学议》中记载:"又夹路必沟,非独治道,亦以护田。"③当时的人们在修筑道路时,不仅考虑结构的科学与巧妙,而且还注意对周边农田和环境的保护。

---

① 《热河日记》卷四,《山庄杂记·夜出古北口》。
② 《热河日记》卷一,《渡江录》。
③ 《北学议》内编,《道路》。

当时供皇家所使用御道的修筑亦是如此，而且设计更为精良。"自永安桥编木为梁，以御潦淖，而至古家铺前始止。二百余里之间，一梁为路，非但物力之富壮，木头无一参差。二百里两沿，如引一绳，可见其制作之精一矣。"①朴趾源在这里所记载的这条御道，就是当时清统治者修建的从盛京到北京的大御路。盛京城西地势低，加上泥土极细，夏秋季节雨水增多，道路便会泥泞不堪，有史称"南北千余里、东西二百里"的"辽泽"。自古以来，因为辽泽的阻碍，人马通行困难，从沈阳经辽西去中原不得不绕道。努尔哈赤定都盛京以后，迫切需要建立盛京的交通枢纽地位，同时也便于八旗大军来往于辽西各地对明军的征战。崇德三年(1638)，努尔哈赤下令在这片洼地上开辟出一条大路，就是所谓大御路，直到崇德七年(1642)，永安石桥竣工，盛京大御路才基本竣工。这条大路东起盛京，大体经过小西路、市府路、皇寺路、华山路，经塔湾、转湾桥、永安桥通向辽西，经山海关通向北京，全长百余里，路面宽三丈，两侧广植柳树，两边还修有排水沟。自康熙帝起，清帝历次东巡祭祖都要经过此路，除了皇帝东巡的道路外，这里也是京师通往盛京的驿站，朝鲜的使臣也要通过这条大道抵达燕京。这条交通线路的开辟大大缩短了盛京与关内的陆路交通线，加速了盛京与燕京的连通，促进了北京与辽沈之间的物资流通。

如今，大御路上的很多路段都已不复存在，而路上的永安桥却被完整地保存了下来，成为这一重大历史工程的唯一见证。永安桥始建于清崇德六年(1641)，是清初是一座重要桥梁，也是清朝各代帝王东巡的必经之路。如今，永安桥上已禁止行车，桥的两边各修建了一座水泥桥，车辆左右分行，以保护永安桥三百多年的悠久历史。但永安桥的美却依然存在，现在"盛京八景"中的"御路神桥"一景指的就是永安桥的美景。朴趾源也曾记载："梁下沟洫，绿水无际。"②这种岸绿、水清、桥美的景象已成为清代历史的一个象征。它见证了清朝的入关，见证了清朝两百多年的辉煌历史。

---

① 《热河日记》卷一，《渡江录》。

② 同上。

说到永安桥，还有一个趣事趣事需要一提。朴趾源在路过永安桥一带时，写下了这样一段内容：

> 绿水无际，青泥润烂，若辟此为万区水田，不知岁收得几亿万石红稻香粳。或曰，康熙皇帝为《耕织图》，农政诸书，今皇帝实是老农家子弟，非不知关外青黧土为上上田，第以关外之地，为自家根本之乡，水稻腴香，饭颗润烂，使民恒服，则筋解骨软，难以用武，不如常食黍粱旱稻，教民善耐饥，壮血气，而忘口腹也。宁弃千里膏沃之野，令作瘠土向义之民，此其深长虑也。[①]

朴趾源看到蒲河流域"绿水无际，青泥润烂"，不禁感叹道："若辟此为万区水田，不知岁收得几亿万石红稻香粳。"朴趾源认识到，这是种植水稻的绝佳好地。但是，精通农业的清朝皇帝却没有将这块风水宝地开垦出来用于种植水稻，原因就在于大米做出的饭腴香柔软，八旗兵吃了这种粮食会变得性格温顺，丧失斗志，所以皇帝宁弃"千里膏沃之野"不种水稻，让八旗子弟吃能够耐饥饿、壮血气的高粱，以保持战斗力。

正是因为朴趾源敏锐的观察力和博学的知识，才会留下这样一段感慨。但是朴趾源没有想到的是，百年之后，朝鲜族人真的在距永安桥不远的这块膏腴之地，开辟稻田，种出了至今为止仍闻名全国的"东北大米"。其实，因为东北三省无霜期短，所以很难种植水稻，素来就以"满山遍野的大豆高粱"著称，种植水稻的历史至今也不超过一百五十年。《奉天通志》记载，清朝光绪元年（1875），朝鲜族农民在吉林通化地区种植水稻成功；1906 年，朝鲜族人又在距离永安桥不远的王家荒开垦荒地种植水稻，这是沈阳历史上关于水稻种植的最早的文字记载。

自热河返回燕京的途中，朴趾源也细致观察了从热河通往清东陵的道路。此时的"驰道"正在修治过程中：

---

① 《热河日记》卷一，《渡江录》。

皇帝将往蓟州东陵,故已修治道路。桥梁难中筑为驰道,郡县先期发丁,铲高填深,砲转镘涂,如铺匹练,树标准绳,无少屈曲,无少偏颇。驰道广二丈,左右夹路广各一丈余。《诗》云"周道如砥",今天治道真求如砥,其烦费广矣。畚土担水,所在成群,随毁补土,一经蹄痕,已圬之矣。又木准绳,禁人不得行驰道上,而我人必仆叉绝绳而行,余则饬牵夫行驰道下,不敢耶,亦所不忍也。一边必数步一垛,高可及肩,广可六尺,如城之有雉堞焉。桥梁皆有栏干,石栏则天禄、狻猊之属,呀口如生,木栏则丹碧璀璨。河广处则竿木如筐,围几一间,长可一丈,盛以河边乱碛,安插水中,以为桥柱,如滦河、潮河,则皆沉数十大船以为浮桥。①

"周道如砥,其直如矢"出自《诗经·小雅·大东》。"砥"指的是磨刀石,西周时统治者特别重视修整道路,在国都镐京和东都洛邑之间,修建了一条宽广平坦的大道,号称"周道",又称为"王道"。"周道如砥"一句具有象征内涵,表面是形容周朝的道路平坦整齐,而其深层意义则是指周朝的政治清明,平均如一。朴祉源在这里借用"周道如砥"这一典故,也有同样的意图,一方面强调清代京畿地区对道路修建工作的重视,另一方面暗指清代社会进步的政治理念和治国方针。

除此以外,朴趾源还记载了清代的官道:"自通州至皇城四十里间,铺石为梁,铁轮相搏,车声益壮,令人心神震荡不宁。沿道左右,尽是坟茔,而垣墙相连,树木茂密。"关外宽敞的大道已经让朴趾源感慨万分,而接近皇城,道路修建得就更加宽广,路上的行人摩肩接踵、熙熙攘攘,这种车水马龙、热闹繁华的景象,给第一次出使清朝、第一次真正接触清朝的朝鲜学者们带来的是震撼和羞愧。因为当时的朝鲜"舟不通外国,车不行域中,故百物生于其中,消于其中"②。而朝鲜的道路极差,"铺石不平,荦确

① 《热河日记》卷三,《还燕道中录》。
② 《热河日记》卷四,《玉匣夜话》。

易跌……人马相逢，往往狭不可行"①。朝鲜人坚持认为"东岩邑不可用车"，这种荒谬论调，在朝鲜北学者们出使中国，看到中国宽阔的道路与车水马龙的繁盛景象之后便不攻自破了。因此，朴趾源提出，"国不用车，故道不治耳，车行则道自治，何患乎街巷之狭隘"②。

另外，桥梁也是道路的一部分，它与人们的日常生活息息相关，同时在交通运输中也发挥着至关重要的作用，关系到国计民生。朴趾源在《热河日记》中多次对清代的桥梁进行详细的描述，如他在《桥梁》一篇中写道："桥梁，皆虹蜺如城门，大可扬帆，小者亦可以通舠艓。石栏，镌刻云物蚖蝮蛟螭。木栏，亦施丹绿。桥之两头入陆处，皆为八字翼墙以护之。"③朴趾源在走到"畿辅之襟喉"——通州之时，也详细地记载了通惠河上的永通桥。通州，作为京畿要地的运河城市，其城市的桥梁建设固然是道路交通建设中的重中之重。关于这部分内容，在上一节的运河文化中已有详细记载，这里不再赘述。

三、顺畅的物资流通

北京作为六朝古都，其地理位置历来备受重视。到了清代，北京的中心地位就更加突出了，并且形成了以北京为中心的畿辅区域体系。北京城的发展离不开周边地区经济发展的支撑，京津冀协同发展是历史的必然。尤其是随着国都人口的不断增多，对物资的需求量也逐渐增加，仅仅依靠当地所产，完全不能解决京城百姓的吃喝问题，这就必然需要其他地方源源不断地供给物资。京津冀地区的城市设置多有拱卫京畿的含义，各省府州县环绕着北京，不仅起到了军事防御的作用，还具有物资供给和交通中转等重要作用。

自明代起，北京的人口便不断增长，对粮食的需求也在不断增加，北

---

① 《北学议》内编，《道路》。
② 《热河日记》卷二，《驲汛随笔·车制》。
③ 《热河日记》卷二，《驲汛随笔·桥梁》。

京城日常所需的粮食、日用品有相当一部分来自河北、天津等地区的供应。河北、天津地处京畿重地,担负着拱卫京城的重要使命,除了保证京城的安全,物资的供给也是一项重要内容。清代社会,运河水路交通顺畅,陆路交通也较为发达,这便为京畿地区物资的顺利流通提供了保障。当时蓟州、承德、保定、遵化等城市都是京城粮食及其他商品的主要供应地。如蓟州和承德的高粱、瓜果、烧酒,遵化、易州等地的烟,保定的鸡、鸭、香油、面粉等,这些主要由商贩经陆路运往京城,也是京城市场上备受欢迎的商品。

《热河日记》中多处出现了对蓟州的记载。"蓟州古渔阳,北有盘山,危峰削立,皆上丰下纤,类盘形,故名盘山,一名五龙山。"①蓟州,古称渔阳,清代隶属顺天府。蓟州是一座拥有着悠久的历史和浓厚的文化底蕴的城市,位于蓟州盘山的盘山行宫和众多的寺庙,让佛家文化与皇家文化在这里共融。此外,蓟州四季分明,气候宜人、物产丰富、风景秀丽,历史上众多帝王将相和文人墨客竞游于此,乾隆对盘山更情有独钟,自乾隆四年(1739)始,一生中共 32 次登临盘山,最多时一年来了三次,并留下"早知有盘山,何必下江南"的慨叹。当然,让朴趾源愿意用大量笔墨去记载蓟州的原因,并不只是其自然美景和人文景观,更多的是蓟州城镇的富足与盘山物产的丰富,给朴趾源留下了较深的印象。

> 蓟州城邑民物雄富,即京东巨镇也。山上有安禄山庙,城中有三座石牌楼,一楼以金字题大司成,下层列书国子祭酒三代诰赠。蓟州酒味,甲于关东。入一酒楼,与诸人畅襟一醉。入独乐寺正殿,额曰"慈悲";寺后建二檐楼,中立九丈金佛,头上坐数十小金佛。楼下有卧佛,覆以锦衾。楼扁曰"观音之阁",左方小书曰"太白",或曰:"覆衾而卧者,非佛也,乃李白醉眠之像也。"有行宫,牢锁,不许观。还寓馆,则门外贾客云集,持马驴,携书册、

---

① 《热河日记》卷二,《关内程史》。

书画、器玩。①

秀丽的自然风景，厚重的皇家文化，繁华的商业贸易，以及丰富的物产，朴趾源用简洁凝练的语言，将古代的蓟州形象生动地勾勒出来。蓟州酒是蓟州的一大特产，前面已经提到，自明起，蓟州酒就作为朝廷贡酒运往京城。蓟州酿酒用水取自盘山水脉，酿酒历史源远流长。经过数百年的传承和发展，到了清代，蓟州的酿酒业更是达到了一个较高的水平，朴趾源一行路过此地时自然也不会错过蓟州美酒。

山清水秀、四季伊人的自然环境，给蓟州带来了丰富的物产。除了蓟州酒外，蓟州的大枣、甘栗、秘梨、柿子等也都是远近闻名的土特产，这些特产每年也都会作为贡品运往京城。正如朴趾源所说："外骨内肤，果树极多，皇城日用枣、栗、柿、梨，皆出其中。"②直隶特殊的地理环境，为其带来了丰厚的物产，不光是蓟州盛产这些瓜果，迁安、昌黎等地的梨，雄县等地的大枣也都是远近闻名。史料记载，这些土特产"每年贩运京津及东三省者约数万斤"③，为直隶带来了丰厚的利润。

在清代，直隶的物产虽然很丰富，但是粮食产量并不太高，北部地区气候相对寒冷，种植条件不佳，农作物的产量相对较低，而南部地区大部分土地用来种植棉花等经济作物。因此，清代直隶的粮食种植，越来越满足不了京城不断的粮食需求，需要从山东、河南、江南等地区输入。大运河的修建解决了京畿地区粮食的需求，同时大量的日用品、商品也经由大运河源源不断地运往北京。清代前期运河畅通之时，每年都有六七千艘重运漕船沿运河北上，把数百万石漕粮运往北京，以保证京师的粮食供应。④清廷每年需要漕粮约四百万石，通过京杭大运河运往京城，以供皇室、王公、百官及八旗兵民等食用。北京城长期以来受到京杭大运河的

① 《热河日记》卷二，《关内程史》。
② 同上。
③ 童光照纂修：《昌黎乡土志》，《乡土志抄稿本选编》，线装书局，2002，第292页。
④ 《清朝文献通考》卷43，《国用考》5。

惠泽。

当然,运河漕运不仅满足了京城对粮食和物资的需求,还解决了天津、河北等地粮食不足的问题。漕粮是京畿地区所需粮食的主要来源之一。南方各城市每年经运河运送的粮食在四百万石左右,其中有相当数量的粮食进入天津,使天津这座运河城市成为运河沿线重要的粮食转运市场。一些史料记载,当时清廷允许漕商携带规定数量的土特产,这些土特产随粮食一起运往北方,并在北方销售。乾隆四十七年,国家规定旗丁在兑足正供之外,"所有多余米石",在自愿出售的情况下,"准其就近于通州粜卖"。[①] 当时,天津、通州都是漕粮转运的重要码头,一部分漕粮通过通州运往京城,满足京城百姓的日常所需,还有相当一部分粮食则通过售卖流入京津冀附近的粮食市场。

另外,羊的需求与供给,也是京畿物资交流的一个重要内容。清代,北京城是华北地区活羊消费的重要市场之一。在古代,羊肉可谓肉中贵族。在众多肉食中,中国自古以来就尊崇羊肉,《本草纲目》把各类羊肉均列入药用保健范畴,"羔羊肉补元气,健脾胃,益肝肾"。在清代,王室贵族依然是羊肉的最大消费群体。羊不仅用于王室的日常食用,还用于祭祀、筵宴及婚庆等活动,因此清代对羊的需求量一直居高不下。

清廷在今锡林郭勒、河北北部地区设立了大规模的皇家牧场,康熙时期甚至出现了"马、驼、牛、羊蕃息大约三百余万"[②]的盛景,但每年清王室的实际需求量往往大大超过皇家牧场的供应量。雍正时期,锡林郭勒与河北地区的皇家牧场"三旗羊群内,陆续交送军营十万只,又赏赐各官人等十万余只,嗣后群大耗,应付付艰难"[③]。为了满足对羊只的需求,清代王室、达官贵人,每年都需要从羊贩手中购买大量的活羊。当然,除了王室贵族以外,北京城内的民众对羊的需求也很大,"六七两月,前门外深沟

---

① 《清朝通志》卷 94,《食货略十四·漕运》,第 7298 页。
② 金志节:《口北三厅志》,清乾隆二十三年刊本。
③ 同上。

市汤羊肉，购者争先恐后"①。尤其是到了冬季，京城百姓爱吃火锅，此时京城各处的涮肉馆对羊的需求便会大增。

面对京城对羊的旺盛需求，北京本地羊商们纷纷赴蒙古赶运活羊贩卖，他们被称为"京羊客"。活羊不同于其他物资，京羊客们在将蒙古草原所产活羊运往北京及其周边地区的途中，既要保证羊只不伤死，还要保证羊不掉镖。路途遥远，再加上天气等自然环境的影响，要保证活羊顺利运往北京还真是不容易的。因此，他们赶运羊群的时候一般都会走一些固定的线路，这些路线被称为"京羊路"。清代京羊路主干线路大致是：归化城—三道营—卓资山—马盖图—十八台—平地泉—狮子沟—狼窝沟—张家口—八里庄—保安滩—南口—沙河—北京德胜门。② 京羊路的出现，在一定程度上满足了北京城及其周边地区对畜产品的需求，也加强了北京与周边地区的联系。

朴趾源一入北京城，便注意到京羊客们赶运羊群的盛况。"平明发行，行二十余里，至德胜门。门制一如朝阳、正阳诸门，盖九门制度皆同。泥淖尤甚，一陷其中，力难自拔。有羊数千头，塞道而行，唯牧童数人驱之。"③前面已经介绍，京羊客们千里迢迢从蒙古将羊群运往北京，经过长途跋涉，最终抵达北京德胜门。活羊抵京后，一般都要交给羊店，也就是活羊市场喂养，而当时北京的羊店主要分布在德胜门外的马甸、西便门、丰台等地，这也就是京羊路路线的终点设在德胜门的缘故。朴趾源刚刚抵达德胜门，就看到数千只的羊塞道而行，这一壮观场面足以令一个异乡客瞠目结舌了。

此外，朴趾源在作品中还记载了清代的官员学者们对羊肉的喜爱。朴趾源在热河期间有幸结识了当时的几位文人雅士，常与他们彻夜长谈，并将交谈的内容记录在《忘羊录》的一篇中。文章开篇就记载了这样一段

① 张之洞：《顺天府志》，清光绪十五年重印本。
② 中国人民政治协商会议内蒙古自治区委员会文史资料研究委员会：《内蒙古文史资料》第十二辑，《旅蒙商人大盛魁》，1984，第105页。
③ 《热河日记》卷三，《还燕道中录》。

佳话：

> 朝日，随尹亨山嘉铨、王鹄汀民皞，入修业斋，阅视乐器。还过亨山所寓，尹公蒸全羊，为余专设也。方论说乐律古今同异，陈设颇久，而未见劝饷。俄而尹公问羊烹未。侍者对曰："向设已冷。"尹公谢耄荒愦愦。余曰："昔夫子闻《韶》，不知肉味。今鄙人得闻大雅之论，已忘全羊。"尹公曰："所谓臧穀穀俱忘。"相与大笑，遂次其笔语，为《忘羊录》。①

朴趾源到尹嘉铨府上做客，尹公为了表示诚意，特意蒸全羊招待，但却因彼此一见如故，畅聊甚欢，而将蒸全羊之事完全抛之脑后。由此可见，中朝学者之间虽然语言不通，只能靠笔谈交流，但却不会影响到对彼此文化的渴望，以及中朝学者之间的友情。

遗憾的是，虽然中国将羊肉视为美味佳肴，并将其用来招待贵客，但因为各自饮食文化的差异，大部分朝鲜人对羊肉都无法接受。朴趾源在作品中就多次强调了自己不爱吃羊肉，无法忍受羊肉的膻味。"鹄汀频拔刀，割羊大嚼。又数劝余，而余甚嫌其膻，唯啖饼果。鹄汀曰：'先生不嗜齐鲁之大邦耶。'余笑曰：'大邦膻臊。'"②自古以来，中国人都将羊肉视为肉中贵族，具有滋补养身之功效。然而，这种美食在朴趾源看来却过于膻臊，无福消受，倒不如瓜果茶点之类的更加可口一些。

由此可见，在清代社会，发达的交通运输为京畿地区的物资流通提供了便利，在保证各地百姓日常生活所需的同时，城市商业也逐渐发展起来。科学合理的道路建设，保证了物资的顺畅流通，同时也促进了京津冀各地经济贸易的协调发展。

---

① 《热河日记》卷三，《忘羊录》。
② 同上。

第三节　欣欣向荣的商业贸易

交通是联结各地区之间的重要纽带,对各地区,尤其是城市的发展有着决定性的影响作用。发达的交通运输为人们的日常生活提供了便利的交通条件,同时对社会经济的发展也起到了较大的推动作用。交通运输作为国民经济的流动载体,联结着生产与消费,与经济发展之间有着密切的关联。交通运输是经济发展的必要前提,完善的交通运输可以更好地促进商品与消费之间的流通,扩大市场规模,降低货运成本,从而提升经济发展的速度,创造出更大的经济效益。18世纪的中国,水路与陆路的交通都得以较好的发展,这便大大促进了各地区之间的物资流通和商品贸易,为清代社会工商业的发展提供了良好的交通条件。

一、清代的"扶商"政策

清代统治者与其他时代封建统治者一样,依旧将商人视为四民之末,"崇本抑末载诸会典,著为常经,由来已久"[1],提倡"重农抑商"政策,强调"不得贪利而废农工之大,不得逐末而忘稼穑之难"[2]。但是,与之前相比,清统治者对商业的态度相对开明,并提出了一系列扶持商业发展的政策,这一方面是出于社会经济发展的需要,另一方面也是社会大环境变化的必然。

明清之际,中国正处于资本主义经济萌芽时期,随着生产技术的提高和生产工具的改善,国内工商业也随之进一步发展起来,人们对工商业的态度开始发生转变,逐渐摆脱了传统的"重农抑商"思想。尤其是到了17世纪,资本主义萌芽已经出现,王夫之、黄宗羲、顾炎武等进步思想家极力倡导发展工商业,并提出了改革土地赋税制度、发展商品经济等进步主

---

① 《大清会典》"光绪"卷237,《关税》。
② 王先谦:《东华录》"雍正朝"卷5。

张,这些进步思想在一定程度上推动了中国社会经济的发展。另外,清朝建立初期,社会经济问题十分严重,清入关以后,社会经济仍然未见好转。"国中银两虽多,无处贸易,是以银贱而诸物腾贵,斗米价银八两,致国中大饥,人有相食者。"①清廷在中原的统治尚未稳定,国内外战事不断,大量军费开支加重了清廷的财政负担。因此,清廷在入关之后的很长一段时间,经济发展缓慢,百姓生活穷困不堪。康熙帝时期,为了巩固政权统治,缓解社会矛盾,一方面积极恢复农业发展,另一方面对工商业的态度和政策也开始发生变化和调整,中国传统的商业意识随之逐渐转变。

清廷在定都北京之后不久便宣布,"将前朝召买粮料诸弊尽行蠲除。自时厥后,凡市㕓皆因商民所便,时地所宜,度物货,平市价,劝商贾"②。要发展城市经济,商业的恢复与发展至关重要,尤其是对于京师北京,商业贸易的繁荣发展,必定会带来北京的繁荣与兴盛。正如清朝统治者所说,"通财货之血脉者,唯有商贾"③,"商贾往来贸易,络绎不绝,然后知京师之大"④。在清代,北京作为全国的政治、经济和文化中心,繁荣的商业活动不仅可以促进北京城市的发展,也可以增进各地区之间的经济和文化交流,巩固北京的重要政治地位。

商业的迅速发展在推进城市建设的同时,自然给商人们也带来了巨大的利润。顺治五年(1648),一些清朝官员的家人也开始干预商业贸易,与民商争利。为了保证商业活动的顺利进行,清廷还制定了相关的保护政策。"今闻各省商民,担负捆载至京者,满洲大臣家人,出城迎截,短价强买者甚多。如此,则商人必畏缩而不敢前,实非盛世所宜有也。伏乞严察,永行禁绝,庶恩及商贾,而百货辐辏矣。"⑤当然,在清朝统治者看来,工商业始终排在四民之末位,商人依然属于社会底层,"四民以士为长,农

① 《清太宗实录》卷三,天聪元年六月戊午,1985。
② 《清文献通考》卷三十二,《市㕓》。
③ 王先谦:《东华录》"康熙朝"卷28。
④ 《清顺治朝实录》卷137。
⑤ 同上。

次之,工商其下"①。清朝统治者之所以提出来一系列保护商业发展的政策,其最终目的还是维护自身政治经济发展。但是,这些政策的提出较之以前任何朝代都有了明显的进步,在一定程度上大大提升了商人们进行商业活动的积极性,推动了城市商业的发展。

到了乾隆时期,随着社会经济的发展,人们对商业的认识有了更大的改观。乾隆帝不仅强调商业的重要作用,同时还不断调整商税,减轻商人的负担。史料记载,乾隆帝曾规定:"着通行内外各省,凡市集落地税,其在府州县城内,人烟辏集,贸易众多,且官员易于稽查者,照旧征收。但不许额外苛索,亦不许重复征收。若在乡镇村落,则全行禁革。不许贪官污吏假借名色,巧取一文。"②在这一大背景下,中国的工商业发展迅速,社会经济也得到了整体的提升。

朴趾源自踏上中国这片土地,便感慨于中国先进的科学技术与文物制度。18世纪中国经济的迅猛发展让朴趾源倍感震惊,他对清代的认识也发生了新的转变。当朴趾源进入京城,看到北京城内繁华热闹的景象后,更是感慨万分。"至朝阳门,其制度一如山海关,但目不暇视,缁尘涨天,车载水桶,处处洒道。"③城内车水马龙,热闹非凡,但一切井然有序。这种繁华热闹的景象不禁让朴趾源心生感慨:

> 夷狄之主函夏者,未尝不袭其道而有之矣。衣食足而知礼节,则后世之欲富其国而强其兵者,宁冒刻薄小恩之名,岂适私利于其身哉?论其心术于危微之际,辨其事业于公私之间,则精一之法非彼之谓也。然若其功利之享,虽其法之出乎夷狄,集其众长,莫不以精一为师也。故向所谓才智力量震天动地者,所以成中国之大。④

---

① 王先谦:《东华录》"雍正朝"卷5。
② 《清乾隆朝实录》卷五。
③ 《热河日记》卷二,《关内程史》。
④ 同上。

朝鲜社会长期以来受传统的华夷观影响,视清朝为蛮夷,认为"夷不过百年"。华夷论是儒家传统的政治思想,在中国先秦时期主要是指华夏与四夷之间的关系,认为只有华夏民族才是中华文明的象征。朝鲜半岛深受儒学思想的影响,这种华夷观在朝鲜半岛早已扎根,并以"小中华"自居。1644 年,清朝统一中国,迫于形势,朝鲜向清朝行事大之礼,但却始终将其视为蛮夷。朝鲜君臣在国内仍以清国、北国称呼清朝,甚至用"胡皇"等词语来称呼清朝君臣,即使是提倡北学的朴趾源,在其内心深处依然固守着这种思想,《热河日记》中便多次出现"胡""夷"等字眼。但是,与其他学者不同,朴趾源能够用辩证的思想去重新认识和审视华与夷之间的关系。

17 世纪的朝鲜在经历了壬辰、丙子等战乱之后,社会经济遭到严重破坏,社会矛盾不断加剧,而统治阶层却通过土地兼并、赋税等政策不断搜刮民财,致使阶级矛盾愈演愈烈。在这一社会背景下,以柳鑫远、李瀷为代表的朝鲜进步学者们为了缓解社会化矛盾,提出了以土地改革为中心的一系列社会改革方案。这些改革措施在一定程度上缓解了朝鲜社会紧张的社会矛盾,同时也刺激了商品经济在朝鲜的发展。朝鲜李朝初期,实行"重农抑商"政策,对商业控制尤为严格,仅在都城设有店铺,集市农贸均不得自由发展。到了 18 世纪,朝鲜的这种落后现状才有所转变。肃宗时(1675—1720)废除了禁止和压制乡市的政策,改变征收市场税,这在一定程度上促进了各地区之间的商品流通,推动了商业的发展。当时的一些进步学者认识到了发展工商业的必要性,认为只有通过发展工商业,才能迅速推动社会经济的发展,改善人们的生活水平,最终实现富国强民。

朝鲜社会后期,尤其是进入 18 世纪,商品货币经济迅速发展起来,资本主义经济开始萌生,而自然经济体制的弊端也随之不断地暴露出来,封建社会自给自足的自然经济受到了严重的打击。以朴趾源为代表的实学者们从传统的"重农抑商"思想中解脱出来,认识到发展工商业的重要性,认为农、工、商、贾应该朝着实用和利民的方向进行改革。

农工商贾之事，其始亦出于圣人之耳目心思。继世传习，莫不各有其学。……然而士之学实兼包农、工、贾之理，而三者之业，必皆待士而后成。夫所谓明农也，通商而惠工也，其所以明之通之惠之者，非士而谁也。故臣窃以为，后世农、工、贾之失业，即士无实学之过也。①

朴趾源认为农、工、商、贾，所谓四民之事，本身就"出于圣人耳目心思"，作为圣人之学，已被世人传习了数千年，所以两班士大夫从事工商业活动也是无可厚非之事。

中国早在明清时期开始出现"弃儒就贾"运动，这一运动为社会创造了大量的财富，也为儒家的社会活动创造了新的条件。在这种社会背景下，儒学的转向成为定局，"弃儒就贾"为儒学转向社会提供了一条重要渠道。② 朴趾源的进步商业观正是这一运动的思想体现。作为儒生，首先应该做的就是学以致用，将所学知识应用于社会实践，只有真正领悟了实学的精神，才能正确地发挥儒学的真正作用，而从事工商业活动正是"利用厚生"这一实学思想的体现。也正因如此，朴趾源在出使中国之时，对中国的社会经济发展尤为关注，详细记载了18世纪清代社会的市肆、店铺、市集、庙会等方面的经营现状。

二、繁荣的街市商贸

随着商品经济的发展，以及政府的一系列扶商政策的实施，18世纪清代的商业得以迅速发展起来。乾隆时期，正处于清朝的盛世，在前代发展的基础之上，此时的商业发展也进入了黄金时期，各大城市及城镇的商业贸易都得以较好的发展。

前面已经提到，清代运河文化的发展，大大促进了南北之间的经济和

① 《燕岩集》卷十六，《课农小抄》。
② 余英时：《士与中国文化》，上海人民出版社，2008，第528—531页。

文化交流,带动了南北经济的发展,同时也刺激了运河沿岸城市商业贸易的繁荣发展。地处京畿地区的天津、通州等地,地理位置优越,再加上便利的水上运输,在清代社会得以迅速发展。南来北往的商船与商贾,活跃了天津、通州、苏州、扬州等运河沿岸的港口城市。他们在这里停靠并销售商品货物,百货翔集,市声如潮,到处一片熙熙攘攘的繁忙景象。这些城市属于交通枢纽城市,肩负着货物中转的功能,同时也为南北各地区之间的货物流通提供了重要的市场。如作为漕运枢纽和北京门户的通州,它濒江临海,商船辐集,优越的地理位置,为其经济的发展带来了便利的条件。正如朴趾源所描绘的,"舟楫之盛,可敌长城之雄"①,八方商贾汇集于此,商业贸易往来不绝,通州成为南北商品流通的重要枢纽。通州城内也因南北各地涌入的货物而形成了专门的街市,"下船登岸,车马塞路不可行"②,城内店铺林立,车水马龙,商贾纷纭,热闹非凡,其繁荣景象已经远远地超过了盛京等北方重要城市。与通州城相关的内容在本章第一节中已经做了详细介绍,这里不再赘述。

除了运河城市以外,内陆城市的商业贸易也如火如荼地开展起来。京师北京及周边城市此时更加繁荣,全国各地的商旅汇集于此,商业贸易往来不绝。公元 1421 年,自明代迁都北京,北京便已经发展成为全国的政治、经济和文化中心,到了清代,北京发展更为迅速,人口已达百万。随着城市的发展,市民生活需求不断扩大,城市的商业空间也随之不断扩大。清都北京,不仅拥有全国最大的商业市场,而且全国各地的商人聚集于此,店铺林立,百货云集。《道光都门纪略》记载:"京师最尚繁华,市廛铺户,妆饰富甲天下,如大栅栏、珠主市、西河沿、琉璃厂之银楼缎号,以及茶叶铺、靴铺,皆雕梁画栋,金碧辉煌,令人目迷五色,至肉市酒楼饭馆,张灯列烛,猜拳行令,夜夜元宵,非他处所可及也。"③由此可见,清代的北京城繁华富丽,人潮如织,热闹非凡。

---

① 《热河日记》卷二,《关内程史》。
② 同上。
③ 李嘉瑞:《北平风物类征》,商务印书馆,1937 年影印本,第 402 页。

朴趾源一入朝阳门,便感慨于城内的车水马龙,热闹喧嚣。而到了琉璃厂之后,他更是感慨于琉璃厂繁荣发展的市肆文化。在清代,正阳门外已经形成了一定规模的商业区,而这里在当时应该算得上整个京城的商业中心了。因此,无论是王公贵族、老百姓,还是游人过客,凡到京城者自然都会到这里游览购物。前面第三章中介绍过琉璃厂的书肆文化。琉璃厂在元代时是官窑所在地,到了清乾隆年间,这里停止烧窑,发展成为京城著名的市肆。琉璃厂内书肆林立,乾隆年间,清廷编修《四库全书》,总编纂纪昀等以琉璃厂书肆为中心交换书籍,这里便发展成为全北京城最大的书市。全国各地的文人墨客会集于此,这里成为士人学者们文化交流的场所,也是最吸引朝鲜学者的文化圣地,他们可以在这里购买中国的古文典籍,并与中国的士人学者们品茗唱和,切磋技艺。清代的琉璃厂,除了拥有大规模的书肆以外,还汇集了天下的古玩珍宝,正如朴趾源所说:"琉璃厂,海内外货宝之所居积也。"①此时的琉璃厂已经发展成为颇具规模的商品交易市场:

> 凡骨董、书籍、字画、碑帖、南纸各肆,皆麇集于是,几无他物焉。上至公卿,下至士子,莫不以此为雅游,而消遣岁月。加以每逢乡会试,放榜之前一日,又于此卖红录,应试者欲先睹为快,倍形拥挤。至每年正月初六起,至十六日止,谓之开厂甸。合九城之地摊,皆聚厂之隙地。②

琉璃厂的货铺比比皆是,文玩古董琳琅满目,上到王公贵族,下至平民百姓皆会聚于此。朴趾源在《热河日记》中对琉璃厂进行了详细记载,并强调,"厂外皆廛铺,货宝沸溢"③。

廛铺即街市中的店铺,是商业发展到一定阶段的产物,也是坐商的一

---

① 《热河日记》卷二,《关内程史》。
② 孙殿起:《琉璃厂小志》,北京古籍出版社,1982,第 34 页。
③ 《热河日记》卷五,《黄图纪略·琉璃厂》。

种形式。清前期的商人大致可以分为四种类型：垄断性商人、大商人、一般铺户商人和小商小贩。垄断性商人是凭借国家赋予的特权，垄断经营某些行业，成为有一种特殊身份的商人。他们之中有盐商、铜商和行商等，一般都是有政治背景和经济实力的。大商人是一些资本雄厚的行商坐贾，如米商、布商、典当商和长途贩运商等都属于这一类型。第三种类型商人多在市集开设各种行业的店铺，基本上是面向城市居民，供应日常生活用品，有一定数量的资金和固定的店铺，但还比不上富商大贾，但胜过小商小贩。最后一种类型的商贩，按其经营情况又分为集市上无固定商铺的小商贩和走街串巷、登门入户的小商贩两种。① 朴趾源在这里所记载的主要属于第三种类型，他们主要是小家小户的个人经营，将店铺设在琉璃厂附近。这些商人也被称为坐商，他们已经不再需要大街小巷的叫卖，而是拥有各自固定的店铺，有一定的资本积累。在清代，坐商已形成一定的规模，各大城市商品经济发展迅速，市肆文化颇具特色。从边境到京城，清代繁荣的商品经济和市肆文化给朴趾源留下了深刻的印象，并在《热河日记》中写下了《市肆》一篇。

> 今行千余里之间，所经市铺若凤城、辽东、盛京、新民屯、小黑山、广宁等处，不无大小奢俭之别，而盛京为最，皆纹窗绣户。夹路酒肆，金碧尤盛，而独怪其金栏绿槛架出檐外，新经夏潦，丹碧不渝。凤城乃东尽头，边门僻奥，更无进步之地，而不特椅桌、帘帷、毡毯、器什、花草俱是创睹，其招牌、认榜竞侈争华，即其观美，浪费不啻千金。盖不若是则卖买不旺，财神不祐。其所敬财神，多关公像，供桌香火，晨夕叩拜，有过家庙。推此，则山海关以内，可以预想矣。②

18世纪的清代，商品经济发展迅速，商铺遍布于各大城市的街市中，

① 来新夏：《结网录》，南开大学出版社，1984，第43页。
② 《热河日记》卷二，《关内程史·市肆》。

虽然有大小户之分，但店主们对店铺的装饰极为注重，华丽奢侈，而且都有各自的招牌，不同的招牌代表着不同的行业特点及文化特征。此时的店铺已经不只是商家们谋生的手段，已经形成了一种商业文化。正如洪大容所说："诸铺不唯具扁牌字号，遍檐各悬标具以识之，因风飘扬，杂彩灿烂。至行路小商，亦各有标号，如金钲、竹篦、木杮、小鼓之类，不劳叫呼而闻其声，已知其为某买卖也。"[①]此时，商铺的经营更规范、更专一，大多数商家都在经营某一种单一的商品。《燕市积弊》记载，京城铺户种类繁多，有三十余种，如钱铺、钟表铺、挂货铺、绒线铺、鞋铺、药铺、金店、翎子铺、首饰楼、当铺、香货店、嫁妆铺、红铜铺、纸铺、纸马铺、面铺、香蜡铺、米碓坊、蒸锅铺、裱画铺、漆铺、黄酒铺、南果铺、切面铺、刻字铺、喜轿铺、寿衣铺等。而每一行业的铺户又有数十家、数百家之多，仅京城的药铺就有三四百家之多。[②]

除了像北京这样的大城市以外，京畿其他城镇的街市贸易也发展得颇具规模，如位于河北东部的永平府。永平府，"古冀州地，有虞时分为营州地，夏仍为冀州地，商时为孤竹国，周属幽州。春秋时为山戎、肥子二国地，战国属燕"[③]。永平府于明朝时设立，清朝时期沿用明朝旧制，保留永平府，属于直隶省。适宜的气候和地形，再加上较为丰富的水资源，使得该地区的农作物生长较好，也是京师粮食和经济产品供应的主要地区，作用不容忽视。

朴趾源在燕行途中也特意对永平府进行了观察和记载，首先让其感慨的是永平府所处的重要地理位置：

> 到永平府，城外长河，抱城逶迤，地形甚似平壤，而昭旷倍之，而但无大同清江耳。世传金学士黄元登浮碧楼，得句曰"长城一面溶溶水，大野东头点点山"，因苦吟意涸，痛哭下楼。说者

① 洪大容：《湛轩燕记》卷四，《杂记·市肆》。
② 待徐生：《燕市积弊·都市丛谈》，北京古籍出版社，1995，第16页。
③ 顾祖禹：《读史方舆纪要》，中华书局，2005，第748页。

谓平壤之胜，两句尽之，千载更无添一句者。余常以此谓非佳
句。"溶溶"非大江之势，"东头点点"之山，远不过四十里耳，乌
得称大野哉？今以此句为练光亭柱联，若敕使登亭一览，则必笑
大野二字。今永平城楼，可谓"大野东头点点山"。或曰，永平亦
箕子封地，非也。永平，即汉之右北平、唐之卢龙塞。昔之穷边，
而自辽、金以来，久作畿辅之地。①

永平府，东临渤海，北依燕山，在朴趾源看来，永平府地形与朝鲜旧都
平壤相似，但却比平壤城更加开阔壮观，再加上其"畿辅之地"的重要位
置，使永平府城内繁荣富裕。"庐舍市铺，繁富倍他，进士牌额，比抚宁尤
盛。"②与京师北京相比，这些城镇自然不够繁华，但是商业街市的发展也
趋于成熟，商铺鳞次栉比，再加上物资丰富，商品种类繁多，城市发展繁荣
无比。

由此可见，18世纪的清代社会，城市商品经济发展迅速，商业发展逐
渐趋于成熟。与此相反，此时的朝鲜社会，商业发展较为缓慢，社会经济
发展相对滞后。市廛商人等具有特权的商人所垄断的商业是当时商业的
主流，政府从国家财政需要出发，执行支持他们活动的政策，但特权商人
所把持的垄断商业压制着私商阶层和城市贫民阶层，这在一定程度上阻
碍了商业的进一步发展。朴趾源在《热河日记》的《玉匣夜话》篇中，通过
许生的具体商业实践论证了朝鲜社会经济发展的这一弊端。

作品中的许生，本是一介儒生，迫于生活压力，弃儒从商，并取得了一
定的成功。许生在安城囤积贩卖栗、柿、枣，在济州岛垄断马鬃，通过这种
囤积垄断等商业行为获取高额利润。囤积和垄断是商品经济中的一种经
营方式，经营者对商品拥有绝对的所有权，他们将商品的供应量完全控制
在自己手中，为了谋取暴利可以任意地抬高价格，而这些做法最终只能破
坏商品经济的健康发展。朴趾源用故事的形式，生动形象地讲述了囤积

---

① 《热河日记》卷二，《关内程史》。
② 同上。

居奇等商业行为的弊端,并进一步提出了改革朝鲜社会商业发展模式的必然。正祖五年(1791),朝鲜的私商阶层和小商人为了抵抗和反对垄断商业,借助市场的力量推动了限制禁乱廛权的政策。由此,城市私商阶层与小生产者阶层的活动进一步活跃起来,私商都贾取代了市廛商人,掌握了商业的主导权。[1]

三、热闹的集市贸易

在清代社会,坐商已经形成了一定的规模,而行商也依然存在,他们大多担着货架,走街串户,赶街赴市。行商小贩们为招揽生意,走街串巷地大声叫卖,这在当时也是一种普遍的商业现象。如朴趾源在《市肆》中记载:

> 小贾之行于道路者,或高声叫卖,而如卖青布者摇手中小鼗,为人开剃者弹手中铁筒,卖油者敲钵。或有持金钲、竹箆、木铎而行者,周回街坊,不撤敲响,则人家门里,走出小孩子叫之。未尝见大声叫卖者,但闻敲响,则已辨其货物。[2]

叫卖,是商业活动中最原始、最经济、最普通的一种广告文化。它伴随着我国商业文化的发展,至少已有上千年的历史。北宋著名画家张择端的《清明上河图》中就可以看到商业叫卖的身影,南宋大诗人陆游的"小楼一夜听春雨,深巷明朝卖杏花"的诗句,也同样呈现出了叫卖的文化艺术。到了清代,随着经济的繁荣发展,叫卖文化也得以进一步推广,成为北京传统民俗文化的一个亮点。

老北京的叫卖,俗称吆喝,是过去北京城的小商小贩们在胡同、街巷

---

[1] 高丽大学校韩国史研究室:《新编韩国史》,孙科志译,山东大学出版社,2010,第161-162页。

[2] 《热河日记》卷二,《关内程史·市肆》。

从事商业活动时的一种广告推销行为。他们为了招揽生意、推销商品，在街头巷尾用口头叫唱的形式进行吆喝，字正腔圆、声音高亢、悠扬悦耳。吆喝声中还带有一定韵律和情感，展现着老北京的风土人情。如今，叫卖文化已经成为一种民间艺术，"老北京叫卖"已被列入《第二批北京市级非物质文化遗产名录》。但是，随着社会的发展和行业变迁，走街串巷的小商小贩的身影已经逐渐消失，而这些抑扬顿挫、蕴含着丰富情感的叫卖声也逐渐成为一种回忆。

北京城的集市主要以庙市的形式出现，在第四章的庙会文化中，已经具体阐述了庙会的商业功能，而庙会市场商业贸易的繁荣发展，在一定程度上也给当时四处游走的小摊小贩们提供了商业的机会。除了庙会集市以外，其他小城镇则更多的是倾向于一般的市集。这些市集同样也是定期举办，虽然规模不及隆福寺、报国寺等大型庙市，但依然繁华富丽，百货云集，人潮如织。朴趾源在《热河日记》中就专门介绍了永平的市集，这里不仅商品种类繁多，同样也是聚集了各种民俗杂耍，热闹非凡。

> 百货填咽，车马纵横。自入市中，买两个苹果，旁有担笼者，开笼出水晶盒五个，各贮一蛇，蛇皆盘结，正中出头，如鼎盖之有钮，两目光莹，乌蛇一、白蛇一、绿蛇二、赤蛇一，皆从盒外透看，而难辨其蠢活。问之，则所对模糊，大抵用之恶疮则有奇效云。又有弄鼠、弄兔、弄熊诸戏，皆丐子也。熊大如狗，舞剑舞枪。①

同样，位于天津最北部的蓟州，地处京、津、唐、承四市之腹心，其重要的地理位置、优越的气候环境以及丰富的资源让蓟州城民物雄富。城内的商品交易也较为活跃，常常是商贾云集，熙熙攘攘。朴趾源在《热河日记》中除了介绍蓟州的重要位置与物产丰富以外，也特别留意了城内喧闹的市集。

---

① 《热河日记》卷二，《关内程史》。

还寓馆，则门外贾客云集，持马驴，携书册、书画、器玩，亦有弄熊诸戏，而弄蛇、弄虎者已罢去，未及观，可叹。有卖鹦鹉者，日已昏，不得详看其毛色，方觅灯之际，卖者已去，尤为可恨。①

　　由此可见，18世纪清代社会经济繁荣发展，不仅北京城的商业贸易呈现出一片欣欣向荣的景象，而且整个京畿地区的商业活动都非常活跃，颇具规模。集市的固定与发展，进一步促使了市廛和街市的形成，同时也刺激了商人数量的不断增多，推动了城市商业的繁荣发展。

　　18世纪中国商品经济的繁荣发展，给朝鲜学者们带来了巨大的冲击，同时对朝鲜的社会改革也起到了一定的催化作用。随着商品经济的迅速发展和市民阶层实力的不断壮大，朝鲜社会自给自足的自然经济受到严重的打击。以朴趾源为代表的进步学者们逐渐认识到发展工商业的重要性，认为农、工、商、贾应该朝着实用和利民的方向进行改革。

　　朴趾源强调"利用厚生"，极力反对儒学者们空谈义理，不从事社会实践。他认为，传统的士意识已经跟不上时代的发展，士人阶层也要懂得工商之道，应该学以致用，积极参与社会实践，这是时代发展的必然。物质财富可以使国民富足，同样也是社会发展的基础，是实现国富民强的必要条件。经济基础决定上层建筑，随着资本主义萌芽的出现以及商品经济的发展，18世纪自给自足的自然经济已经不能满足各国社会发展的需要，社会要发展，国家要进步，必须发展社会经济，而新兴的商品经济的发展正是顺应了这一历史潮流，是社会发展的必然结果。

---

① 《热河日记》卷二，《关内程史》。

参 考 文 献

(一)文献资料

洪大容,《湛轩书》,韩国民族文化推进会,2008 年。

朴趾源,朱瑞平校点《热河日记》,上海书店,1997 年。

朴趾源,《燕岩集》,韩国民族文化推进会,1966 年。

李德懋,《青庄馆全书》,韩国民族文化推进会,1997 年。

李昉,《太平御览》,中华书局,1985 年。

林基中,《燕行录全集》,韩国东国大学出版社,2001 年。

刘昫等,《旧唐书》,中华书局,1975 年。

欧阳修、宋祁,《新唐书》,中华书局,1975 年。

钱谦益,《列朝诗集小传》,上海古籍出版社,2008 年。

王士禛,《香祖笔记》,上海古籍出版社,1982 年。

袁枚,周本淳标校《小仓山房诗文集》,上海古籍出版社,1988 年。

永瑢等,《四库全书总目》,中华书局,1995 年版。

《弘斋全书》,韩国民族文化推进会,1814。

《清实录》,中华书局影印本,1986 年。

《清史稿》,中华书局点校本,1997 年。

《(钦定)大清会典》,中华书局影印本,1991 年。

《(钦定)大清会典事例》,中华书局影印本,1991 年。

《同文汇考》,四册,韩国国史编纂委员会影印本,1978 年。

《通文馆志》,韩国民昌文化社影印本，1991 年。

（二）论著

中文论著：

陈冰冰，《朴趾源文学与中国文学之关联研究》,北京大学出版社，2017 年。

陈继儒，《小窗幽记（陈桥生评注）》,中华书局，2008 年。

待馀生，《燕市积弊·都市丛谈》,北京古籍出版社，1995 年

范曾，《老庄心解》,华东师范大学出版社，2005 年。

富察敦崇，《燕京岁时记》,北京古籍出版社，1987 年。

高有鹏，《庙会与中国文化》,人民出版社，2008 年

郭庆藩，《庄子集释》,诸子集成本，上海书店出版社，1991 年。

郭宋义等，《清朝典章制度》,吉林文史出版社，2001 年。

郭豫衡，《中国古代文学史长编（元明清卷）》,首都师范大学出版社，
  1996 年。

韩光辉，《北京历史人口地理》,北京大学出版社，1996 年。

胡奇光，《中国文祸史》,上海人民出版社，1993 年。

贾奋然，《北京审美文化史》,北京大学出版社，2013 年。

姜万吉，《韩国近代史》,东方出版社，1993 年。

蒋寅，《中国古代文学通论》,人民出版社，2010 年。

孔另境，《中国小说史料》,上海古籍出版社，1982 年。

雷毅，《深层生态学》,清华大学出版社，2001 年。

李元淳，王玉洁译，《朝鲜西学史研究》,中国社会科学出版社，2011 年。

李泽厚、刘纲纪主编，《中国美学史》,中国社会科学出版社，1987 年。

梁启超，《中国近三百年学术史》,东方出版社，2004 年。

李鸿斌，《庙会》,北京出版社，2004 年

刘大杰，《中国文学发展史》,上海古籍出版社，1982 年。

刘绍瑾，《庄子与中国美学》,广东高等教育出版社，1996 年。

刘为，《清代中朝使者往来研究》,黑龙江教育出版社，2002 年。

鲁枢元,《生态文艺学》,陕西人民教育出版社,2000 年。

钱穆,《中国文化史导论》修订版,商务印书馆,1994 年。

全海宗,《中韩关系史论集》,中国社会科学出版社,1997 年。

孙殿起,《琉璃厂小志》,北京古籍出版社,1982 年。

石继昌,《春明旧事》,北京出版社,1996 年。

王彬主编,《清代禁书总述》,中国书店,1999 年。

王利器,《元明清三代禁毁小说戏曲史料》,上海古籍出版社,1981 年。

王政尧,《清代戏剧文化史论》,北京大学出版社,2006 年。

韦旭升,《朝鲜文学史》,北京大学出版社,1986 年版。

吴承学,《晚明小品研究》,江苏古籍出版社,1999 年。

徐海松,《清初士人与西学》,东方出版社,2000 年。

夏仁虎,《旧京琐记》,北京古籍出版社,1986 年。

杨昭全,《中国—朝鲜,韩国文化交流史》,昆仑出版社,2004 年。

叶祖孚,《北京琉璃厂》,北京燕山出版社,1997 年。

于德元,《中国运河史》,北京燕山出版社,1989 年。

于敏中,《日下旧闻考》,北京古籍出版社,2001 年。

章培恒,骆玉明主编,《中国文学史》,复旦大学出版社,1996 年。

张国刚,《明清传教士与欧洲汉学》,中国社会科学出版社,2001 年。

张健,《清代诗学研究》,北京大学出版社,1999 年。

张艳梅等,《生态批评》,人民出版社,2007 年。

郑振铎,《中国俗文学史》,商务印书馆,2005 年。

韩文论著:

崔韶子,《明清时代中韩关系史研究》,韩国梨花女子大学出版社,1997 年。

黄测江,《朝鲜李朝小说研究》,檀大出版部,1983 年。

姜明官,《公安派与朝鲜后期汉文学》,昭明出版社,2008 年。

姜在彦,《朝鲜西学史》,民音社,1990 年。

金明昊,《热河日记研究》,创作与批评社,1990 年。

金学成,《国文学的探究》,成均馆大学出版社,1987 年。

金学主,《中国文学史》,新雅社,1991 年。

金泳,《朝鲜后期汉文学的社会意味》,集文堂,1993 年。

金英东,《朴趾源小说研究》,太学社,1988 年。

李家源,《燕岩小说研究》,乙酉文化社,1980 年。

李元淳,《朝鲜西学史研究》,一志社,1986 年。

闵宽东,《中国古典小说的传播和受容》,亚细亚文化社,2007 年。

索 引